政府与社会保障

基于给付行政角度的分析

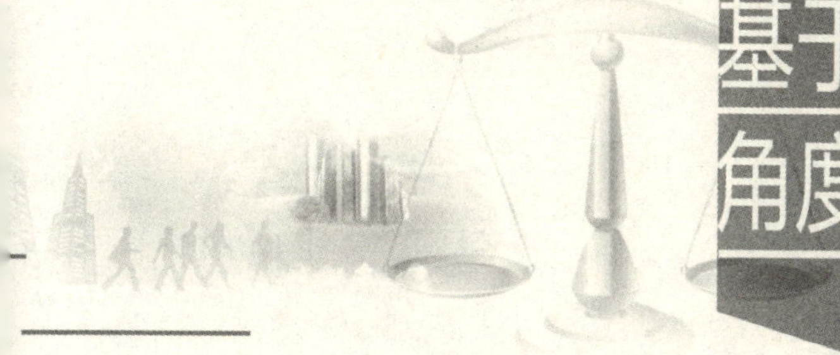

许 兵/著

国家行政学院出版社

图书在版编目（CIP）数据

政府与社会保障／许兵著．—北京：国家行政学院出版社，2013.11
ISBN 978-7-5150-0998-8
Ⅰ．①政… Ⅱ．①许… Ⅲ．①社会保障—政府职能—研究—中国
Ⅳ．①D632.1

中国版本图书馆 CIP 数据核字（2013）第 263031 号

书　　名　政府与社会保障
作　　者　许　兵
责任编辑　李少军
出版发行　国家行政学院出版社
（北京市海淀区长春桥路 6 号　100089）
电　　话　（010）68920640　68929037
编 辑 部　（010）68928873
经　　销　新华书店
印　　刷　北京市昌平开拓印刷厂
版　　次　2013 年 11 月北京第 1 版
印　　次　2013 年 12 月北京第 1 次印刷
开　　本　787 毫米 ×1092 毫米　1/16
印　　张　16.25
字　　数　250 千字
书　　号　ISBN　978-7-5150-0998-8
定　　价　33.00 元

出版说明

近年来，中国工业化、信息化、城镇化、市场化、国际化进程加快，国民收入稳步增长，经济结构转型提速。同时，中国进入了一个高风险的经济社会大转型、大发展时期，经济社会发展中不平衡、不协调、不可持续问题突出。其中，经济增长的资源环境约束强化、投资和消费关系失衡、收入分配差距较大、科技创新能力不强、产业结构不尽合理、城乡区域发展不协调、就业总量压力和结构性矛盾并存、社会矛盾明显增多等问题表现得尤为明显。此外，随着中国国际地位不断提升和多极化趋势的发展，地区争端增多和多边贸易中的利益纠葛等一系列问题的出现，都急需在政策层面给予回应。

事实上，当前中国面临的诸多“疑难杂症”并非中国独有，如行政效率的提高、公共资源的分配与监督，城市化进程中的建设与治理、多元文化的社会融合与社会和谐、新技术新传媒给政治生活带来的机遇与挑战、国际组织与国际条约体系对国内的多重影响等问题具有相当的普遍性。

发展中国家被这些问题困扰，发达国家也没有完全解决这些问题。所以，问题的普遍性或世界性，使得当代执政者在面临和解决这些问题时，必须具有国际视野和创新观念，而不能拘泥于既有的执政经验和套路，也不应囿于一地一国的有限资源。

面对这种种挑战，我国各级党政领导干部和公务员应具有较强的应对问题、开拓局面、保持稳定、推动发展的综合素质与能力，应不断地主动拓宽理论和知识视野，积极跟踪世界范围内最新而有效的解决问题的政治实践模式，谨慎探索和总结中国现实中的成功经验。同时，也更需要知识阶层积极研究中国社会转型期的新形势、新问题，为应对挑战、解决问题提供智力支持。

“政治前沿新知识文库”是基于上述设想而产生的。这套文库以“资政”为目的，以世界眼光和创新视角聚焦公共政策与治理、社会建设与发展、政党与政治权威、政府与新技术、经济发展与金融战略、国际问题与国际战略等方面的重大问题，将多学科研究的前沿知识与“国家治理”实践中的重要政治、政策问题结合起来，力图打通理论、政策和实践的边界，让理论和政策更好地源于实践、关怀实践。

本文库致力于提供解决现实问题的理论参考、世界经验和丰富案例，以中高级党政领导干部、公务员、政策研究与制定者为主要读者对象，致力于更新其理论视野，提升其执政能力，努力打造影响深远的出版工程。

应该说，本文库是国内知识界在政治前沿问题研究上的一次较为全面的展示，是力图将学术科研界的研究成果转化为政治实践的有益尝试。这套丛书在编写过程中摒弃了传统的体系性的学科知识介绍，而以针对性研究问题的方式出现，看似没什么章法，实则切中肯綮。它既是实践的探索，也是实践的总结，既是经验的浓缩，也是经验的拓展，既是理论的创新，也是理论的积淀。我们认为，不论最终效果如何，这种尝试对于中国转型期许多问题的深入研究，将提供一种新的解决问题的思路。

尝试诚可贵，然纰漏难免。我们也希望能够得到各方面的批评和建议，帮助我们完善这个文库，为读者提供更优质服务，为实现“中国梦”多出一份力。

政治前沿新知识文库编委会

2013年5月

代序

给付行政法原理下的社会保障

杨建顺[1]

一

欣闻许兵博士的专著《政府与社会保障》即将出版，我由衷高兴，衷心祝贺！

该书是许兵在对其博士学位论文《论社会保障中的行政职能》进行修订完善的基础上完成的。许兵于2000年考入中国人民大学法学院攻读硕士课程，其间便表现出对社会保障领域的浓厚兴趣，并围绕该领域中的政府职能展开研究，完成了硕士学位论文。2003年升入中国人民大学法学院博士课程后，许兵一如既往地关注社会保障领域，对该领域中的行政职能进行深入研究，完成了博士学位论文。博士毕业后，在紧张工作之余，许兵仍不忘对学位论文进一步打磨完善。如今，许兵将要推出自己的学术专著，可谓10年磨一剑，值得期待！

该书的出版，不仅对作者许兵自身追求学问具有里程碑意义，而且，作为作者长期研究、反复打磨的学术精华之集结，它还具有助推社会保障法体系的建立健全，厘清给付行政责任的实践指导价值，以及拓展给付行政法理论研究的借鉴意义。这样一部将理论与实践相结合、认真研

[1] 杨建顺，中国人民大学法学院教授、博士生导师，比较行政法研究所所长，日本国一桥大学法学博士。

究真问题的好书，的确值得推荐！

是好书，就不应止于推荐，更要与朋友分享。我愿意藉此机会和诸位朋友一起分享这部好书，并以与之共通或者相近的问题意识，梳理和确认完善我国社会保障法规范及法制度体系的课题，助推我国给付行政法原理的普及和民生行政的拓展。

二

据近日看到的一则陈闻旧报，联合国副秘书长丽贝卡曾称，虽然中国现为全球第二大经济体，但仍有1.5亿人生活极度贫困，2.3亿外来工人得不到应有医疗和社会保障。农村越趋萧条，通货膨胀不断恶化，税负痛苦指数世界第二，越来越多人成为城市贫民。中国很富，可中国人很穷。[1]这实际上揭示了我国应当贯彻社会国家原理，在迈向社会保障法治化的过程中，由政府发挥基本保障和支撑作用。

许兵在《政府与社会保障》中指出，为了满足人民对美好生活的向往，健全的社会保障制度是必不可少的。“社会保障是国家为了保持经济发展和社会稳定，对公民在年老、疾病、伤残、失业、遭遇灾害、面临生活困难的情况下，由政府和社会依法给予物质帮助，以保障公民的基本生活需要的制度。”（第1-2页）

纵观世界各国，社会保障制度的推进都经历了各自不同的历史发展阶段。在不同的阶段，国家、社会和个人所承担的作用有所不同。该书以英国、德国为例，向读者展示了近代社会保障的产生和发展历程，总结了两国的共通性以及两国政府在其中所发挥作用的不同，并对其成因进行了剖析，为我们理解社会国家原理提供了重要的参考素材。

接下来，该书以20世纪社会国家理念的出现及其发展为主线，以行政国家的兴起为背景，在对英、美、德等国家进行概观的基础上，重

[1]参见吴晓蕾：《联合国副秘书长丽贝卡：中国富不等于中国人富》，载《时代周报》2011年9月25日。

点阐述了政府推动这一要素在建立社会保障制度中的作用，且进而将其视野拓展至日本、新加坡和韩国。在此基础上，围绕社会保障体系的建立，对各国（包括将瑞典纳入比较的视野）现代社会保障中的政府职能及其相关调整进行系统考察，总结出基本相同的规律——重视立法的作用；政府起主导作用；内容和模式选择具有鲜明的国情特点；和本国经济发展水平相适应。这种历史的纵向梳理和世界范围内的横向比较视角，对于我们理解社会保障法体系的建构及政府在其中的定位和作用，具有重要的参考和借鉴意义。

众所周知，伴随着经济全球化和信息网络化的推进，一方面是社会经济迅猛发展，另一方面却是许多人陷入深深的不安之中——对无法驾驭的变化速度的恐惧；对高失业率的长期化及社会不平等的进一步加剧的担忧；对落后于他人业绩、优越地位将不保的担心；对政府无法有效统御持续恶化事态的不安；等等。近年来德、法等欧洲国家的排外事件[1]，美国的底特律政府破产事件[2]等，都在从不同角度提醒人们：要认真对待社会保障法体系的建构问题，要认真对待政府在社会保障中的定位和作用问题。社会越是充满矛盾，越是要强调依法建设安定、强大的福祉国家，以有效克服过度市场主义所带来的危害。

该书立足于福祉国家论，着眼于责任主体的探讨，致力于对政府责任的全面、客观和深入的探究，体现了作者明晰的问题意识。正如该书“后记”所介绍，作者是从自己家庭的经历出发，思考政府必须建立制度化的机制，来逐步解决人民的基本生活需要，保障每个人的生存，不能再让人们在遭遇生存危机时束手无策。这是多么感人至深的问题意识啊！在这样的问题意识支配下，作者确定了选题，锲而不舍地研究十余

---

[1] 参见《欧洲近年排外事件一览》，刊发于 http://news.china.com.cn/rollnews/2012-03/21/content_13381970.htm .

[2] 参见《底特律正式破产 政府表态将不会予以救助》，刊发于 http://intl.ce.cn/qqss/201312/04/t20131204_1851586.shtml .

载；在这样的问题意识支配下，作者系统考察了我国传统社会保障和新型社会保障，并对不同的社会保障领域中政府职能分别进行较为深入的讨论，进而提出了建立新型社会保障体系的课题，强调了新型社会保障的独立价值。

该书以“新型社会保障的独立价值”收尾，点出了“全民生活安全网络的构筑”这一课题,并未对给付行政法原理展开专门、系统的论述。但是，在对各国经验的总结中，将“重视立法的作用”作为基本相同的规律之首要因素来阐述，实际上为我国借鉴相关经验提供了重要的方向指引。

三

社会保障制度并非是资本主义国家所独有的制度，但是，它的确是在一定的历史发展阶段首先由资本主义国家所创设的制度。《政府与社会保障》对社会保障制度的生成与发展进行全面、系统的考察，为我们理解社会保障制度的宪法基础、行政法基础以及不同国家、不同历史阶段的相关背景，提供了全方位的支撑。从应然的角度来说，与资本主义国家的社会保障相比，社会主义国家的社会保障应当在理念层面更加先进、在制度层面更加完备。然而，从实然的角度来看，我国实行社会主义制度，却由于历史发展过程中的复杂原因，而在社会保障层面远远落后于发达资本主义国家。

总体来看，我国社会保障制度应当分为计划经济时期和改革开放时期，对这两个时期分别进行分析，有助于得出客观真实的社会保障制度图景。基于这种历史发展阶段论，该书分设了两章，分别对“我国的传统社会保障”和“我国的新型社会保障”进行考察。对前者的考察相对粗放、概观；而对后者的考察则系统、深入，其内容涉及社会保障的主要领域，为建构我国社会保障法体系提供了重要的素材和视角。

在我国的传统社会保障阶段（计划经济时期），由于城市和农村的二元构造，重工业优先发展的战略决定了前者得以优先保障，而后者长期未得到足够重视。该书分析指出："社会保障的费用全部由政府（或国营企业）承担，个人虽无缴费的义务，却有享受保障的权利。这看起来似乎对双方都有利：个人可以尽情享受'免费的午餐'而不必承担衣食住行的任何风险,政府则能够一切按计划调动和配置社会资源。可是,这种一切听凭政府安排的做法，既可能在免除个人义务的同时剥夺个人选择的自由，又可能造成个人对政府的过分依赖甚至依附。同时为了维持社会保障的运行，政府在城市长期实行了'低工资——高福利'的政策，政府尽可能地把个人可以自由支配的收入压低到仅能维持生存的水平，以便增大可供统一支配的收入部分。"（第 135 页）总体而言，计划经济时期的社会保障制度是作为第一次分配来实施的制度，而不是为了所得再分配的制度,个人没有交费的义务,全部由政府(或者国营企业)来负担，并且，与全面就业配套进行，故而没有失业保险制度，也为以后解决失业问题埋下了隐患。

在我国的新型社会保障阶段（改革开放时期)，社会保障制度建设逐步完善。该书主张，为了科学地构建社会保障的框架体系，应当坚持"以社会救助为基础,以社会保险为核心,以社会福利和社会优抚为补充"的理念，并进一步对此进行了深入浅出的阐述。（第 159 页）在这种理念指导下，我国相继建立、完善了医疗救助、养老保险、医疗保险、失业保险、工伤保险、生育保险、社会福利、社会优抚等制度，尤其是最低生活保障制度，使社会保障具备了权利性、普遍性和体系性。与从前的社会救济不同，最低生活保障制度确立了以城乡全部贫困居民为适用对象的受给权利，对于我国社会保障制度体系的全面完善来说，具有重要的意义。

基于对该制度之重要意义和作用的理解把握，该书追溯了从城市居民最低生活保障制度到城乡居民最低生活保障制度的发展历程，强调了政府在最低生活保障制度中应当履行的职能：救助所有的城乡贫困居民；保障最低限度的生活；坚持政府救助与公民自立相结合；鼓励社会

力量的积极参与；合理确定各级政府的财政负担水平。（第163-169页）

从原理上说，对这种体现社会国家或者福祉国家理念的政府职能把握，应当予以全面肯定。换言之，中国特色的社会保障制度，应当更加自信地贯彻社会国家原理或者福祉国家理念。然而，该书对该问题的理解把握并未停留在单一视角层面，而是从多维角度进行剖析，准确而全面地阐述了相关给付行政法原理。

任何事物都有其两面性，最低生活保障制度也不例外。在使大多数贫困居民度过“寒冬”方面，最低生活保障制度发挥了积极而又显著的作用，这是其主要的方面；但是，我们也应当看到它的不足，诸如运用不当不利于激发个人的主观能动性，易使极少数人产生懒惰思想等，对这些负面效应也应当予以警惕。换言之，一味地“输血”，而不去“造血”，可能会构成对“血液”的浪费，是对“造血”功能的破坏。“输血”固然重要，从长远来看，如何学会“造血”以及学会如何“造血”，其意义更大。正所谓“授人以鱼，不如授人以渔”。

所以，最低生活保障制度需要坚持给付行政中的自立原则，“坚持政府救助与公民自立相结合”，需要“鼓励社会力量的积极参与”，“鼓励劳动自救”，还需要和其他制度相结合，比方说，技能培训、短期小额贷款、小额民间融资、财税支持等，多管齐下，相互帮扶，从而有效利用资源，让困难群众不再困难，让低保户变成创业户，让困难家庭变成殷实家庭。在这层意义上说，最低生活保障制度的完善，需要强调给付行政法的补充性原则和禁止过剩给付的原则，实行多样化、多渠道给付，将给付行政发展为以支援行政为中心的多样化、多功能、多层次、多阶段的给付行政法体系。[1]

该书指出：“解决生存问题最初原本是个人及其家庭的事情，但是

[1] 参见杨建顺著：《论给付行政的法原理及实现手段》，载杨建顺主编：《比较行政法——给付行政的法原理及实证性研究》，中国人民大学出版社2008年版，第18页—第19页。

伴随着工业化和城市化的进程，仅仅依靠个人的力量，越来越多的公民面临着难以解决其生存的问题。因此保障个人的生存成为现代政府的一项重要职责，生存权也就上升为个人的一项基本权利，并且成为宪法关注的对象。政府正是根据宪法的规定来保障公民的生存从而具备了社会保障行政的职能，所以宪法是政府履行社会保障行政职能的最根本的法律基础。”在给付行政领域，既要强调社会国家原理，又要贯彻补充性的原则。为了顺利构建小康社会乃至和谐社会，应当根据各个领域的不同情况，有限度地确立或者更加强调国家和社会的责任，强调社会国家的原则，同时注重发挥个人和家庭的积极性，相应地要求个人责任或者自我责任。可以说，我国在构筑社会保障制度的过程中，一直面临着个人责任和政府责任的分担问题。尤其是在城市地区和农村地区这种二元构造之下，需要相关政策向农村地区倾斜，需要相关法规范为其提供必要的支撑。

我国于20世纪90年代基本完成了城市地区社会保障制度建设。在这个时期，改革的重心是国有企业改革及市场经济的扩大，对社会保障领域的建设主要集中在社会保险方面，而自我责任和个人负担得以强调，通过个人账户的导入，使相关改革更加具有了市场亲和性（market friendly）的性格。这一时期，农村地区社会保障制度的改革，尚没有受到足够的重视。

进入21世纪以后，我国开始致力于农村地区社会保障制度的建设。具体说来，在2000年以后，农村地区的问题受到瞩目，特别是2002年的中国共产党第十六次全国代表大会提出“三农问题”[1]，而2003年的SARS则凸显了农村地区医疗保障的脆弱性，这些都加速了农村地区社会保障制度建设，推动了扩大社会保险制度和最低生活保障制度的适用

[1]“统筹城乡经济社会发展，建设现代农业，发展农村经济，增加农民收入，是全面建设小康社会的重大任务。”江泽民：《全面建设小康社会，开创中国特色社会主义事业新局面——在中国共产党第十六次全国代表大会上的报告》。

对象的改革，最终将长期被排除在外的人（尤其是农村地区）纳入保障范围。上述一系列改革，对于我国社会保障制度发展来说，具有划时代的里程碑意义。

在体制转轨期，为了减轻国有企业的二重负担，个人责任得以强调，政府责任显著后退，这是可以理解的，也是无法回避的。但是，伴随着社会经济的发展，二元社会构造所内在的矛盾逐步激化，人们更加关注如何将改革开放的利益返还社会，由全体人民来均享改革开放的成果。在这种背景下，强调政府责任、社会责任便成为社会保障制度改革必不可少的支撑性要件。换言之，为了化解这种“社会构造性紧张”局面，社会保障制度的完善成为重要的课题。与20世纪90年代强调个人责任的改革不同，新的改革目的在于让全体人民都能享受到经济发展和改革的成果。于是，在社会保障领域开始进行政策倾斜，将重点置于从前一直被忽视的农村地区和低所得层的生活改善。至2011年，我国基本完成了对农民的社会保障制度建设，建立起将所有的城乡居民纳入其中的养老保险、医疗保险制度，并且，进一步完善了所有城乡居民皆能够作为权利而主张的最低生活保障制度。

该书以图表形式展示了我国目前社会保障的法律体系。（第149-150页）从中可以看出，“既有关于社会保障的专门性立法——《社会保险法》，也有法律从不同的角度规定了社会保障的相关内容，就总体而言，这些法律就社会保障作了系统性的规定，构成了我国社会保障方面的法律体系。”（第146-147页）从中也可以看出，在责任分担和政府职能定位方面，我国社会保障法体系的建构尚待完善。在过去的历史发展阶段，诸多社会保障制度实际上是靠“发文”来支撑的，诸如国务院办公厅转发卫生部等部门《关于进一步做好新型农村合作医疗试点工作的指导意见》《国务院关于在全国建立农村最低生活保障制度的通知》《国务院关于开展新型农村社会养老保险试点的指导意见》《国务院关于开展城镇居民社会养老保险试点的指导意见》等。为了改变这种状况，亟待完善社会保障领域的相关法规范，亟待对相关法规范进行体系化架构。

四

在近代以后，许多西方国家进入了夜警国家（自由主义法治国家）阶段，标榜市民社会以自立、自由的个人以平等的立场进行交易为标志，将国家的干预限定在最小限度内，所谓“最好的政府，最少的管理”，成为人们追求的目标。[1]然而，以这种近代社会观为前提的市民，与历史发展过程中真实的市民完全不对应，其只是虚构的或者说只是应当追求的理想形态。作为实在的人，工人事实上处于从属于资本家的立场，很难以平等的立场进行自由的交易，其实际生活状况堪忧，更何况，由于伤病及高龄等原因而不能工作的人，甚至难以维持正常生活。很显然，在这种背景下，为确保人民的权利、自由，一方面需要限制国家权力的行使，另一方面则需要在权利遭受侵害时给予救济，故而需要有某种支撑。社会法正是着眼于人们的这种生活实态，对市民法的原则进行必要的修正，为人们的生活提供基本保障。

在我国，如同“劳动法和社会保障法”所表述的那样，人们比较习惯于将社会保障法与劳动法并列。的确，社会保障法和劳动法同属于“社会法”的范畴，都是“社会法”的重要组成部分，但是，两者在具体属性上却存在较大差异，主要体现为调整对象的不同和所属法体系不同。劳动法着眼于劳资间存在经济性、社会性的不均衡，介入这种不均衡的关系，纠正两者间的契约关系，较多属于民事法体系。与此相对，社会保障法则是着眼于存在个人及家庭等难以自立、自由地参与平等交易的这种现实，以人民所负担的租税及保险费为支撑，以国家、政府和社会等为主体，构筑起对个人及家庭等提供金钱及服务的机制（社会保障制度），更大程度上属于行政法体系。社会保障法，可以归类为行政作用

[1]参见杨建顺著：《行政规制与权利保障》，中国人民大学出版社2007年版，第126—127页。

法的应用领域——特别是行政对市民提供某种金钱及服务的“给付行政”的领域。换言之，对社会保障领域的相关问题展开研究，宜导入行政法尤其是给付行政的法原理。

我国学者对社会保障的研究成果已有很多，而从给付行政法原理展开的研究成果却不多见。许兵博士的专著《政府与社会保障》，从“给付行政”角度进行分析，为完善以给付行政法原理为指导的社会保障法学体系提供了重要视角。这让我格外高兴。

该书对社会保障法领域的研究，在很大程度上揭示了不同时代的社会性、经济性诸条件，探讨了立法政策的形成过程和实定法的发展轨迹，并清晰地描绘出完善社会保障法体系的目标和使命。此外，基于对现行社会保障法体系的正确理解，发现在该法体系中未被充分考虑的需求，如果能够在此基础上进一步建构相应的立法论、行政法政策论，则更能够体现出社会保障法学不同于其他法领域的重要特征。

为了充分展示社会保障法及社会保障法学的范围，该书选取了最低生活保障制度、农村的扶贫开发制度、养老保险制度、医疗保险制度、失业保险制度、农村五保制度、社区服务、社会力量参与福利事业、社会优抚制度、乃至农村社会保障等一系列制度，分别探讨了政府在其中的职能定位，讨论了政策、规则等在整个过程中所发挥的作用，揭示了相关领域中社会保障法的构造，以及在立法政策层面的新需求和体系化。我相信，这些讨论和介绍，对于掌握该领域中的政府定位和问题所在，培养专业研究的兴趣，具有重要的指引或者参考意义。以该书所提供的指引或者所涉猎的制度领域为参考，进一步展开相关领域的系统学习和深入研究，则必将有助于社会保障法学体系的健全和完善。

五

在现代国家，从生存权和追求幸福权的角度着眼，通过宪法及相关法律的明确规定，建构和完善相应的给付行政法体系，是理论界和实务界所面临的共同课题。《政府与社会保障》从给付行政角度对政府与社会保障展开探讨，为我国社会保障法体系的完善和相关理论研究的发展，提供了重要的素材和视角支撑，具有宝贵的参考和借鉴价值。

该书指出："我国政府应当在借鉴欧美和东亚国家社会保障经验的基础上，构建适合本国国情的社会保障体系，这个体系以社会救助为基础，以社会保险为重点，以社会福利和社会优抚为补充。在这个体系中，既包括资金方面的给付，又包括政府和社会提供的各种服务，不但能够满足人们的物质需求，而且能够实现人们的精神要求，从而构筑起保证全民生活安全的网络。"（第 4 页）很显然，在经验借鉴和具体保障体系的构建方面，还有很多工作要做，而其中最为关键的是相关"基础"、"重点"和"补充"如何落实。

从宪法和行政法的视角来看，人民具有对国家要求生存考虑的权利，这种请求权便是社会权；国家为了满足人民的这种要求所实施的相应活动，就是给付行政；通过宪法作为基本权来对这种社会权加以确认，便构成了社会权性质的基本权；通过宪法或者其他组织法对这种给付行政予以职能性规定，便构成了相关职能部门的职责或者义务。在给付行政法原理指导下，建构符合我国国情的社会保障法体系，需要有全面系统且深入的理论研究作为支撑。期待许兵博士在今后的研究中能够继续关注并致力于该领域相关问题的深入探讨；期待更多行政法学人关注并致力于社会保障法的理论研究和制度建构的探索，为满足人民对美好生活的向往，构建完善的社会保障体系，提供坚实的理论和制度支撑。

写下以上文字，与诸位朋友分享许兵博士的《政府与社会保障》。

祝愿许兵博士不断取得更多更好的研究业绩！

于中国人民大学明德法学楼研究室

2013 年 11 月 5 日

自序

政府与社会保障

——基于给付行政角度的分析

习近平总书记指出："我们的人民热爱生活，期盼有更好的教育、更稳定的工作、更满意的收入、更可靠的社会保障、更高水平的医疗卫生服务、更舒适的居住条件、更优美的环境，期盼孩子们能成长得更好、工作得更好、生活得更好。"为了满足人民对美好生活的向往，实现这一奋斗目标，健全的社会保障制度是必不可少的。社会保障是国家为了保持经济发展和社会稳定，对公民在年老、疾病、伤残、失业、遭遇灾害、面临生活困难的情况下，由政府和社会依法给予物质帮助，以保障公民的基本生活需要的制度。在人类历史上先后出现了以稳定社会秩序为目的的近代社会保障和以保护公民生存权为目的的现代社会保障（我国的传统社会保障和新型社会保障都属于现代社会保障）。从世界范围来考察，在社会保障的产生和发展过程中，政府始终发挥了并在持续发挥着至关重要的作用。政府为什么要介入个人的生活领域，建立社会保障呢？本书从宪法学和行政法学的角度，通过考察近代社会保障和现代社会保障的产生和发展过程，分析各国政府在社会保障中的职能。在借鉴其他国家经验的基础上，我国政府应当建立适合本国国情的社会保障体系，构筑全民生活安全的网络，从而切实担负起保护公民生存权的法定职责，保障人人都能在有尊严的前提下充满希望地生活，为经济社会的持续、可健康发展创造和谐的社会环境。

全书共分为五部分：

一、社会保障的宪政基础。近代宪法确立了宪法和法律至上原则，建立有限政府，以此来保护公民的财产权和人身自由权利。在近代宪法之下，政府通过国防、外交、税收、警察等方式履行行政管理职能保持社会秩序的稳定，主要履行了规制行政职能，旨在为经济社会发展创造相对安定的社会环境，政府没有保障公民基本生活的法定义务。而以1919年德国《魏玛宪法》为标志的现代宪法规定了公民的社会权，导致行政职能发生转变并且急剧扩张。伴随着行政国家的出现，行政职能从传统的规制行政发展到规制行政与给付行政并存，给付行政成为现代国家保护公民社会权的重要方式，作为给付行政之一的社会保障行政更成为政府保护公民生存权的基本职能。从规制行政到给付行政，表明行政的目的已经从着重维护社会秩序转向既要保持社会安定，又要保障公民的基本生活，并通过促进经济社会的发展来逐步提高公民的生活水平。

社会保障行政要依法进行，国家通过建立法治主义的制约机制，对社会保障行政进行必要的控制，来保护公民在社会保障领域中的权利。政府开展给付活动，必须要有一定的界限。（1）社会保障行政首先要保障公民的基本生活。社会保障是建立在工业化和城市化基础上的，改变了原来以家庭为主的生活保障方式，政府主导建立社会保障，应当满足公民的医疗、养老等基本生活需要，确保公民生存权的实现。（2）社会保障行政要鼓励公民的自立。社会保障只负责满足公民基础性的生活需求，政府不能过多地介入公民的个人生活和生产经营活动，否则包揽过多就会阻碍他们的积极性和创造性，遏制他们的创新能力。社会保障行政应当尊重公民的自立，培养他们自主发展的能力。只有在公民的个人生活和生产经营活动陷入困境时政府才会给予必要的帮助，政府主要承担补充性的责任。（3）社会保障要与社会经济发展水平相适应。社会保障行政要量力而行，给付能力不能超越社会经济发展的水平，因为社会保障行政是以财政做后盾的，超越社会经济的发展水平，就超出了政府的承受能力，就会给国家的发展带来负面的影响。公民对社会保障的需求是刚性增长的，会随着经济的发展而水涨船高，公民需求的无限增长和政府的有限给付产生了矛盾。社会保障行政要坚持基础性的给付标准，只有给付与社会经济的发展水平相适应，才能保证对整个社会持续而稳定地供给。

二、近代社会保障的产生与发展。近代社会保障产生在资本主义自由竞争阶段，英国和德国是近代社会保障的两个发源地，两国都采用立法的方式建立了社会保障。17 世纪初英国因发展资本主义经济开展圈地运动，大量的农民失去土地后涌入城市沦为贫民，为了防止贫民因为极端贫困铤而走险，威胁统治阶级的社会秩序，1601 年英国政府推动议会颁布了《济贫法》，建立了近代社会保障，政府采用济贫的方式，通过社会救助来满足城市贫民的最低生活需要，保持社会秩序的稳定；而德国的近代社会保障则采用社会保险的方式，在 19 世纪后期德国政府在首相俾斯麦的领导下相继提出了工伤事故保险法案、疾病保险法案和退休金保险法案，并且推动国会表决通过，从而在世界上最早建立了较为完备的社会保险制度，政府通过医疗、工伤和养老保险，安抚工人阶级，满足工人的基本生活需要，为发展经济和对外扩张创造条件。在自由国家时期规制行政是政府的主要职能，宪法没有规定政府保障公民基本生活的义务，两国政府都将社会保障作为推行对内对外政策的一种手段，公民没有向政府请求保护其生存的权利。应当说政府在这一阶段的作用是被动的、消极的。

三、现代社会保障的产生与发展。进入 20 世纪以后，保护公民的生存权成为政府的法定义务。在继续开展规制行政活动的同时，给付行政成为政府的新职能。各国政府纷纷向议会提交法案，通过立法建立了以保护公民生存权为目的的现代社会保障，来为公民提供基本的生活保护。政府负责建立社会保障的具体制度，提供财政支持并且管理社会保障。尤其是在二战以后，欧洲部分国家建立福利制度，为公民提供“从摇篮到坟墓”的全方位的生活保护。发达国家介入公民个人生活领域的程度越来越深，在经济高速增长时期福利水平日益提高，到了20世纪70年代，随着经济增长的趋缓，高水平的福利成为各国政府的沉重负担。从20世纪80年代开始各国都逐步进行改革，努力调整政府的支付水平，从按照需要给付转变为按照支付能力给付，并且通过创造就业机会，提高就业率来保持公民较高的生活水平。

四、我国的传统社会保障。新中国成立以后，代表全国各族人民根本利益的共产党致力于消灭剥削，消除两极分化，建立社会主义制度，构造一个公平的社会，努力提高人民的生活水平，为此在城市尽快实现社会主义工业化，并在农村建立集体经济，逐步形成了二元化的社会结构。政府基于国家主义和集体主义的传统，以计划经济为支柱，建立了以城镇职工为主要保障对象的传统社会保障，并从20世纪50年代开始进行调整，在城市统一退休制度，调整公费医疗和劳保医疗制度，并且逐步提高职工的社会保障待遇，尽可能地满足职工及其家庭的基本生活需要；在农村建立合作医疗制度和“五保”制度，利用集体经济来满足农民的医疗、养老等基本生活需要。但是由于严重依赖于计划经济体制，政府在传统社会保障中包揽过多，在20世纪60年代末又取消了社会保险的统筹制度，将社会保障变为单位保障，造成给付的不公平。在计划经济时期，由于生产力发展水平的限制，无论在城镇还是农村，政府都给予了较低水平的给付。随着计划经济体制向市场经济体制的转变，传统社会保障失去了原有体制的支撑，不得不进行改革，政府需要建立适应社会经济发展要求的新型社会保障，来满足人们的生存和发展需要。

五、我国的新型社会保障。宪法在公民的基本权利中规定了退休制度和公民有获得物质帮助的权利，在2004年宪法修正案第23条又规定了“国家建立健全同经济发展水平相适应的社会保障制度”，国家就承担了保障公民基本生活的法定义务。政府作为国家意志的代表，理所当然就要担负起保护公民生存的法定职责。社会保障诞生在西方国家，这些国家通过立法机关建立社会保障的法律体系，行政机关负责执行法律。通过立法明确政府的职责，确保政府能够履行法定的义务，这是西方国家的共同特点。我国同样注重社会保障的立法，和西方国家不同的是，基于本国的政治传统，我国自建国以后主要是通过行政立法建立社会保障的，国务院作为社会保障行政立法的最重要的主体，制定了涉及社会救助、社会保险、社会福利、社会优抚等方面的行政法规，国务院主管部门和省级人民政府也在各自的权限范围内制定了行政规章，这些行政法规和规章构成了我国目前社会保障的法律体系，成为社会保障运行的基础。

在借鉴欧美和东亚国家社会保障经验的基础上，我国政府必须立足于社会主义初级阶段的生产力发展水平和人口状况，坚持“低水平、广覆盖、多层次、统筹结合”的基本思路，来构建适合本国国情的社会保障体系。这个体系以社会救助为基础，以社会保险为重点，以社会福利和社会优抚为补充。在这个体系中，既包括资金方面的给付，又包括政府和社会提供的各种服务，不但能够满足人们的物质需求，而且能够实现人们的精神要求，从而构筑起保证全民生活安全的网络。在这个安全网中，政府通过发挥社会救助的基础性功能，来满足贫困人口的最低生活需要，通过社会保险来解决人们的基本生活问题，通过社会福利和社会优抚来改善和提高人们的生活质量。在注重解决城镇居民生活问题的同时，政府通过建立新型合作医疗并积极探索适应农村需要的养老方式，逐步解决农民最关心的医疗和养老问题。

西方国家的社会保障有雄厚的经济基础作支撑，而我国的经济基础则相对薄弱，因此归根结底，发展是解决公民生存问题的关键，政府只有通过大力发展经济和文化事业，不断创造物质和精神财富，才能切实保障公民的基本生活，进而逐步提高公民的生活水平。

政府与社会保障
ZHENG FU YU SHE HUI BAO ZHANG

目录

导　论

一、本书选题的背景

国家产生以后，其阶级统治职能和社会职能总是由政府来履行的，国家与政府有着密切的关系，但是它们之间有本质的不同，“国家是由于它自身而存在的，但政府则只能是由于主权者而存在的”[1]，因此政府代表国家行使权力，管理国家和社会事务。政府有广义和狭义之称，广义的政府是指行使国家权力的所有机关，包括立法机关、行政机关和司法机关，狭义的政府仅指行政机关。[2] 本书是从狭义上展开论述的。

在 20 世纪以前，政府的职能主要表现在对内维持社会治安，征收税款保证国家机器的运转，对外巩固国防，防止和抵御外敌的侵略。进入 20 世纪，随着社会国家[3]理念的出现，保护公民的生存权成为政府的法定义务，社会保障行政随之成为政府保护公民生存权的重要方式。社会保障行政是政府在社会国家时期行政职能的新发展，是日本、德国等国行政法研究的重要内容。[4] 社会保障是国家为了保持经济发展和社会稳定，对公民在年老、疾病、

---

[1] [法] 卢梭著，何兆武译 :《社会契约论》，商务印书馆 1980 年版，第 80 页。

[2] 参见彭澎著 :《政府角色论》，中国社会科学出版社 2002 年版，第 42 页。本文所研究的是狭义的政府，重在研究行政机关在社会保障中应当履行的职能。

[3] 社会国家，是指以保障公民的生活为其使命的国家，与自由国家仅以维持治安为任务相对应，社会国家以积极确保公民生活的安定为其任务，20 世纪的宪法开始采用社会国家的理念，一般认为 1919 年德国《魏玛宪法》是其开端。——杨建顺著 :《日本行政法通论》，中国法制出版社 1998 年版，第 331 页。

[4] 参见 [日] 南博方著，杨建顺、周作彩译 :《日本行政法》，中国人民大学出版社 1988 年版，第 29 页 ；杨建顺著 :《日本行政法通论》，中国法制出版社 1998 年版，第 330 页 ；[德] 哈特穆特 · 毛雷尔著，高家伟译 :《行政法学总论》，法律出版社 2000 年版，

伤残、失业、遭遇灾害、面临生活困难的情况下，由政府和社会依法给予物质帮助，以保障公民的基本生活需要的制度。[1]社会保障是我国近年来引起广泛关注的社会热点问题，随着计划经济体制向市场经济体制的转轨，个人面临越来越多的社会风险，生存问题遭遇前所未有的挑战，目前大多数人对社会保障的改革是很不满意的，[2]他们普遍缺乏安全感，因此全社会对社会保障都抱有很高的期望，希望政府能够担负起保护公民基本生活的职责，使人人得以生活安定。的确，就整个世界范围来看，从社会保障建立伊始，各国政府就发挥着主导性的作用，从社会保障制度的建立到运行始终都离不开政府的身影。我国法学界对社会保障的研究主要集中在民法和劳动法领域，重在研究社会保障的各项具体制度，侧重于具体制度的构建和运行，很少从政府职能的角度来研究社会保障。本书从宪法学和行政法学的角度，考察政府为什么要介入个人的生活领域，为公民提供生活保护，在社会保障中政府究竟应当承担什么样的行政职能。随着我国工业化和城市化的日益深入，原有的社会保障方式已经越来越不能适应社会经济发展的要求，政府在市场经济体制下怎么样构建适合本国国情的社会保障，切实履行保障公民生存权的职责，从而既能够保障公民的基本生活，又能够促进社会经济的发展。正是在

第 8 页。

[1]“社会保障与法制建设”课题组：《社会保障与法制建设》，载《法学家》1999 年第 4 期。从社会保障产生的历史背景和功能出发，本文将社会保障分为近代社会保障和现代社会保障，近代社会保障出现在自由国家时期，是政府为了维护统治阶级的根本利益，稳定社会秩序，在资本主义发展过程中安抚无产阶级的一种手段，其目的是防止无产阶级因为极端贫困铤而走险，从而为资本主义的发展创造安定的社会环境。而现代社会保障则出现在社会国家时期，是政府根据宪法的规定建立具体制度来保护公民的生存权，保障公民有尊严的生活成为政府的义务，社会保障客观上为社会经济的发展创造了安全的社会基础。本书在第四章和第五章所论述的我国的传统社会保障和新型社会保障都以保护公民的生存权为目的，因而都属于现代社会保障的范畴。

[2]有关学者经过考察认为，与社会保障制度相关的三个方面——政府、企业和个人，都没有能从现行制度中获益。个人对现行社会保障制度心存疑虑，据《2000 年社会蓝皮书》披露：有 60% 以上的被调查者对社会保障表示不满，企业在社会保障方面的支出仍在增加，政府原想通过改革卸掉一些包袱，结果适得其反，反而每年数十上百亿地调动财政积累补亏。——参见“中国社会保障体系研究”课题组：《中国社会保障制度改革：反思与重构》，载《社会学研究》2000 年第 6 期。

这种背景下确定了本书选题。

二、本书选题的意义

本书选题的意义主要包括理论意义和实践意义两个层面。

1. 本书选题的理论意义

本书通过考察政府在不同时期、不同类型的社会保障中的行政职能，旨在研究社会保障行政的界限，目的是保护公民在社会保障行政领域中的权利，在该领域中建立法治主义的制约机制。[1] 国家对社会保障行政要进行必要的控制，政府建立社会保障，开展给付活动，必须有一定的界限。（1）首先社会保障行政要保障公民的基本生活，因为在社会保障行政职能下政府鼓励公民的自立自强，所以政府为公民提供了基本的生活需求以后，公民就具备了自立的基础，如果他们追求更高的生活水平，就需要自己去创造。（2）社会保障行政要鼓励给付对象的自立，政府不能过多地介入给付对象的个人生活和生产经营活动，否则包揽过度就会阻碍他们的积极性和创造性，遏制他们的创新能力。社会保障行政应当尊重给付对象的自立，培养他们自主发展的能力。一旦给付对象的个人生活和生产经营活动陷入困境，政府就应当给予帮助，政府主要承担补充性的责任。（3）政府对社会保障行政要量力而行，给付水平不能超越社会经济发展的水平。因为社会保障行政是以国家财政做后盾的，超越社会经济的发展水平，就超出了国家的承受能力，就会给国家的发展带来负面的影响。西方国家的运行状况表明在经济高速发展时期，高水平的社会保障行政能够得到政府的强劲支持，但是经济发展一旦趋缓，而社会对社会保障行政的需求又居高不下，财政就会日渐拮据，给付过度就会成为社会经济发展的障碍。我国应当借鉴其他国家的经验、吸取他国的教训，立足本国国情，坚持给付有度的原则，确定社会保障应当与经济发展水平相适应。2004 年宪法修正案将这一原则载入宪法，确立了社会保障行政的基本要求。政府在设计社会保障制度时要立足于我国的社会经济发展水平，做到既能保障公民的基本生活需要，又能符合国家的承受能力，使社会保障和

[1] 参见杨建顺著：《日本行政法通论》，中国法制出版社 1998 年版，第 328 页。

社会经济的发展协调前进。

2. 本书选题的实践意义

考察不同国家、不同类型的社会保障制度，我们可以看出在不同的历史时期各国政府在其中发挥了非常重要的作用，如果没有政府的策划和推动，社会保障制度根本无法建立，即使建立了也很难健康平稳地运行。从发达国家的情况来看，立法先行是它们的共同规律，法律规定了社会保障的基本原则和具体制度，政府按照法律规定组织实施并且在实践中不断改进。我国同样注重社会保障的立法，和西方国家不同的是，基于本国的政治传统，我国自建国以后主要是通过行政立法建立社会保障的，国务院作为社会保障行政立法的最重要的主体，制定了涉及社会救助、社会保险、社会福利、社会优抚等方面的行政法规，国务院主管部门和省级人民政府也在各自的权限范围内制定了一些行政规章，这些行政法规和规章构成了我国目前社会保障的法律体系，成为社会保障运行的基础。

我国政府应当在借鉴欧美和东亚国家社会保障经验的基础上，构建适合本国国情的社会保障体系，这个体系以社会救助为基础，以社会保险为重点，以社会福利和社会优抚为补充。在这个体系中，既包括资金方面的给付，又包括政府和社会提供的各种服务，不但能够满足人们的物质需求，而且能够实现人们的精神要求，从而构筑起保证全民生活安全的网络。在这个安全网中，政府通过发挥社会救助的基础性功能，来满足贫困人口的最低生活需要，通过社会保险来解决人们的基本生活问题，通过社会福利和社会优抚来改善和提高人们的生活质量。在注重解决城镇居民生活问题的同时，政府通过建立新型合作医疗制度并积极探索适应农村需要的养老方式，逐步解决农民最关心的医疗和养老问题。通过建立社会保障的法律体系，政府保证人人都能感到生活安全，社会稳定。

三、我国的研究现状

我国行政法学界主要从行政给付的角度研究社会保障行政，因此研究的重点首先是行政给付问题，对于行政给付的研究主要包括以下内容。

1．行政给付的内涵

对于行政给付，学者们有不同的理解。有学者认为行政给付的含义有广义和狭义之分，广义的行政给付也称为给付行政，包括供给行政、社会保障行政和财政资助行政。[1]因此就广义上的含义来说，社会保障行政是给付行政的组成部分之一。狭义上的行政给付以罗豪才主编的《行政法学》为代表，认为行政给付也称为行政物质帮助，是指行政机关对公民在年老、疾病或者丧失劳动能力等情况或其他特殊情况下，依照有关法律、法规规定，赋予其一定的物质权益或与物质有关的权益的具体行政行为。[2]也有学者称之为行政救助。[3]从上述定义来看，行政给付或者行政物质帮助实质上就是社会保障行政，是行政机关在社会保障中履行职责来保护公民生存权的重要方式。

也有学者认为行政物质帮助的对象是公民、法人或者其他组织，而不仅仅局限于公民。[4]这个界定就超出了社会保障行政的范围，具有部分财政资助行政的内容。

2．行政给付的形式

由于对行政给付含义的定位不同，学者们对行政给付形式的理解也表现出不同的特点。有学者将行政给付的形式确定为安置、补助、抚恤、优待、救灾扶贫，[5]也有学者在此五种形式的基础上增加了收留。[6]还有学者将行政给付的形式概括为抚恤金、特定人员离退休金、社会救济和福利金、自然灾害救济金及救济物资。[7]

---

[1]姜明安主编：《行政法与行政诉讼法》，北京大学出版社、高等教育出版社2005年版，第272页；郭润生、张小平：《论给付行政法》，载《行政法学研究》1994年第3期。

[2]罗豪才主编：《行政法学》，北京大学出版社1996年版，第242页。

[3]参见王连昌主编：《行政法学》，中国政法大学出版社1994年版，第177页；胡建淼著：《行政法学》，法律出版社1998年版，第342页。

[4]参见应松年主编：《行政法学新论》，中国方正出版社1999年版，第292页；皮纯协主编：《行政法学》，群众出版社2000年版，第180页。

[5]罗豪才主编：《行政法学》，北京大学出版社1996年版，第243－244页；应松年主编：《行政法学新论》，中国方正出版社1999年版，第293－294页。

[6]胡建淼著：《行政法学》，法律出版社1998年版，第346页。

[7]姜明安主编：《行政法与行政诉讼法》，北京大学出版社、高等教育出版社2005年版，第274－276页。

3. 行政给付的原则

基于对行政给付不同的定位，学者们对行政给付原则的论述也各有差异。有学者将行政给付的原则确定为社会国家原则、法治国家原则、保障基本人权原则、补充性原则，[1]有学者认为行政给付的原则是基本生活保障原则、补充性原则、补足性原则、及时性原则、不断提高给付标准原则。[2]也有学者认为行政给付的原则是公平、公正、平等原则、信赖保护与持续给付原则、行政给付与助成性行政指导相结合的原则、程序规范透明的原则。[3]还有学者认为行政给付的原则是社会国家原则、法治原则、国家辅助性作用原则、平等对待原则、比例原则、信赖保护原则，[4]并重点论述了社会国家原则、法治原则、国家辅助性作用原则。

4. 对国外给付行政的研究

部分学者对西方国家的给付行政展开了研究，如杨建顺在其《日本行政法通论》中对日本的给付行政进行了研究，[5]论述了给付行政的概念、类型、特色和法律依据，于安在其《德国行政法》中研究了德国的给付行政，[6]论述了国家向公民提供福利是国家的义务和公民的权利。日本和德国行政法从行政行为的角度研究给付行政，关注的视野比我国更为宽广。

在研究行政给付的基础上，行政法学界部分学者对社会保障行政也展开了探讨。有学者认为社会保障行政是行政主体为保障人民生活达到一定水准而进行的给付活动，包括公共扶助、社会保险、公共卫生、公共医疗和社会福利。[7]林莉红、孔繁华的《行政给付略论》将行政给付定位为社会保障行

[1]郭润生、张小平：《论给付行政法》，载《行政法学研究》，1994 年第 3 期。

[2]林莉红、孔繁华著：《行政给付略论》，载《珞珈法学论坛》（第 2 卷），武汉大学出版社 2002 年版，第 123 页。

[3]姜明安主编：《行政法与行政诉讼法》，北京大学出版社、高等教育出版社 2005 年版，第 276 — 277 页。

[4]王贵松：《支配给付行政的三大基本原则研究》，载刘茂林主编：《公法评论》（第一卷），北京大学出版社 2003 年版，第 126 页。

[5]杨建顺著：《日本行政法通论》，中国法制出版社 1998 年版，第 330 页。

[6]参见于安著：《德国行政法》，清华大学出版社 1999 年版，第 11 页。

[7]姜明安主编：《行政法与行政诉讼法》，北京大学出版社、高等教育出版社 2005 年版，

政，论述了社会保障行政的缘起、理论界定、原则、方式、现状和完善设想。[1]在社会保障行政中，社会救助具有特别重要的意义，有学者从社会救助的角度专门论述了最低生活保障制度，[2]对最低生活保障制度作了实证的分析。部分学者还对西方国家的社会保障行政进行了研究，王名扬在其《法国行政法》中论述了法国公务员的社会保障津贴和经济补助，[3]还有学者对美国的社会保障行政进行了研究，[4]并开展了中美之间的比较分析，对拓展我国对社会保障行政的研究提供了新的视角，丰富了社会保障行政的研究内容。

综上所述，我国行政法学界将行政给付界定为具体行政行为，并在行政给付的基础上，对社会保障行政展开了初步地研究，取得了一定的成果，但是总体上更注重宏观层面的研究，缺少对社会保障中行政职能的分析，没有详细揭示出政府在社会保障的具体制度中所发挥的作用。

四、本书的研究方法

1. 历史分析的方法

本书将简洁明快地介绍具有代表性的近代和现代社会保障制度，在叙述其历史发展的基础上分析政府为什么介入社会保障以及各国政府在社会保障中发挥的主要作用。通过历史分析的方法，能够比较清晰地梳理出社会保障发展的大体脉络，政府在不同的历史时期奉行什么样的社会保障理念，以及随着

第 272 页。

[1] 参见林莉红、孔繁华：《行政给付略论》，载《珞珈法学论坛》（第 2 卷），武汉大学出版社 2002 年版，第 123 页。

[2] 林莉红、孔繁华：《从最低生活保障制度的实施透视我国公民的权利意识与法律意识》，载《河南省政法管理干部学院学报》，2001 年第 4 期；林莉红、李傲、孔繁华：《从宪定权利到现实权利——我国城市居民最低生活保障制度调查》，载《法学评论》，2001 年第 1 期；林莉红、孔繁华：《行政给付略论》，载《珞珈法学论坛》（第 2 卷），武汉大学出版社 2002 年版，第 123 页；林莉红、常晓云、严彩艳：《从最低生活保障制度实施情况看湖北城市居民权利意识现状》，载《湖北社会科学》，2004 年第 1 期。

[3] 参见王名扬著：《法国行政法》，中国政法大学出版社 1988 年版，第 270 页。

[4] 参见胡敏洁：《中美福利案件审查之异同》，载《人民法院报》，2004 年 9 月 1 日；宋华琳：《美国的社会保障申诉委员会制度》，载《环球法律评论》，2004 年第 1 期；胡敏洁：《公法学视野下的美国福利民营化：学理与实践》，载《公法研究》，2005 年第 2 期。

20世纪初期伴随西方现代宪法调整范围的扩大,政府职能发生了根本性的转变,这是理解政府在社会保障方面履行职能的基础。

2. 比较分析的方法

历史分析是一种纵向分析的方法，本书在纵向分析的同时，根据历史时期的不同对世界范围内具有代表性的社会保障制度进行了比较分析。因为社会保障制度最早建立在西方国家，二战以后这些制度都得到了进一步的发展和完善，这是我国建立和完善社会保障制度需要借鉴的。当然洋为中用，我国不能对此全盘吸收，而必须在分析研究的基础上，根据我国的历史传统和社会经济状况，建立适合本国国情的社会保障制度，并且在实践中逐步改革和完善。

3. 功能分析的方法

作为国家意志的代表，政府具有阶级统治功能和社会功能。在近代宪法下，政府主要承担了阶级统治功能，有限的社会功能也是为阶级统治功能服务的。在现代宪法下，政府一方面继续保持阶级统治功能，另一方面社会功能日趋增多。本书通过考察政府在历史发展中功能的变化，分析政府如何通过社会保障来保护公民的生存权，并详细论述政府在社会保障的具体制度中所发挥的作用。

4. 行政过程论的分析方法

在行政国家状态下，政府建立社会保障来保护公民的生存权，社会保障体现了政府和公民之间的权利义务关系。本书将政府在社会保障中的职能作为一个动态的过程进行分析，从过程的视角去透视行政权与公民生存权之间的关系。[1]政府在社会保障中的行为不是相互割裂的，而是互相关联，构成一个整体。尤其在我国，政府通过行政立法确立社会保障的规则，设立专门机关进行管理，并对社会保障进行必要的财政支持和监督，通过较为完整的社会保障体系为公民提供生活保护，这本身就构成了一个前后相连的过程。缺少其中任何一个环节，政府对公民的保护都会残缺不全。

[1]参见湛中乐著:《现代行政过程论——法治理念、原则与制度》，北京大学出版社2005年版，第11页。

第一章

社会保障行政的宪政基础

第一节　社会保障的宪法基础

从1601年英国颁布《济贫法》至今,社会保障已经历了400多年的历程。在其产生和发展的历史长河中，政府无不时刻发挥着其他机构和组织所不能替代的作用。而从世界范围来看，社会保障总是和政府的行政职能紧密相连的。在近代宪法下，政府的主要职责是维护国家安全，保持社会稳定，为社会经济的发展创造条件，其权力受到宪法和法律的制约，政府对个人生活的保障作用没有受到近代宪法的关注。现代宪法产生以后，保护公民的生存权成为政府的义务，社会保障作为保护公民生存权的主要方式，成为宪法的内容之一，政府根据宪法来履行社会保障的行政职能。因此考察世界近现代宪法的产生和发展，探讨在宪政体制的框架内政府的行政权力为什么要介入社会保障领域，无疑具有非常重要的意义。

一、近代宪法与个人生活保障

在17世纪和18世纪，英国、美国和法国等欧美国家相继爆发了资产阶级革命，在革命的过程中各国根据本国的具体情况制定了具有资本主义性质的宪法，通常把这个时期产生的宪法称为近代宪法。近代宪法具有两个主要功能，一是建立有限政府，二是保护公民的基本人权。

（一）建立有限政府

根据资产阶级思想家的论述和欧美各国立宪的实践，有限政府主要包括以下内容：

1. 宪法和法律至上

有限政府首先强调法律具有至高无上的权威，任何机关和个人都必须服从法律，而绝不能超越法律或者不服从法律的约束。英国大法官爱德华·科克认为宪法和法律具有最高的地位，国王在任何人之上，但在法律和上帝之下。[1] 洛克则认为政府应该根据法律进行统治，政府的权威直接来源于宪法和法律的权威，“无论国家采用什么形式，统治者应该以正式公布的和被接受的法律,而不是以临时的命令和未定的决议来进行统治”，[2]“因为叛乱不是反对个人，而是反对以政府的宪法和法律为依据的权威”。[3] 因此宪法和法律是政府存在和开展活动的基础。美国资产阶级革命胜利以后，在宪法的实施过程中，大法官马歇尔认为宪法至上，宪法的至上性来源于美国人民，美国人民是政治和政府权威的最终来源。他认为宪法性的限制在于防止权力过分集中于一个联邦政府部门造成独裁，以至损害国家和人民。[4] 潘恩则着重阐述了宪法与政府的关系，他认为宪法是一样先于政府的东西，而政府只是宪法的产物。一国的宪法不是其政府的决议，而是建立其政府的人民的决议，宪法对政府的关系犹如政府后来所制定的各项法律对法院的关系。法院并不制定法律，也不能更改法律，它只按已制定的法律办事，政府也以同样的方式受宪法的约束。[5] 因此潘恩认为宪法先于政府而存在，政府是根据宪法组建的，而且其职权和活动原则都直接受到宪法的约束。这些学说对西方国家

[1] 参见［英］丹宁勋爵著，刘庸安、张文镇译：《法律的未来》，法律出版社1999年版，第349页。

[2]［英］洛克著，叶启芳、瞿菊农译：《政府论》（下篇），商务印书馆1964年版，第86页。

[3]［英］洛克著，叶启芳、瞿菊农译：《政府论》（下篇），商务印书馆1964年版，第136页。

[4] 李龙主编：《西方宪法思想史》，高等教育出版社2004年版，第225页。

[5] 参见［美］潘恩著，马清槐等译：《潘恩选集》，商务印书馆1981年版，第146页。

的立宪活动产生了非常重大的影响，各国在宪法中都体现了宪法和法律至上、依法治国的思想，并且在宪法和法律的实施中各国都认真地贯彻这些原则。

英国在世界上最早建立了宪政体制，也是最先实行不成文宪法的国家。通常认为1215年《大宪章》是英国宪法最早的组成部分，大宪章规定了贵族和自由民的财产权和人身自由权利，其实质是在封建社会时期英国贵族与国王经过长期斗争而达成妥协的产物，是对王权的限制，它体现了宪法中的法治精神。如第12条规定没有全国公意许可，国王不得随意征收代役税或者贡金。[1] 这些规定反映了宪法最初确认的法律至上原则，对以后的宪法产生了积极的影响。受到英国宪法思想和立宪实践的深刻影响，美国联邦宪法对国会、总统与法院分别行使立法权、行政权和司法权作出了明确的规定，三个机关各司其职，在宪法规定的范围内行使自己的职权，不得超越宪法与法律。在法国，根据法国的政治传统，议会由于其代表国民的特征而具备最高主权，1791年宪法表达了立法至上的思想，宣布法国不存在比法律更高的权威，[2] 以成文法的形式确认了宪法和法律的无上地位，为建立有限政府奠定了法律基础。

2. 限制政府权力

有限政府既然强调宪法和法律至上，就意味着政府的权力不是绝对的，必须受到宪法和法律的制约。科克在担任大法官时就明确反对国王詹姆士一世拥有最高立法权，提出国王不能凭借禁令宣布过去不构成违法的行为为违法，反对国王以王权利益干涉司法，认为凡是权力都必须受到法律的制约，否则就是非理性地滥用，并一直提倡在法律约束下的议会权力至上。[3] 洛克认为虽然立法权是国家最高的权力，但是立法权并不是绝对的，而是有一定限制的，应当把国家的立法权限制在一定的范围：第一，国家应该以正式公布的既定的法律来进行统治；第二，这些法律除了为人民谋福利这一最终目

---

[1] 肖蔚云等编：《宪法学参考资料》下册，北京大学出版社2003年版，第934页。

[2] 张千帆著：《西方宪政体系（下册·欧洲宪法）》，中国政法大学出版社2001年版，第15页。

[3] 参见［美］爱德华·S. 考文著，强世功译：《美国宪法的“高级法”背景》，生活·读书·新知三联书店出版社1996年版，第58页。

的之外，不应再有其他目的；第三，未经人民自己或者其代表同意，绝不应该对人民的财产课税；第四，立法机关不应该也不能够把制定法律的权力让给任何其他人，或把它放在不是人民所安排的其他任何地方。[1] 因此洛克认为虽然立法机关代表人民利益，拥有国家的最高权力，但是这种权力不是绝对的、无限制的，而且政府必须在宪法和法律规定的范围内行使其权力。

1688 年，英国发生光荣革命，资产阶级挫败了封建贵族的复辟，二者达成妥协，确立了议会主权。[2]1689 年议会两院通过了《权利法案》，确认了英国人民的 13 项权利与自由，建立了君主立宪的政治体制，国王的权力受到议会的制约。以后议会通过立法确立了议会对军队、财政预算的控制权，1701 年《王位继承法》进一步确立了议会权力至上的资产阶级宪法原则。

美国联邦党人在立宪之初就认为美国宪法是“限权宪法”，“所谓限权宪法系指为立法机关规定一定限制的宪法”，[3]“限权宪法”表明所有政府部门的权力都不是无限制的，无论是立法机关，还是行政机关和司法机关，其权力都是宪法赋予的，都要受到宪法的制约，所有决策者的行为都要受到以宪法和法律为基础的正当性评价，所有决策都要遵循正当法律程序的要求，因此“限权宪法”的出发点是为公民的自由发展创造合适的制度环境，最终目的是保护公民个人的自由和权利。而为了实现这个目的，防止个人权利受到国家权力的非法侵害，就必须将政府的权力限制在宪法和法律的范围内。

3. 权力分立

政府应当受到宪法和法律的约束，在宪法和法律授权的范围内行使权力，可是宪法应当设立什么样的机制来保证实现这一目标呢？资产阶级思想家提供了权力分立与制衡的设想，为解决这一问题给出了答案。洛克在提出有限

[1] 参见［英］洛克著，叶启芳、瞿菊农译：《政府论》（下篇），商务印书馆 1964 年版，第 89 页。

[2] 议会主权是指在英国宪法之下，议会可以造法，也可以毁法，而且全国范围内没有任何个人或团体能够得到英国法律的承认，使其有权利以撤回或者废弃议会的立法。——［英］戴雪著，雷宾南译：《英宪精义》，中国法制出版社 2001 年版，第 116 页。

[3]［美］汉密尔顿、杰伊、麦迪逊著，程逢如等译：《联邦党人文集》，商务印书馆 1980 年版，第 392 页。

政府思想的基础上，最早提出了权力分立理论，他把国家权力分为三部分：立法权、行政权和联盟权，其中最高权力为立法权。他指出："在一切场合，只要政府存在，立法权就是最高的权力，因为谁能够对另一个人订立法律就必须是在它之上。而且立法权之所以是社会的立法权，既然是因为它有权为社会的一切部分和每个成员制定法律，制定他们的行动的准则，并在法律被违反时授权加以执行，那么立法权就必须是最高的权力，社会的任何成员或社会的任何部分所有的其他一切权力，都是从它获得和隶属于它的。"[1] 在分权理论中洛克特别强调立法权与执行权的关系，主张两权分立，相互制约，其主要目的是为建立有限政府提供制度保障。这反映了当时新兴资产阶级要求分享政治上的统治权，以议会来限制君主的权力，也是洛克反对君主专制的一个有力的理论武器。孟德斯鸠继承和发展了洛克的分权理论，形成了完整的三权分立学说。孟德斯鸠认为国家权力分为立法权、行政权和司法权，分别由不同的机关行使，而且三权之间应当相互制约，因为"一切有权力的人都容易滥用权力"，"要防止滥用权力，就必须以权力约束权力"，[2] 因此三种权力不仅要分立，而且要彼此牵制，互相制约，保持三种国家权力之间的制约与平衡。

17 世纪中期，资产阶级革命率先在英国爆发，英国资产阶级要求取得与其经济地位相适应的政治地位，建立资产阶级专政，为发展资本主义扫清道路。经过半个多世纪的激烈斗争，资产阶级终于建立了和封建贵族共享权力的君主立宪的政治体制，并且以宪法性文件的形式确认了这一体制，这些宪法性文件是二者相互斗争、相互妥协的产物，它们确立了英国资产阶级革命的成果。这一体制集中反映了启蒙思想家的权力分立的设想，其主要功能有两个：一是明确了权力的分立，国家权力分为立法权、行政权与司法权，国家权力的重心从国王转向议会，政府的权力受到了严格的限制；二是规定了个人的人身基本权利受法律保护，实质上是保护有产者的财产权和人身自由权利不受非法侵害。

---

[1][英]洛克著，叶启芳、瞿菊农译：《政府论》（下篇），商务印书馆1964年版，第92页。
[2][法]孟德斯鸠著，张雁深译：《论法的精神》（上册），商务印书馆1959年版，第184页。

美国联邦宪法最完整地建立了一个权力分立与制衡的政治制度。①三权分立。宪法规定立法权属于由参议院与众议院组成的国会，行政权属于总统，司法权属于联邦最高法院与下级法院。实行分权是因为“立法、行政和司法权置于同一人手中，不论是一个人、少数人或许多人，不论是世袭的、自己任免的或选举的，均可公正地断定是虐政”[1]。②权力制衡。国会、总统和法院之间互相制约，如国会参议院有权弹劾总统和法官；国会通过的法案应当经总统批准，总统对此有否决权；总统提出人选，经参议院同意时任命驻外使节、法官及其他行政官员；联邦法院有权审理合众国为当事人的诉讼，并以1803年马伯里诉麦迪逊案为起点，取得了宪法的解释权，对国会进行制约。之所以对权力予以制衡是因为“防止把某些权力逐渐集中于同一部门的最可靠办法，就是给予各部门的主管人抵制其他部门侵犯的必要法定手段和个人的主动。在这方面，如同其他各方面一样，防御规定必须与攻击的危险相称。野心必须用野心来对抗”[2]。美国宪法一方面将分权理论具体运用到了国家机构的创建和宪法的制定实践中，从而使三权分立由理论变成了现实，另一方面又发展了分权理论。[3]分权理论主要是为解决国家机关的横向分权而提出的，美国联邦宪法将联邦与各州的纵向分权与制衡也纳入了分权体系之中，并且设立两院制的国会来使其相互制约并与行政权、司法权分立制衡。

（二）保障公民的基本权利

近代宪法的第二个主要功能是保护公民的基本权利，以宪法和法律来规定公民基本权利的内容，确定公民权利的范围，并且依法约束和控制国家权力的行使，防止国家权力非法侵害公民的合法权利，保证公民基本权利的实现。

1. 宪法首先保护公民的财产权

宪法首先确认公民的财产权，对公民财产权的保护是其首要的任务。洛

---

[1] [美] 汉密尔顿、杰伊、麦迪逊著，程逢如等译：《联邦党人文集》，商务印书馆1980年版，第246页。

[2] [美] 汉密尔顿、杰伊、麦迪逊著，程逢如等译：《联邦党人文集》，商务印书馆1980年版，第264页。

[3] 韩大元主编：《比较宪法学》，高等教育出版社2003年版，第65页。

克在其人权理论中特别突出了财产权的重要性，他提出政治权力首先是为了规定和保护财产而制定法律的权力，[1] 人民联合成为国家和置身于政府之下的重大和主要的目的是保护他们的财产。[2] 从英国宪法的产生过程来看，财产权始终是立法者关注的焦点，无论是《大宪章》、《权利请愿书》还是《权利法案》，无不体现了对财产权的高度关注，如《权利请愿书》规定："从今以后，非经国会法案同意，不宜强迫任何人征收或者缴付任何贡金、贷款、强迫献金、租税或此类负担"，《权利法案》第 4 条规定："凡未经国会准许，借口国王特权，为国王征收或者为国王使用而征收金钱，超出国会准许的时限或方法的，皆为非法。"这些规定都表明了宪法对有产者利益的保护，宪法集中代表了有产者的利益。

美国宪法在修正案中规定了对财产权的保护，修正案第 4 条规定："人民有保护其身体、住所、文件与财产的权利，不受无理搜查与扣押，此为不可侵犯的权利。"第 5 条规定："未经正当法律程序不得剥夺任何人的生命、自由或者财产，凡私有财产，非有适当补偿，不得占为公有。"美国学者施瓦茨认为美国最初的法律从根本上讲是用来保护人身权和财产权的，衡量法律价值的尺度是神圣不可侵犯的财产权，因为如果财产权得不到保护，所有其他的权利都会变得毫无价值，都将化为泡影。[3] 因此宪法和法律头等重要的就是保护财产权，以此来作为保护公民其他权利的基础。

美国历史学家比尔德通过考察联邦宪法的制定背景和过程，认为保护财产权是联邦宪法产生的重要原因并且是宪法关注的重点。从美国宪法产生的历史背景来看，合众国的宪法运动主要是由四个在《邦联条例》下受到损害的动产集团（货币、公债、制造业、贸易和航运集团）发起和推动的，制宪的第一个稳健的步骤是由一个小而积极的集团完成的，他们通过自己的私人财产从自己的努力结果中获得了直接的利益，制宪会议的大部分成员都承认

[1] 参见［英］洛克著、叶启芳，瞿菊农译：《政府论》（下篇），商务印书馆 1964 年版，第 4 页。

[2]［英］洛克著、叶启芳，瞿菊农译：《政府论》（下篇），商务印书馆 1964 年版，第 77 页。

[3] 参见［美］伯纳德·施瓦茨著，王军等译：《美国法律史》，中国政法大学出版社 1990 年版，第 97 页。

财产权在宪法上应有特殊的巩固的地位。[1] 因此，就宪法的制定过程来讲，制宪会议的推动者在宪法草案中充分表达了自己的意志，通过设立资产阶级政权，保证实现自己的政治利益和财产权益。从宪法关于权利内容的规定来看，公民的权利主要集中在财产权、生命权和人身自由权等，应当说这些权利是谋求个人福利的必要前提和基础，没有这些权利，个人福利的实现根本无从谈起。但是美国宪法产生在 18 世纪后期，由于对选举资格的限制普遍存在，大量没有财产的人民始终未曾参与制宪的工作，宪法基本上是一项经济文件，它的基本观念是私人财产权先于政府而存在，在道德上不受人民多数的干涉。在批准宪法方面，约有四分之三的成年男子未能参加对于这个问题的表决，因此宪法的批准大约不到六分之一的成年男子投票赞成。所以宪法并不像法官们所说的那样，是"全民"的创造，也不像南方废宪派长期主张的那样，是"各州"的创造，它只是一个巩固的集团的作品，他们的利益不知道有什么州界，他们的范围的确包罗全国。[2] 因此，就宪法规定的人民的基本权利而言，当时能够行使这些权利的仅占全国人口的一小部分，宪法规定的"增进人民福利"也仅仅是提高少数人的福利，即那些有产者，他们有足够的财产，能够充分地享有政治独立和社会发展所带来的好处，当然就能够提高自己的福利水平，而数量众多的无产者则难以实现这种愿望，他们只能通过辛勤的劳动来维持自己的基本生活，在年老体衰或者身体伤残而无力劳动时就不得不寻求慈善机构的救济，却不能向政府请求帮助。至于为数众多的奴隶，在宪法上根本没有作为人来对待，即不是独立的法律主体，他们只是奴隶主的私有财产，所以他们的生活更加凄惨，处于社会的最底层。对他们来说，增进福利、提高生活水平完全就是空中楼阁，每天能吃饱饭、不被奴隶主随意虐杀就是最大的幸福了。

法国在其《人权宣言》第 2 条规定："任何政治结合的目的都在于保护

[1] [美] 查尔斯·A. 比尔德著，何希齐译：《美国宪法的经济观》，商务印书馆 1984 年版，第 226 页。

[2] [美] 查尔斯·A. 比尔德著，何希齐译：《美国宪法的经济观》，商务印书馆 1984 年版，第 227 页。

人的自然的和不可动摇的权利，这些权利就是自由、财产、安全和反抗压迫。”第 17 条规定：“财产是神圣不可侵犯的权利，除非当合法认定的公共需要属显然必需时，而且在公平而预先补偿的条件下，任何人的财产不得受到剥夺。”《人权宣言》被 1958 年宪法定为其序言的首要部分，至今仍然发挥着极其重要的作用。这些规定确立了资本主义的立国基石，即财产私有制，拥有财产是享有其他权利的基础，也是宪法规定的最重要的人权之一。

2. 宪法保护公民的人身自由权利

在保护财产权的前提下，近代宪法对公民的人身自由权利也给予保护。洛克非常重视人的生命权、生存权和自由权，认为它们和财产权一样都是神圣不可侵犯的天赋人权，“人们既然都是平等和独立的，任何人就不得侵害他人的生命、健康、自由或财产”[1]。洛克从社会契约论出发，认为政治社会成立以后，人们把立法、司法和执法的权力授予拥有最高权力的政府，但是人们并没有把原来享有的生命、自由和财产等权利交给政府，尊重和保护这些权利是政府的责任。所以，谁拥有国家的立法权或最高权力，谁就应该以既定的、向全国人民公布周知的、经常有效的法律，而不是以临时的命令来实行统治；应该由公正无私的法官根据这些法律来裁判纠纷；并且只是为了执行这些法律，对外为了防止或索偿外国所造成的损害，以及为了保障社会不受入侵和侵略，才得使用社会的力量。而这一切都没有别的目的，只是为了人民的和平、安全和公众福利。[2]1628 年《权利请愿书》提出，未经合法裁判，不得对任何人加以拘捕、监禁，不得对任何人滥施刑罚，更不得随意判处人死刑。1679 年国王在资产阶级的压力下签署《人身保护法》，规定受到羁押的刑事犯和刑事嫌疑犯提出申请，法院或者法官向羁押者发出人身保护令，要求将刑事犯和刑事嫌疑犯送交法院，经法院审理判决为非法羁押的，应当立即释放。该法主要是为了保护个人在司法程序中的人身基本权利，为英国以后建立资本主义的司法体制提供了法律基础和依据。

[1]［英］洛克著，叶启芳、瞿菊农译：《政府论》（下篇），商务印书馆 1964 年版，第 6 页。

[2] 参见［英］洛克著，叶启芳、瞿菊农译：《政府论》（下篇），商务印书馆 1964 年版，第 80 页。

在美国，1776年大陆会议通过了杰斐逊起草的《独立宣言》，宣称人人生而平等，都享有生命权、自由权和追求幸福的权利。[1]1787年宪法开篇就表明了立宪的宗旨，即“为建立一个更完美的联邦，树立正义，保证国内治安，筹设国防、增进全民福利，并谋我们自己和我们子孙永享自由幸福起见，特制定美利坚合众国宪法。[2]”这部宪法分别规定了立法权、行政权、司法权、联邦与各州的关系、宪法修改程序等内容，该法仅仅规定了国家权力即公权力的结构及分配，而没有规定公民的基本权利即私权利，这与宪法应予调整国家权力与公民权利是不相符的，因而也是很不完整的，所以在批准过程中遭到了许多社会精英和民众的反对。在辩论过程中杰斐逊曾致信麦迪逊，坦言宪法“首先遗漏了《权利法案》，该法案清楚而不是借助是非之论地规定公民权利的完整目录”，“一项关于权利的法案意味着人有权反对人世间的所有政府，不管是统治的政府，还是特指的政府，意味着任何一个公正的政府都不应该拒绝之，或者仅凭推论行事”[3]。极力主张在宪法中补充《权利法案》。在公众舆论的压力下，1789年第一届联邦国会即开始修改宪法，当时通过了12条宪法修正案，其中10条被各州批准于1791年12月15日生效，这就是宪法前10条修正案，统称为《权利法案》。《权利法案》规定了人民享有宗教信仰自由、言论和出版自由、和平集会及向政府请愿、佩戴武器等自由和权利，人民有保护其身体、住所、文件与财产的权利，未经正当法律程序不得剥夺任何人的生命、自由和财产。政府建立法律秩序是为了保护公民的人身自由权和私有财产权，“总的来看，美国法律的历史经历了一个从强调财产权到强调人权的逐步转变的过程”[4]，这说明宪法调整的范围日益扩大，从最初关注的财产权扩展到公民的人身自由权利。

《独立宣言》和宪法都规定人民享有生命权、自由权和追求幸福的权利，

[1]参见由嵘等编：《外国法制史参考资料汇编》，北京大学出版社2004年版，第501页。

[2]肖蔚云等编：《宪法学参考资料》下册，北京大学出版社2004年版，第1003页。

[3][美]肯尼思·W.汤普森编，张志铭译：《宪法的政治理论》，生活·读书·新知三联书店1997年版，第158页。

[4][美]伯纳德·施瓦茨著，王军等译：《美国法律史》，中国政法大学出版社1990年版，第23页。

宪法更是将“增进全民福利”作为制宪的主要目的之一，为了达到宪法追求的目标，宪法规定建立美利坚合众国，并且根据分权的原则将国家权力分为立法权、行政权和司法权，分别设立国会两院、总统和联邦法院，这些机构都是谋求全民福利的手段。宪法本身既没有规定如何直接增进人民的福利，也没有规定政府在这个方面的职能，只是通过设立一定的政权框架，并且在《权利法案》中规定公民的人身自由权利，为公民提高自己的生活福利提供间接的手段。

法国在《人权宣言》中除了规定财产权以外，还规定了公民的自由权、平等权，规定了罪刑法定原则、无罪推定原则和税收法定原则，明确指出自由就是指有权从事一切无害于他人的行为，因此个人的自然权利的行使，只以保证社会上其他成员能享有同样权利为限制，此等限制仅得由法律规定。《人权宣言》明确规定了公民的基本权利的内容和范围，是世界人权发展的一个新阶段。

从人权的主体和内容来看，人权应当是一种普遍的权利。但是近代人权观念和制度在实质上具有鲜明的阶级偏向，这种阶级性与人权本身的要求极不相符。马克思指出，“正如古代国家的自然基础是奴隶制一样，现代国家的自然基础是市民社会以及市民社会中的人，即仅仅通过私人权益和无意识的自然的必然性这一纽带同别人发生关系的独立的人”，“现代国家就是通过普遍人权承认了自己的这个自然基础”。所以在资本主义的市场经济运行过程中，平等地剥削劳动力，是资本的首要人权。[1]人权本来是所有公民都普遍享有并且平等的受到宪法和法律保护的，但是由于人权首先强调的是财产权，结果导致了人权主要是有产者的权利，基于拥有财产的事实，人权在实质上就成为资产阶级的权利，人权就深深地打上了阶级的烙印，因为只有他们才能更有资格、更有条件充分地行使宪法所赋予的人身人格权利和政治权利与自由，并且通过建立体现资产阶级意志的政治制度和法律制度来确保这些权利与自由得以在本阶级中实现。

从英国、美国和法国等在资产阶级革命过程中制定的具有代表性的宪法

[1] 夏勇著：《人权概念起源——权利的历史哲学》，中国政法大学出版社 2001 年版，第 171 页。

来看，它们关于人权的规定主要是人身人格权利和政治权利与自由，其具体内容主要是言论、信仰、结社、通讯等自由以及免受非法逮捕和受到公正审判等权利，被认为是人权的第一个发展阶段，[1] 也有学者称之为第一代人权，主要包括近代宪法中的人身自由、精神自由和经济自由，即所谓的“三大自由”。[2] 第一代人权主要以美国的《独立宣言》和法国的《人权宣言》为标志。这个时期立宪者的目的主要是巩固资产阶级革命的胜利果实，建立资产阶级政权，并且规定公民的人身人格权利和政治权利与自由，为资本主义的快速发展奠定政治与法律基础，至于公民的个人生活保障，此时没有进入立宪者的考虑范围，从而也就没有纳入宪法的视野。

二、现代宪法与社会保障

近代宪法是建立在自由资本主义经济基础上的，国家鼓励自由竞争，政府基本不干预个人的经济和社会生活，个人的生、老、病、死由自己解决。但是人类社会进入到20世纪初，资本主义进入到垄断阶段，随着经济危机的不断发生，社会矛盾持续激化，工人的生活状况日益恶化，这些问题只靠资本家和工人来解决，已是远远不可能的了。在不断高涨的工人运动的压力下，1919年德国的《魏玛宪法》在世界上第一次对公民的经济、社会和文化权利做出了全面的规定。[3] 以此为开端，宪法发展到了现代宪法阶段，社会保障行政从此才开始成为宪法关注的对象。

（一）资本主义宪法与社会保障

1. 从自由国家走向社会国家

在近代宪法时期，国家主要的任务是关心公民的“消极的福利”，即保障公民的安全，也就是保障公民的权利不受外敌的侵犯和不受公民之间的相

[1] 李步云主编：《宪法比较研究》，法律出版社1998年版，第429页。

[2] 韩大元、林来梵、郑贤君著：《宪法学专题研究》，中国人民大学出版社2004年版，第270页。

[3] 参见李步云主编：《宪法比较研究》，法律出版社1998年版，第530页。

互侵犯，国家不要对公民的正面的、尤其是物质的福利作任何关照，除了保障他们对付自身和对付外敌所需要的安全外，不要再向前迈出一步，并且国家不得为了其他别的最终目的而限制他们的自由。[1] 这个时期的宪法体现出政治宪法的特征，政治宪法在国家理念上秉承自由国家的法治传统，在国家与社会的关系上坚持二者的分立与对立，认为国家与社会、政治与经济之间有一面高墙，宪法的作用只是通过规范政治与国家机构，确保属于社会领域的事务，如经济与文化等私人活动的自由。具体到经济生活方面，国家不应干预社会经济生活；社会经济生活属于私人领域，应依其自力自由发展。[2] 此时国家负责保护公民的人身自由权和财产权，并消极的防止公民的这些权利受到侵害，至于公民的基本生活，则由公民个人及其家庭负责，国家不加干预。

20 世纪初期，随着资本主义生产关系的变化，宪法的观念发生了转变，国家的职能随之产生了巨大的转变。社会法治国家的理念开始流行，社会法治观与自由法治观不同，认为国家的职能不仅仅是维护与促进个体的经济自由，它还负有促进平等的使命，而要促进平等，国家就必须对社会经济生活进行干预，这就表现为宪法对社会经济事务的规定。国家的政策被载入宪法，与国家责任的扩大结合在一起，国家对社会事务的管理、规范与控制同时也是国家责任的扩大过程。近代宪法体现的是消极国家责任，表现为只要国家不靠近市民社会，只被动履行维护秩序的责任，就可以保护公民的自由。但是，干预社会生活的宪法所体现的是积极国家观。积极国家观的国家干预意味着国家需要主动行动，具体表现为立法机关制定法律，行政机关采取措施。[3]

---

[1] 参见［德］威廉·冯·洪堡著，林荣远、冯兴元译：《论国家的作用》，中国社会科学出版社 1998 年版，第 54 页。洪堡在其论述中将消极的福利称为“负面的福利”，就福利的实质而言它应该带给人们益处，不能给人们造成不利的后果，因此福利不能是负面的，只能是正面的。此时洪堡阐述的是政府所担负的“守夜人”的角色，即政府在自由国家时期负责为人们提供安全的社会环境，鼓励人们通过自由竞争来促进社会经济的发展。

[2] 韩大元、林来梵、郑贤君著：《宪法学专题研究》，中国人民大学出版社 2004 年版，第 77 页。

[3] 韩大元、林来梵、郑贤君著：《宪法学专题研究》，中国人民大学出版社 2004 年版，第 77 页。

这在《魏玛宪法》中表现的就非常明显，宪法第151条规定："经济社会之组织，应与公平之原则及人类生存维持之目的相适应。在此范围内，各人之经济自由，应予保障。"尽管条文中没有标明社会国家的字样，但是宪法对公民权利给予保护的前提是遵循公平原则并确保公民的生存，这就摒弃了过去纯粹任由个人自由竞争的原则，国家开始干预社会经济生活，宪法在第161条规定了社会保险制度："为保持健康及工作能力，保护产妇及预防因老弱病衰之生活不受影响之起见，联邦应制定概括之保险制度，且使被保险者与闻其事。"宪法将19世纪后期国家建立的社会保险制度纳入其中，把建立社会保险制度列为联邦政府的职责，政府以其特有的角色介入了公民的基本生活，对公民的生存担负起新的职责。

二战以后，社会国家的理念在发达国家深入流行，并被明确地载入宪法，如德国基本法第20条规定，德意志联邦共和国是一个社会的和民主的联邦国家；法国1958年宪法第2条规定，法兰西为不可分割的、非宗教的、民主的和社会的共和国。既然已经成为社会国家，国家就应当保证公民的基本生活，宪法顺应时代的要求，规定社会保障制度，以此来解决公民的生存问题。

2. 从自由权到社会权与自由权并存

近代宪法在保护公民财产权的同时，也在保护公民的自由权。自由权首先是在1776年美国《弗吉尼亚州宪法》的《人权宣言》中受到保障的，接着是美国联邦宪法，进而是1789年的法国《人权宣言》将它继承了下来，并且在自由主义和个人主义的思想基础上进一步发育成熟，形成了具有自己完整体系的基本人权。因而自由权是资本主义成立阶段的产物。1919年德国的《魏玛宪法》首次规定了公民的社会权，被认为是人权发展到社会权的标志，[1]因而可以说社会权是资本主义垄断阶段的产物。由此看来，自由权是一种与"夜警国家"和自由国家的国家观相对应的基本人权。因为资本主义社会的经济活动是自律性地展开的，国家的任务仅仅在于排除对这种秩序的干扰，而对所有自律性领域，国家则不应加以干涉。自由权就是适应这样的

[1] 李步云主编：《宪法比较研究》，法律出版社1998年版，第530页。

时代要求的。但是到了垄断阶段，完全听任自由竞争，国家依然不加干预，由垄断引起的大量社会问题已经无法得到解决了。社会权应运而生，成为与福利国家或者积极性国家的国家观相对应的基本人权。其目的在于消除伴随资本主义的高度化发展而产生的贫困和失业等社会弊病，为此要求国家积极地干预社会经济生活，保护和帮助弱者。所以，自由权是在公民自由的范围中要求国家的不作为的权利，而社会权主要是对经济的弱者进行保护与帮助时要求国家的作为的权利。两者均以对国家的关系为主轴，但是其表现出来的法的实质内容是不同的。[1] 当然社会权的出现并不意味着国家不再保护公民的自由权了，自由权仍然是国家始终保护的对象，只有在公民的人身自由权得到尊重与保护的前提下，公民才能充分的享有社会权，另一方面，公民得到国家更多的物质和其他帮助时，其人身自由权就可以获得更好的保护。自由权和社会权相辅相成，二者不可偏废，共同促进人的全面发展。

在社会权体系中，生存权具有举足轻重的地位。本来解决生存问题是公民个人及其家庭的事情，但是随着资本主义垄断的加剧，社会财富逐步集中到了垄断资本家手中，贫困与失业等资本主义的弊病，开始给社会投下了巨大的阴影。日趋严重的贫困和失业问题，首当其冲是使无任何财产而只拥有劳动力的劳动大众的生活不断地走向困境。贫困和失业具有极其鲜明的时代特征，即它们并非由于个人的懒惰造成的，而是由于资本主义社会经济结构的必然性所造成的，对此国家应当积极的采取措施来解决广泛存在的贫困和失业问题。为此，对公民的社会生活尤其是经济生活，国家应通过财政等手段，积极地加以干预。通过这样的措施，来确保所有阶层的公民都能拥有最低限度的生活，使每一个人在实际生活中确实能实现宪法和法律所规定的自由和平等。在当时的情况下，如果光靠资本主义社会的抽象的法律上的自由权体系，已经不能保证公民在社会生活中应有的尊严。所以，作为对自由权的一种补充，旨在具体地保障个人现实生活的生存权，就登上了政治生活的舞台。[2] 而要实现公民的生存权，建立社会保障制度就成为一个行之有效

[1][日]大须贺明著，林浩译：《生存权论》，法律出版社 2001 年版，第 12 页。

[2][日]大须贺明著，林浩译：《生存权论》，法律出版社 2001 年版，第 12－13 页。

的选择,《魏玛宪法》开世界之先河，首先规定了极具特色的社会保险制度，来保证公民的基本生活。

同时《魏玛宪法》通过改变政体来确保公民权利的实现，第 1 条规定德意志联邦为共和政体，国权出自人民。[1] 建立共和政体就改变了 1871 年德意志帝国宪法所确立的君主立宪的体制,帝国皇帝总揽大权也让位于人民主权，这也为人民基本权利的增加奠定了政治和法律基础。联邦对济贫制度及贫民的救护、公共卫生制度和公共福利的维护等有立法权。为了维护公共福利，宪法在第 153 条对财产权神圣不可侵犯的传统进行了重新界定,[2] 规定政府出于公共福利的考虑，可以对私有财产进行征收，以此来保证公民权利的实现。当然，正如学者早在 20 世纪 30 年代指出的那样：“德国 1919 年宪法，则一面承认人民有工作的自由与工作的义务；一面复承认国家对于失业人民，有代谋工作的义务；倘使国家不能代谋工作，则国家便有供给其生活的义务（第 163 条）。这比一般文明国家，在形式上更为进步。但是在事实上，则多年以来，德国对于失业者的救济尚远不及英国的有效。英国政府久已对于全体失业人民发给生活费用，而德国则从无力量做到这层。由此可知，受益权的实施要看政府的经济实力。”[3] 可见，宪法规定社会保障制度固然重要，但更重要的是将宪法规范的内容落到实处，让人民真正地享有法定的基本权利，而不能仅仅让人民望梅止渴。

在借鉴《魏玛宪法》的基础上，1949 年德意志联邦共和国基本法将立法的目的确定为“建立过渡时期国家生活的新秩序”，和《魏玛宪法》将人民的基本权利与义务列为宪法第二部分不同，基本法将基本权利提升为第一部分，放在所有国家机构之前，更加突出了宪法对公民基本权利的重视和保

[1] 肖蔚云等编：《宪法学参考资料》下册，北京大学出版社 2003 年版，第 1014 页。

[2]《魏玛宪法》第 153 条规定：“所有权，受宪法之保障。其内容及限制，以法律规定之。公用征收，仅限于裨益公共福利及有法律根据时，始得行之。公用征收，除联邦法律有特别规定外，应予相当补偿。补偿之多寡，如有争执时，除联邦宪法有特别规定外，准其在普通法院提起诉讼。联邦对于各邦自治区及公益团体行使公用征收权时，应给予补偿。所有权为义务，其使用应同时为公共福利之义务。”

[3] 王世杰、钱端升著：《比较宪法》，商务印书馆 1999 年版，第 146 页。

护，这是德国政府和人民深刻吸取二战的教训，确立了人的生命和尊严不可侵犯的原则，将其作为政府的首要职责，强调了人权的政治基础地位。基本法第 2 条规定人人有生存权和肉体完整权，突出保护公民的生存权、生命权和健康权，这是公民享有其他权利的前提和基础，理应得到国家和社会的尊重与保护。

无独有偶，1946 年日本国宪法第 25 条规定：“全体国民均享有最低限度的健康与文明的生活的权利。国家必须在生活的一切方面努力提高和增进社会福利、社会保障以及公共卫生的工作。”新宪法规定了公民的生存权，改变了过去由公民自己负责其生存的传统作法，将保护公民的生存确定为国家的职责，为战后社会经济的恢复和快速发展创造了良好的条件。

（二）社会主义宪法与社会保障

1. 宪法规定社会保障行政的原因

社会主义国家从诞生之日起，就为世界带来了前所未有的新气象。1918 年苏俄宪法宣布国家的主要任务是消灭一切人剥削人的现象，完全消除社会划分为阶级的现象，无情地镇压剥削者，苏维埃宪法是第一个宣布国家政权属于劳动人民，剥夺剥削阶级即新生活建设者的敌人的一切权利的宪法，[1] 因此社会主义国家要消灭剥削，消除两极分化，最终建立公平和正义的社会。理念是先进的，但是实现起来却是非常艰难的。这有两个主要原因：①贫穷落后的状况：社会主义国家大都诞生在贫穷落后的地区，如俄国是资本主义世界非常落后的国家，经济远远落后于其他列强，我国长期遭受战争的摧残，国民经济近乎崩溃，其他国家也大都如此，在如此薄弱的社会经济基础上建立社会主义制度，其难度可想而知；②中央集权的传统：社会主义国家大多在历史上长期实行中央集权，有浓厚的集权传统，国家对政治和社会事务施以全面的控制，对个人生活有很深的介入。在这种背景下，社会主义国家建立之初，迫切需要尽快恢复国民经济，加快发展社会主义经济，并以此来解决人民的生存问题，国家建立社会保障制度，为公民提供较为全面的保障，

---

[1] 参见李龙著：《宪法基础理论》，武汉大学出版社 1999 年版，第 54 页。

从而解除人们的后顾之忧，能够全身心地投入到社会主义建设中去。

2. 宪法规定社会保障行政的实践

1924 年《苏维埃社会主义共和国联盟宪法（根本法）》由《苏联成立宣言》和《苏联成立盟约》两个部分组成，它规定了两类内容：一是联盟国家与各加盟共和国之间的相互关系，二是联盟国家与各加盟共和国的最高国家机关体系，因此宪法仅确认了联盟国家成立的事实，没有规定人民的基本权利，而由各加盟共和国宪法加以规定。[1] 到了 1936 年，由于实行社会主义工业化，并在农村建立集体经济，国家开始规定社会保障行政。1936 年苏联宪法第 120 条规定："苏联公民年老、患病及丧失劳动能力时，有享受物质保证的权利。此项权利之保证为：国家出资为工人及职员举办社会保险事业，对劳动者实行免费医治，天然疗养所供劳动者享用。"1977 年苏联宪法在序言中宣布苏联已经建成发达的社会主义社会，这个社会的生活准则是大家关心每个人的福利和每个人关心大家的福利。第 42 条规定："苏联公民有享受保健的权利。这一权利的保证是：国家保健机构免费提供良好的医疗；扩大公民治疗和健身机构网；发展和完善安全技术设备和生产保健；采取广泛的防疫措施；实行环境卫生措施；特别关心年轻一代的健康，包括禁止儿童从事同学习和劳动教育无关的劳动；开展预防和降低发病率，保障公民健康长寿的科学研究活动。"第 43 条规定："苏联公民年老、患病、全部或部分丧失劳动能力以及失去赡养者的情况下，有享受物质保证的权利。这一权利的保证是：对工人、职员和集体农庄庄员实行社会保险，发给临时失去劳动能力者补助金；对年老、残废和失去赡养者由国家和集体农庄发给优抚金；安排部分失去劳动能力的公民就业；关心老年公民和残废者；实行其他形式的社会赡养。"[2] 以苏联宪法为范本，其他社会主义国家在宪法中也规定了社会保障行政，对公民给予基本生活的保障。

尽管宪法规定了社会保障行政，并在实践中为公民（主要是城市居民）提供全方位的生活保障，但是由于国家采取了不适当的经济发展战略，片面

[1] 参见韩大元主编：《外国宪法》，中国人民大学出版社 2000 年版，第 177 页。

[2] 肖蔚云等编：《宪法学参考资料》下册，北京大学出版社 2003 年版，第 1092 页。

地强调积累，重视发展工业，特别是重工业，却忽视人民的生活需求，致使人民的生活水平在很长的时期内得不到明显的提高，人民对社会制度产生了强烈的不满，长期积累的矛盾得不到解决，最终导致社会主义制度在苏联和东欧地区的崩溃，回到了资本主义的发展道路，并在较长时间内引发社会动荡，经济衰退，人们普遍感到生活缺乏保障，这不能不引起我们的深思。

第二节　社会保障的行政法基础

给付行政，是政府通过公共设施、公共企业等提供社会、经济、文化性服务，通过社会保障、公共扶助等进行的生活保护、保障，以及资金的交付、助成等，即通过授益性活动，积极地提高、增进公民福利的行政活动。[1] 给付行政职能的出现，是20世纪国家行政职能转变的一个突出现象，而这一现象是和行政国家的形成相辅相成的，因而考察行政国家的形成进而分析政府究竟应该如何充分有效地履行给付行政职能，正是社会保障行政的行政法依据。

一、行政职能的变迁

（一）资本主义国家行政职能的变迁

欧美国家在资产阶级革命过程中，在宪法中普遍确立了法治的原则，并且按照民主和三权分立的原则建立了立法机关、行政机关和司法机关，立法权、行政权和司法权互相制衡，保证国家不走向专制与独裁。在资本主义社会的发展进程中，由于立法权和行政权在国家权力体系中的核心地位发生了变化，各国从立法国家转向了行政国家。当然，这种划分只具有相对的意义，是对不同的历史时期国家职能变迁的较为形象的描述，因此无论是立法国家还是行政国家，都必须遵循法治原则和民主原则，并且不能违反权力分立与

[1] 参见杨建顺著：《日本行政法通论》，中国法制出版社1998年版，第329页。

权力制衡的精神。

1. 立法国家的兴衰

在自由资本主义时期，欧美各国在资产阶级启蒙思想的引导下，无一例外地在分权的基础上建立了以立法权为核心的政权体制，因为他们认为议会是由人民选举代表组成的，反映了大多数人民的利益，由议会制定法律正是人民意志的体现。当然，由于在早期资产阶级通过立法限定了行使选举权和被选举权的资格，绝大多数无产者被排除在选举制度以外，因此尽管法律在形式上代表了人民的意志，但在实质上只是反映了资产阶级的利益和要求，仅仅体现了占社会少数成员的有产者的意志。立法权在国家权力结构体系中处于中心地位，立法机关对国家事务发挥着决策者的作用，这种情形就被称为立法国家。在立法国家状态下，行政机关和司法机关都负责执行立法机关制定的法律，不得超越法律的规定，其区别仅在于执行法律的方式不同而已。和立法机关相比，行政机关和司法机关在权力和权威方面都稍逊一筹，资本主义初期的宪法都可以对此给予佐证。英国的情况自不待言，在君主立宪政体下，议会主权是英国宪法的特点，立法权是整个国家权力的重心，内阁对议会负责，法院必须执行议会制定的法律，因为“一旦议会法律诞生，法院不得质疑它，只能适用它，法院对议会完全服从”[1]。美国在立宪过程中，本来明确“没有一个部门在实施各自的权力时应该直接间接地对其他部门具有压倒的影响”，但是“在代议制的共和政体下，行政长官的权力范围和任期都有仔细的限制，立法权由议会行使，它坚信本身的力量”，这导致立法机关到处扩充其活动范围，“在政府中获得优越地位，其法定权力比较广泛，同时又不易受到明确的限制，因此立法部门更容易用复杂而间接的措施掩盖它对同等部门的侵犯”[2]。从制宪者的论述中，可以看出美国宪法产生之初立法权在国家权力体系中是最突出的，制宪者想方设法利用行政权和司法权对立法权进行制约，实现三权之间的平衡。法国1791年宪法确立了君主立宪制，

[1][英]威廉·韦德著，徐炳等译：《行政法》，中国大百科全书出版社1997年版，第31页。

[2][美]汉密尔顿、杰伊、麦迪逊著，程逢如等译：《联邦党人文集》，商务印书馆1980年版，第253页。

规定立法权由国民议会行使，在法国没有比法律更高的权力，掌握行政权的国王只能根据法律来治理国家。1793 年宪法以共和制代替了君主制，摈弃了孟德斯鸠的三权分立学说，行政机关从属于一院制的立法议会。[1] 法国早期的两部宪法确立了立法权在国家权力体系中的中心地位，行政权与司法权都弱于立法权，在以后的宪法中权力之间的关系又出现了曲折发展的道路。

在立法国家状态下，各国都确立了依法治国的原则，并且建立了相应的政权体系，国家机关和全体公民都要在宪法和法律规定的范围内活动，国家机关的越权行为是无效行为，要受到法律的否定评价，不能取得预期的法律效果。这个时期的法治也被称为“形式法治”，形式法治更强调法律的普遍性、稳定性、内在一致性等形式特征，强调秩序和效率，强调自上而下的管理。[2] 形式法治国家要求：①议会的形式法律至上；②行政活动以制定法为依据；③立法务必细密，提倡列举规定；④习惯法、司法判例和行政解释都不是行政法的法源；⑤行政规章、命令、规则仅仅是内务行政事项的规范，对外不具有约束人民的效果。基于以上要求，行政就成为从属而不是独立的国家作用，法治手段沦为消极、机械的公法学原理。[3] 从 17 世纪到 19 世纪后期欧美资本主义国家的法治实践来看，这个时期是立法国家时代，表现出了形式法治的特征。

19 世纪后期，资本主义社会发展到垄断阶段，一方面，经济领域出现了许多垄断集团，垄断资本家控制了国家的经济命脉，垄断资产阶级为了加强对社会的控制，利用政党或者压力集团 [4] 在议会通过立法的形式更好地推行其政策，议会逐渐沦为政党政治斗争的工具，另一方面，随着科学技术的进步，资本主义国家的工业化和城市化产生了大量的社会问题，急需国家来解决，但是由于议会议员缺乏相关的管理经验和专门技术，加上议会采用合

[1] 参见韩大元主编：《外国宪法》，中国人民大学出版社 2000 年版，第 51 页。

[2] 孙国华、朱景文主编：《法理学》，中国人民大学出版社 1999 年版，第 211 页。

[3] 城仲模著：《行政法之基础理论》，三民书局 1994 年版，第 915 页。

[4] 参见龚祥瑞著：《比较宪法与行政法》，法律出版社 2003 年版，第 292 页。比如为当事人提供免费法律服务的团体——KarenO’ conner and Lee Epstein:*Public-interest law groups* , Greenwood press 1989,p1.

议制的表决方式，往往会因为政见或认识的不同而陷入激烈的争论，使得决议难以及时做出，议会渐渐地无法适用新时代的要求，在这些因素的作用下，立法国家逐渐走向了衰落。

2. 行政国家的兴起

19 世纪末 20 世纪初，由于科技的进步和生产关系的调整导致了社会经济的迅猛发展，而社会经济的发展，又同时导致了大量的社会矛盾和社会问题的产生，如垄断、环境、交通、失业、罢工等等。为了解决这些不断出现的社会矛盾和社会问题，资本主义国家不得不增设大量的行政机构和行政人员，以便对国家的经济生活和社会生活进行干预。与此相适应，政府的行政权力大为膨胀，行政职能大大增加。过去，政府的职能通常限于国防、外交、治安、税收等纯行政事务，现在则要介入到贸易、金融、交通、运输、环境、劳资关系以及工人的失业保险、养老保险、工伤事故保险等领域。过去，政府的权力限于执行、管理，现在则不断侵入立法和司法的领域：政府自己制定法规和规章，行使“准立法权”；政府自己裁判自己在管理中发生的纠纷争议，行使“准司法权”。[1] 随着行政职能和行政权的这种大扩张、大膨胀的趋势，西方国家普遍进入了行政国家时代。

德国学者汉斯·彼德斯认为行政权并不是屈于立法权与司法权之下，而是执行国家法律，并且促进公共利益、造福人民的一种独立的国家权力。[2] 行政国家并不意味着立法机关的权力萎缩和司法独立的丧失，在行政国家状态下，立法机关仍然发挥着宪法规定范围内的立法功能，重大问题仍然需要议会讨论和表决，议会授权行政机关对一定范围的国家事务和社会事务进行立法，这种立法是附属性的，并没有改变宪法关于立法权专属于议会的规定。司法机关依然保持其独立性，为了控制行政权的过分膨胀，司法机关对行政行为有权进行合法性审查，只是在不同的法系，形成了不同的审查制度。在大陆法系国家中，以法国为开端，建立一套独立于普通法院的行政法院系统

[1] 姜明安主编：《行政法与行政诉讼法》，北京大学出版社、高等教育出版社 2005 年版，第 5 页。

[2] 转引自陈新民著：《公法学札记》，中国政法大学出版社 2001 年版，第 43 页。

对行政行为进行审查，“首先，它们都使审查行政行为是否合法的权力免于落入普通法院之手，从而坚持了分权原则；其次，由行政法院或者类似的机构所作的行政行为违法因而被宣布无效的判决可以具有‘类推适用’的效力，而不至于把‘遵循先例’的原则引入普通法院的审判制度”。[1] 行政法院在司法实践中通过判例确立了法国行政法的主要规则。[2] 以至于有学者宣称即使取消全部行政法的条文，法国的行政法仍然存在，因为行政法的重要原则不存在成文法中，而存在于判例之中。[3] 普通法系国家没有设立独立的宪法法院和行政法院，对行政行为是否合法的司法审查都由普通法院执行，在法律没有特别规定时适用一般的诉讼程序。[4] 为了防止行政行为的任意性，法院可以对行政行为进行直接的司法审查，保证行政权的依法行使。[5] 在普通法系国家，尤其注重对行政权的控制，行政法的主要目的就是保证行政权的合法行使，保护个人免受行政权的侵害。[6] 因此无论是大陆法系国家还是普通法系国家，进入行政国家时代以后，尽管行政权在管理国家和社会事务时发挥了更多的作用，但是行政权并没有而且也不可能为所欲为，它仍然要时刻受到立法权和司法权的监督和制约，三者之间的分立与制衡保证资本主义国家依然在法治的轨道上健康地运行。

人类社会进入到 20 世纪，行政权的扩张已是一个客观的趋势。法治主义也在经历深刻的变化，20 世纪 30 年代席卷整个资本主义世界的经济危机沉重打击了资本主义社会，德国、日本和意大利法西斯迅速崛起，建立了军事独裁政权，走上了对外侵略扩张的道路，造成了人类前所未有的浩劫。它们也实行“法治”，特点是行政权急剧扩大，立法权与司法权从属于行政权，

---

[1][美]约翰·亨利·梅利曼著，顾培东、禄正平译：《大陆法系》，法律出版社2004年版，第 140 页。

[2] 参见 L.Neville Brown and John S.Bell:*French administrative law*,Clarendon press · Oxford1998,p44.

[3] 参见王名扬著：《法国行政法》，中国政法大学出版社 1988 年版，第 22 页。

[4] 王名扬著：《美国行政法》（下），中国法制出版社 1995 年版，第 565 页。

[5] Stephen G.Breyer and Richard Stewart:*administrative law and regulatory policy*,Little Brown and company 1992,p319.

[6] Bernard Schwarts:*administrative law*,Little Brown and company 1991,p1.

共同为政府的对内对外政策服务。二战结束以后，西方国家对此进行深刻的反思，认为单纯的形式法治无法保证对人权的保护和尊重。法治其实不仅仅是“依法治国”的意思，而且含有用以治国的法律所必须遵循的原则、规范或理性的意思，如“公正原则”、“平等原则”和“维护人的尊严的原则”等。即法是确定的、公认的理性，而非长官意志或者个人灵机一动的狂想。根据法治原则，立法机关的职能就在于创设和维护得以使每个人保持“人类尊严”的各种条件，法治原则不仅确认个人的公民权利和政治权利，而且要求建立得以使人格充分发展的社会、经济、教育和文化条件。法治原则不仅要对制止行政权的滥用提供法律保障，而且要使政府能有效地维护法律秩序，借以保证人们具有充分的社会和经济的生活条件。[1] 反思的结果是西方国家在二战以后摆脱了单纯的形式法治国家的状态，转而进入既保持形式又重视实质的法治国家[2] 状态。和形式的法治国家不同，实质的法治国家要求：①国家机关行使公权力的行为均应有法律依据，即人民的基本权利和自由以及国家组织等事项应当适用宪法或者法律保留的原理；②缓和对行政命令具有法源性的排斥观点，承认法定授权、命令的适法性及执行命令的必要性，因此凡是实质意义的法律具有法规范的价值即成为法源；③法律以外的其他法规范，如习惯、判例、解释及公法学上已经成为通论的一般原理等，逐渐被承认为法源；④行政权限的逾越、滥用或者其他违法行政行为必须接受司法审查，所以行政在新的时期具备了较为独立的性格，法治主义显现出积极与机

[1] 龚祥瑞著：《比较宪法与行政法》，法律出版社 2003 年版，第 80 页。

[2] 实质法治国理念最重要的特征就是对公民基本人权的切实保障，要求国家权力的行使，要受到某种最高法原则以及法价值的拘束。社会法治国的理念，是伴随着“社会国家”理念的形成而出现的。社会国家是指国家放弃对个人自由不干预或放任的原则，为某种积极目的而行动，进而形成社会经济秩序并为管理主体的国家。社会国家的目的有二：一为实现社会正义，即扶助弱者、抑制强者，对社会不平等做某种程度的调节，使每一公民能获得某一相当水准的经济和文化生活能力；二是致力于公共福利，即为社会公众谋取最大物质的乃至精神的利益。因此，社会法治国最核心的理念就是国家权力对于公民生存权及享受健康文化生活的积极保护义务。——林嘉：《论法治国家目标与社会保障法制化》，载《中国人民大学学报》2002 年第 2 期。

动的倾向。[1]

立法国家与行政国家的交替可以从以下图表中体现出来：

自由资本主义时期	立法国家	形式法治
垄断资本主义时期	行政国家	形式法治（二战以前）
—	—	形式法治 + 实质法治（二战以后）

（二）社会主义国家行政职能的变迁

1. 社会主义国家行政权的特点

和西方国家不同，社会主义国家都建立在经济文化比较落后的基础上，并且处于资本主义世界的包围之中。出于强烈的危机感，领导人在法律领域认为只要周围还有资本主义，国家与法律的消亡是不可能的事情，相反，在这个时期最大限度地完善和强化国家权力是无条件的和必要的。[2]在国家权力体系中，尽管在形式上确认了行使立法权的人民代表机关是最高国家权力机关，其他机关都由人民代表机关产生并对它负责，但是实际上行政机关往往超越宪法和法律所授予的权限，却得不到权力机关和司法机关的制约，行政权始终非常突出，这主要是由以下两个因素造成的：

（1）历史传统的影响

社会主义国家在历史上都曾经长期实行中央集权的封建专制统治，国家权力都掌握在君主手中，没有立法权、行政权和司法权的明确区分，缺乏法治的传统，没有建立过西方国家三权分立式的政治体制。俄国最早建立了社会主义制度，其“版图占整个欧洲的一半还多，尽管地域辽阔，但它是斯拉夫民族中唯一实现并保持政治统一、民族独立的国家，这种统一和融合是专制统治的结果”[3]。专制统治意味着君主集国家权力于一身，其意志就是法律，所颁布的敕令可以随意地更改立法，并且握有生杀予夺的专断权力。从

[1] 城仲模著：《行政法之基础理论》，台湾三民书局 1994 年版，第 915 页。

[2] 参见［德］K·茨威格特、H·克茨著，潘汉典、米健、高鸿钧、贺卫方译：《比较法总论》，法律出版社 2003 年版，第 444 页。

[3]［美］约翰·H. 威格摩尔著，何勤华等译：《世界法系概览》，上海人民出版社 2004 年版，第 651 页。

15世纪俄国建立中央集权的封建专制制度，一直到1917年3月，资产阶级发动革命，推翻了沙皇政府，结束了封建专制在俄国的统治。11月列宁领导布尔什维克推翻了资产阶级临时政府，建立了社会主义政权。我国从公元前221年秦始皇统一全国，建立中央集权的封建国家，“在君主专制制度下，皇帝掌握国家的所有权力，不仅掌握最高的司法决断权，对疑难案件可作最后裁决，而且有时还亲自参加审判”[1]。“地方实行行政与司法不分、行政机关兼理司法审判事务的体制。”[2]行政官员同时又是司法官员，司法机关附属于行政机关，是我国封建社会政治制度的特色。直到1911年辛亥革命爆发，延续2000余年的封建专制制度才被推翻。其他社会主义国家如朝鲜、越南、波兰、南斯拉夫、阿尔巴尼亚、德意志民主共和国等都经历了类似的过程，行政权在国家权力中占据突出地位的传统可谓对建国时间不长的社会主义共和国产生了深远的影响。

（2）执政党治国方式的影响

社会主义国家建立之初普遍面临着资本主义国家的军事包围和经济封锁，如苏俄建立社会主义政权后，“直到1921年，内战和外敌入侵一直都在一起蹂躏着俄国。它蹂躏了从波罗的海到太平洋沿岸的俄罗斯农村，使得大批俄罗斯人民死于横祸、饥饿和疾病。同样严重的是，新成立的苏联与西方世界之间的关系也恶化了。这种相互之间的不信任是如此深刻而持久，以至于它毒化了随后10年的国际关系，并大大地促成了第二次世界大战的到来”[3]。在这种严峻的情况下，社会主义国家在稳定国内秩序、击败国内外敌人的侵略与破坏以后，加速实现社会主义工业化，于是从苏联开始，社会主义国家普遍建立计划经济体制，将国家的一切经济活动纳入国家计划。领导人在社会主义革命和建设过程中习惯于通过执政党的政策和国家机关的命令管理国家和社会事务，而较少依据立法机关通过制定法律的方式来进行。出

[1]张晋藩主编：《中国法制史》，中国政法大学出版社1999年版，第138页。

[2]张晋藩主编：《中国法制史》，中国政法大学出版社1999年版，第167页。

[3][美]斯塔夫里阿诺斯著，董书慧、王昶、徐正源译：《全球通史》，北京大学出版社2005年版，第674页。

于对国家发展的强烈愿望，尽量减少争议从而提高工作效率，执政党更注重充分利用行政权，采用行政手段来治理国家，结果必然就是弱化了立法机关和司法机关的功能。

2. 行政职能的变迁——行政权运行的法治化

我国从建立社会主义制度之初，行政权就层层渗透到社会生活的各个领域。在历史上，我国从来没有出现过相对独立于国家权力的市民社会，更没有产生过西方式的三权分立制度，行政权始终非常强大，政府对社会的控制十分有力。基于这种传统，再加上社会主义的理念，我国在建国后确立了“全能政府”的治理模式。这样，以中央政权为核心内容的政治模式在新中国广泛推行开来。政府参照苏联的计划经济模式，通过一整套较为严格的行政系统对经济生活乃至社会生活进行全面控制，政府的行政权力渗透到社会的各个领域和个人生活的许多方面[1]。1978 年 12 月十一届三中全会确定把全党的工作重心转移到社会主义现代化建设上来，“社会主义的首要任务是发展生产力，逐步提高人民的物质和文化生活水平。”[2]1993 年 11 月《中共中央关于建立社会主义市场经济体制若干问题的决定》明确指出：转变政府职能，改革政府机构，是建立社会主义市场经济体制的迫切要求。政府管理经济的职能，主要是制订和执行宏观调控政策，搞好基础设施建设，创造良好的经济发展环境。同时，要培育市场体系、监督市场运行和维护平等竞争，调节社会分配和组织社会保障，控制人口增长，保护自然资源和生态环境，管理国有资产和监督国有资产经营，实现国家的经济和社会发展目标。政府运用经济手段、法律手段和必要的行政手段管理国民经济，不直接干预企业的生产经营活动。

政府从以行政手段进行管理为主逐步转向依靠法律手段。现代化程度高的国家，行政法真正成为国家法律体系中的支柱之一；现代化程度低的国家，行政法就没有发挥其应有作用的余地。在现代国家，宪法是根本大法，民法、

[1] 参见董炯著：《国家、公民与行政法——一个国家－社会的角度》，北京大学出版社 2001 年版，第 146 页。

[2]《邓小平文选》第 3 卷，人民出版社 1993 年版，第 116 页。

行政法和刑法是基本法。行政法是实施宪法的最重要的法律之一。完备的行政法对推动我国走上民主宪政之路具有重要意义。改革开放以来，《行政诉讼法》《行政复议法》《国家赔偿法》《行政处罚法》等，反映宪政法律精神的现代行政法的制定，是我国法制建设发展的重要标志，是在民法建设的同时走向宪政法治的重要进程，使依法行政、民主政治、法治等观念正在成为国家行政管理的基本理念。[1] 建立公正的、科学的行政程序制度是行政现代化的重要内容，要实现行政现代化，就必须通过立法逐步建立起一整套公正、科学的行政程序制度，诸如信息公开制度、听取陈述和申辩的制度、职能分离制度、不单方接触制度、回避制度、记录和决定制度、说明理由制度、时效制度和救济制度。[2]

截至 2011 年 8 月底，我国已制定行政法方面的法律 79 部和一大批规范行政权力的行政法规、地方性法规。[3] 表明我国十分重视对行政机关行使权力的规范，依法加强对行政权力行使的监督，确保行政机关依法正确行使权力。在这种时代背景下，政府的行政职能随之发生了很大的变化。

二、从规制行政到规制行政与给付行政并存

规制行政是指为了维护和增进公共利益，根据法律、法规的规定，规范和制约人民的自由活动和权利，并对人民科以应服从之的公共义务的行政作用。[4] 随着政府给付行政职能的出现，行政的目的已经从原来单纯的维持社会公共秩序保证社会经济的发展，转向保护人民的基本权利，保证人人都能过上最低限度的生活，进而逐渐提高人民的生活水平。当然这时候并不是说政府没有规制行政职能了，政府仍然具有传统的规制行政职能，只是它已经不是现代行政的目的，而是确保给付行政职能的手段，因为社会国家、福利国家最终的目的是实现人的全面发展，让人民能够过上健康

[1] 杨建顺：《中国行政法和行政法学20年的回顾与展望》，载《法学家》1999年第Z1期。
[2] 姜明安：《行政的现代化与行政程序制度》，载《法制与社会发展》1998 年第 2 期。
[3] 国务院新闻办公室：《中国特色社会主义法律体系白皮书》，2011 年 10 月发布。
[4] 杨建顺：《规制行政与行政责任》，载《中国法学》1996 年第 2 期。

而幸福的生活。

（一）规制行政

1. 规制行政的目的

规制行政分为以下两种类型：①社会规制：是指以保障人民的生命安全和身体健康，确保人民的生活秩序为目的而进行的规制；②经济规制：是指对企业及其经济活动的规制。规制行政的目的是维护和增进公共利益。现代国家中最大的公共利益是维护社会秩序，确保人民的生命安全和身体健康，保护环境，保护劳动者和消费者的合法权益，保障公民健康发展。无论是过去、现在还是将来，规制行政都有其存在的合理理由。我国是社会主义国家，规制行政的中心内容是保护人民的权益，任何法律、法规都是从人民的立场出发而设置规制的，任何规制，都必须坚持公开、平等、民主和效率的原则。[1]在现代法治国家，在权力分立的背景下，行政主体主要是执行立法机关制定的法律，在法律规定的范围内对国家公共事务进行管理，行使权力的手段主要是单方面的行政命令，规制行政是最典型、最传统的行政职能，行政主体大都是采取限制公民自由权利行使的手段，也都使用公权力的方式来限制公民的基本权利。[2]也有学者将这种行政职能称之为干涉行政、侵害行政或者干预行政。[3]尽管采用的名称不同，但其在实质上都表达了同样的含义，在规制行政下，行政主体和行政相对人处于管理与被管理的关系，强调相对人对行政主体的服从，行政职能表现为对内维持社会公共秩序与安全，排除任何旨在妨害社会秩序的行为，征收税款保证国家机关的正常运转，对外加强国防，防止和抵御来自其他国家的入侵。

2. 规制行政应当遵循依法行政的原则

规制行政是为了社会公共秩序而运用命令、强制等手段规制人民权利和

---

[1] 杨建顺：《规制行政与行政责任》，载《中国法学》1996 年第 2 期。

[2] 参见陈新民著：《中国行政法学原理》，中国政法大学出版社 2002 年版，第 27 页。

[3] 参见吴庚著：《行政法之理论与实用》，中国人民大学出版社 2005 年版，第 13 页；蔡志方著：《行政法三十六讲》，台湾成功大学法律学研究所法学丛书编辑委员会编辑，1997 年，第 25 页。

自由的权力性行政作用，对于国家来说，维持社会公共秩序，是最小限度内的必要条件。所以，为此确立并行使权力，是任何国家中都必须承认的。但是这种权力的行使，一方面，会给人民带来一定的痛苦，另一方面，如果不加以足够的制约，则有被轻易滥用的危险。因此，在自由主义或者民主主义的国家，要求对这种权力的行使科以严格的限制。在采取法治行政原则的国家，规制人民权利的维持秩序的行政权，不允许无限制的行使，必须始终的根据法律，遵守法律。[1] 规制行政应当受到法律较为严格的羁束，除不得与法律相抵触外，并须有明确的法律授权依据，始得为之，其活动空间受到较大的限制。[2] 普通法系行政法研究的重点就是如何控制行政权的运用，尤其是规制行政的运行更是受到行政法的关注。[3]

（二）给付行政[4]

1. 给付行政的目的

最早提出给付行政理论的是德国行政法学者福尔斯托霍夫（Forsthoff），1938 年他发表论文《行政要扮演给付的主体》，阐述政府应从各方面无限提

[1] 杨建顺著：《日本行政法通论》，中国法制出版社 1998 年版，第 311 页。

[2] 翁岳生编：《行政法》，中国法制出版社 2002 年版，第 30 页。

[3] Bernard Schwarts:*administrative law*,Little Brown and company 1991,p2.

[4] 与此相对应的还有行政给付的概念，根据杨建顺教授的观点，行政给付的概念有广义和狭义之分，行政给付在广义上亦称为给付行政，中国行政法学界对行政给付的研究一般都是从狭义上展开的，往往仅限于行政物质帮助，它基本上与广义上的行政给付中的一部分即社会保障行政相对应。——引自姜明安主编：《行政法与行政诉讼法》，北京大学出版社、高等教育出版社 2005 年版，第 272 页。我国所研究的行政给付是行政主体依相对人的申请而实施的具体行政行为，而给付行政是政府所承担的一种新的行政职能，相对于秩序行政而言，是政府行政职能的新的扩展。因此宜在研究层次与范围上将两个概念区别对待，以避免混淆。另外，我国台湾学者陈新民教授将给付行政代之以服务行政，他认为国家是为服务人民的，故直接翻译为“服务行政”更佳。见陈新民著：《中国行政法学原理》，中国政法大学出版社 2002 年版，第 30 页。其实，给付含有供给与交付的递进含义，给付行政作为行政主体的一种新职能，是其行使公权力的方式之一，还有对相对人申请的审查与同意给付，不仅仅是对相对人的服务，因此只使用“服务”难以反映出这种行政职能的真实意思。

高人民精神的、文化的以及物质的生活素质，才是行政真正的目的。[1] 福尔斯托霍夫在该文第一节阐述了生存照顾 [2] 是现代行政的任务，他认为在自由主义的法治国，行政法学的出发点强调保障人民的自由财产与权利，而在现代行政的现实状况里，这种人民的自由权与财产权的重要性已日渐降低，这正是现代行政法原理的出发点。[3] 就维持个人的生存而言，个人的自由应该用在负责个人的生存之上，即个人应运用自己的自由权利，来谋取自己的幸福。到了 19 世纪后期随着社会经济的迅猛发展，“个人生存负责”已经无法实行，个人要得到保障其生存的可能性，必须依靠社会团体的力量（即集体负责），才能够实现。但是到了 20 世纪初，依靠社会团体也不能保障个人的生存时，对个人生存负责的责任转移到政治权力的拥有者国家手中，因此，生存照顾的发展由“个人负责”进而转为“集体负责”，最后转入“政治负责”手中。在盛行自由主义思潮的时代，国家在宪法规范下虽然也获得很大的权力，但是对于国家负有满足个人生活需求的义务而言，却连在专制的警察国家时代也不明了国家负有这种义务。国家虽然可以管到人民的生活，但是却不过问人民能否生存下去，到了 19 世纪末 20 世纪初人们比以往更加依赖国家和政府。人民总是先求能够生存，以后才会要求享有自由、秩序与福祉。国家因此负有广泛照料人民生存照顾的义务，并且受到这种义务的约束。[4]

福尔斯托霍夫提出给付行政理论，开始探讨行政职能的转变，逐步引起行政法学界对这个问题的关注。尤其到了二战以后，随着社会国家、福利国家理念的确立，各国更加关注政府的给付职能，研究如何保证行政更好的为人民服务，努力提高人民的物质和文化生活水平。

---

[1] 参见城仲模著：《行政法之基础理论》，三民书局 1994 年版，第 899 页。

[2] 在日本行政法中将“生存照顾”译为生活考虑，生活考虑是指对于不得不从事现代集团生活的人，给付、提供其为维持日常生活所不可欠缺的生活物资或者生活服务的活动。——杨建顺著：《日本行政法通论》，中国法制出版社 1998 年版，第 327 页。

[3] 转引自陈新民著：《公法学札记》，中国政法大学出版社 2001 年版，第 49 页。

[4] 转引自陈新民著：《公法学札记》，中国政法大学出版社 2001 年版，第 52 — 53 页。

2. 给付行政的种类[1]

（1）供给行政

供给行政是行政主体为了保障社会需求，提供日常生活中必不可少的公共服务。如果缺少了这些公共服务，整个社会往往会处于失序状态。供给行政通过政府提供公用设施、公用事业、公共企业等的设置和经营来实现。

A. 公用设施是行政主体提供给社会公共使用的公物，比如道路、河流、海岸、公园、广场等。公用设施是为社会公众使用的，往往建设周期很长而收益不确定，一般是任何企业或者个人缺乏足够的能力投资的项目。如我国的三峡工程，总投资数额巨大[2]，建设周期从1994年开始，到2009年结束，需要17年才能完成，这是任何企业都无力承担的，因此必须由国家出面，在1992年七届人大五次会议通过了《关于兴建长江三峡工程决议》，由中央政府牵头，集中全国的人力、财力和物力进行建设。又如我国建设完成的青藏铁路二期工程，项目总投资330.9亿元人民币，建设者攻克了“生态脆弱、高寒缺氧、多年冻土”三大世界性工程技术难题，铁路的建成有力地促进了西藏地区的经济社会发展，有利于提高西藏人民的生活和福利水平。这些工程的共同特点是建设周期长，投资额度大，见效则非常缓慢，只有政府投资，才能保证工程建设的顺利进行，进而推动经济社会发展。

B. 公用事业是指行政主体供公共使用的人和物的设施的总体，也叫公共建筑，如学校、医院、博物馆等。西方国家在提供这些设施方面有公立的，也有私立的，例如高校，许多世界闻名的大学都是私立的，它们在学校的实

[1]参见[日]南博方著，杨建顺译：《行政法》（第六版），中国人民大学出版社2009年版，第32—33页。

[2]经国家正式批准的三峡工程初步设计静态总概算（1993年5月末价格，不包括物价上涨及施工期贷款利息）为900.9亿元。其中枢纽工程投资500.9亿元，水库淹没处理及移民安置费用400亿元。三峡工程施工期长达15年，且其资金来源多元化，计入物价上涨及施工期贷款利息动态总投资，估算约为2039亿元。近年由于我国经济发展、物价稳定、利率下调，预测三峡工程总投资不会超过1800亿元。三峡工程建设资金来源采用多元化的方法筹集。包括：三峡工程建设基金，葛洲坝电厂发电收入，三峡电站施工期发电收入，国家政策性银行贷款，商业银行贷款，企业债券，国外出口信贷及商贷，股份化集资。——中国长江三峡集团公司网站2013年9月25日访问。

力和影响力方面丝毫不逊色于公立大学，两种设施相互补充，互相促进，共同为社会公众服务，二者都发挥了积极的作用。我国和西方国家不同，社会的自治程度比较低，绝大多数公共设施都是由中央政府和地方各级政府组织提供的，以高等学校为例，我国《高等教育法》第 6 条规定："国家根据经济建设和社会发展的需要，制定高等教育发展规划，举办高等学校，并采取多种形式积极发展高等教育事业。国家鼓励企业事业组织、社会团体及其他社会组织和公民等社会力量依法举办高等学校，参与和支持高等教育事业的改革和发展。"尽管近年来我国出现了许多民办高校，招收了为数众多的学生，使更多的人能够接受高等教育，但是这些学校的办学水平参差不齐，很多学校缺乏必要的教育设施和师资，难以保证对学生进行良好的教育。事实上我国高等教育的主体依然是公立的高等学校，而且在人们的心目中只有公立高校才能提供正规的、保证质量的教育。

C. 公共企业是政府出资设立经营、为公众提供生活必需物质资料的营利性企业。在这方面我国和西方国家不同，由于我国实行社会主义公有制，全民所有制企业和集体所有制企业在整个国民经济中所占的比例非常高，尤其是大型企业，基本上都是国有企业，为改善国民经济的结构比例，党的十五大以来，国家统筹规划，分步实施，使国有经济从自己不具有优势的领域中有步骤、有秩序地退出，用腾出来的资源改善政府的公共服务，加强关系国民经济命脉的重要行业和关键领域，以及非国有经济不愿进入的领域，使国有经济和非国有经济都能充分发挥各自的优势。[1] 因此公共企业应当经营诸如邮政、铁路、能源、电信、煤气、自来水、电力等事关国计民生的行业，必要时国家还要给予公共企业补贴，公共企业应避免垄断经营，使之更好地为公众服务，而不能凭之攫取超额利润，损害公众的合法利益。

（2）社会保障行政

社会保障行政是国家为了保持经济发展和社会稳定，对公民在年老、疾病、伤残、失业、遭遇灾害、面临生活困难的情况下，由政府依法给予物质

[1] 吴敬琏著：《当代中国经济改革》，上海远东出版社 2004 年版，第 158 页。

帮助，以保障公民的基本生活需要的给付活动。各国对社会保障行政的理解不同，因而在立法中对社会保障种类的规定也就存在差异。我国国务院新闻办公室于 2004 年 9 月 7 日发表《中国的社会保障状况和政策》白皮书，宣布中国的社会保障体系包括社会保险、社会福利、优抚安置、社会救助和住房保障等。

A. 社会保险是社会保障体系的核心部分，包括养老保险、失业保险、医疗保险、工伤保险和生育保险。

B. 社会福利在我国是针对特定弱势群体的给付活动，主要是对老年人、儿童、残疾人提供的社会保障。根据《老年人权益保障法》的规定，国家和社会采取措施，改善老年人生活、健康以及参与社会发展的条件。各级政府将老年事业纳入国民经济和社会发展计划，逐步增加对老年事业的投入，并鼓励社会各方面投入，使老年事业与经济、社会协调发展。依据《未成年人保护法》《教育法》等法律法规，国家为儿童提供教育、计划免疫等社会福利，特别是为残疾儿童、孤儿和弃婴等处在特殊困境下的儿童提供福利项目、设施和服务，保障其生活、康复和教育。国家颁布实施《残疾人保障法》，为残疾人康复、教育、劳动就业、文化生活、社会福利等提供法律保障。政府通过兴办福利企业、实施按比例就业和扶持残疾人个体从业等形式，帮助残疾人实现就业；采取临时救济和集中供养以及兴办残疾人福利安养机构等福利措施，对残疾人提供特别照顾。

C. 优抚安置制度是我国政府对以军人及其家属为主体的优抚安置对象进行物质照顾和精神抚慰的一种制度。政府为保障优抚对象的权益，陆续颁布了《革命烈士褒扬条例》《军人抚恤优待条例》等法规。国家根据优抚对象的不同及其贡献大小，参照经济、社会发展水平，确立不同的优抚层次和标准。对于烈士遗属、牺牲和病故军人遗属、伤残军人等对象实行国家抚恤，对老复员军人等重点优抚对象实行定期定量生活补助；对义务兵家属普遍发放优待金；残疾军人等重点优抚对象享受医疗、住房、交通、教育、就业等方面的社会优待。

D. 社会救助：政府从国家发展的实际出发，最大限度地对生活困难的城乡居民实行最低生活保障，对受灾群众进行救济，对城市流浪乞讨人员予以救助，提倡并鼓励开展各种社会互助活动。

E. 住房保障：政府积极推进以住房公积金制度、经济适用住房制度、廉租住房制度为主要内容的城镇住房保障制度建设，不断改善城镇居民的住房条件。

（3）资助行政

资助行政是指行政主体为保证经营的安全，满足公共需要，而对公民、公私企业提供资金或者其他财产利益的行政作用。资助行政主要表现为政府补贴，又可称为政府财政援助。政府补贴往往不限于资金的直接拨付，还包括政府对本应收取的税费等予以减免及其他形式的经济支持或者价格支持等，也就是说，凡是政府或者政府授权组织所采取的旨在降低企业或个人生产经营成本的一切措施和手段都属于政府补贴的范围。[1]资助行政的形式主要有以下几种。

A. 财政转移支付。这是最广义的资助行政，资助的对象是政府，财政转移支付是指上下级预算主体之间按照法定的标准而进行的财政资金的相互转移。从理论上说，转移支付既包括中央政府对地方政府、上级地方政府对下级地方政府的财政拨款，又包括地方政府对中央政府、下级地方政府对上级地方政府的财政缴款，但是在世界各国的财政收支划分体制下，由于中央财政集中了全国大部分财力，而地方政府承担了全国大部分消耗性财政支出，因此地方财政必须有相当部分依靠中央财政拨款，所以转移支付一般只表现为上级政府将其财政收入转移给下级政府，以增加下级政府的财政供给能力。[2]我国改革开放30多年来，中央和地方政府之间已经建立了一套财政转移支付办法，形成了具有中国特色的政府间补助体系，中央政府和地方政府之间建立了按税种划分财政收入边界的分级财政体制基本框架。[3]中央政府在改善转移支付的同时，还应该加大对预算外资金和其他体制外资金的治

[1] 王克稳著：《经济行政法基本论》，北京大学出版社2004年版，第148页。

[2] 刘剑文主编：《财政税收法》，法律出版社2003年版，第75页。

[3] 李芃：《转移支付需解决三大弊端》，载《国际金融报》2005年3月9日。

理力度，进一步加强财政资金的预算监管，全面推行国库集中收付制度，从改进现行财政体制入手，完善转移支付制度。

B. 农业补贴。各国政府尤其是发达国家的政府为了特定的经济目的，对本国的相关产业进行财政补贴，以促进这些产业的发展，增强在国际上的竞争力。例如西方国家都对本国的农业予以高额的补贴，尤其是欧盟国家对农产品补贴的数额更高，难怪英国爆发疯牛病，农民非常痛快的让政府宰杀他们的牛，就是因为政府在平时给予农业补贴，宰杀以后还要给予他们足够的补偿，他们当然乐意了。德国和法国政府通过国家预算，对农业生产和农产品出口实行财政补贴、税收优惠和融资支持，补贴形式多样，包括环境保护补贴、种植业补贴、休耕补贴、畜牧业补贴等，融资支持主要是对符合一定条件的农业经营单位和农民提供低息贷款、贴息贷款等。有数据显示，目前两国农民收入的约 40% 是通过出售农产品从市场上获得，60% 左右的收入从各类补贴及政策优惠中获得。两国农民平均每人每年获得补贴达 2 万美元，每公顷土地每年平均补贴 300 多美元。[1] 在我国，政府为了减轻农民的负担，增加农民的收入，采取了两项重大措施：一是取消农业税，2006 年我国全面取消农业税，中国延续了 2600 多年的“皇粮国税”走进了历史博物馆，全面取消农业税表明中国在减轻农民负担，实行工业反哺农业、城市支持农村方面取得了重要突破；二是由中央财政按照各省的粮食种植面积对粮食予以直接补贴。

C. 出口退税。出口退税是指对出口货物退还其在国内生产和流通环节实际缴纳的产品税、增值税、营业税和特别消费税。出口货物退税制度，是一个国家税收的重要组成部分。出口退税主要是通过退还出口货物的国内已纳税款来平衡国内产品的税收负担，使本国产品以不含税成本进入国际市场，与国外产品在同等条件下进行竞争，从而增强竞争能力，扩大出口创汇。为了促进我国商品的出口，《增值税暂行条例》规定：“纳税人出口货物，税率为零。”《消费税暂行条例》第 11 条规定：“对纳税人出口应税消费品，免征消费税。”以此为基础，国家税务总局于 2005 年 3 月修订了 1994 年 2 月制定

[1] 财政部国际司：《德国、法国城乡经济社会发展一体化情况介绍》，gjs.mof.gov.cn.

的出口货物退免税管理办法，颁布《出口货物退（免）税管理办法（试行）》，对出口退税的相关制度加以具体化。《办法》第 2 条规定："出口商自营或委托出口的货物，除另有规定者外，可在货物报关出口并在财务上做销售核算后，凭有关凭证报送所在地国家税务局批准退还或免征其增值税、消费税。"1994 年分税制改革以后，发生的出口退税款全部由中央财政负担，结果使中央财政承受了巨大的压力，在中央年度财政收支规模既定的情况下，随着出口退税规模的迅速增长，中央财政非常紧张，每年财政预算中安排的出口退税支出远远不能满足出口退税规模增长的需要，鉴于这种状况，2003 年 10 月，国务院对出口退税机制加以改革，将原来完全由中央财政负担的出口退税款项改为建立中央财政和地方财政共同负担出口退税增量的新机制。[1]

三、给付行政的界限

从规制行政职能发展到给付行政职能，行政的目的已经发生了根本的变化。政府应当对公众提供上述范围的给付，通过促进社会经济的健康发展，来保障人人都能过上最低限度的生活，进而逐步提高人们的物质和精神生活水平。然而，政府究竟应该在多大程度上开展给付活动，才既能实现上述目标，又不至于破坏社会法治国家的基本社会秩序呢？实质上，给付行政理论的目的，在于保护公民在给付行政领域中的权利，在该领域中建立法治主义的制约机制。[2] 显然，如果不对给付行政进行必要的控制，行政权力极有可能脱离法治主义的缰绳，变得无法无天，最终不仅不能保障人民的基本生活，反而会导致行政权力肆意侵害人民的合法权益。因此政府开展给付活动，必须有一定的界限。

（一）给付行政首先应当保障公民的基本生活

1. 给付行政负有保障公民基本生活的法定义务

社会国家以保障公民的基本生活为其根本的使命，政府应当积极地创造

[1] 刘剑文主编：《出口退税制度研究》，北京大学出版社 2004 年版，第 29 页。
[2] 杨建顺著：《日本行政法通论》，中国法制出版社 1998 年版，第 328 页。

条件来确保公民的生活安定。政府对人民给予各种给付不是政府的恩赐，而是政府应当履行的法定职责，人民接受这些给付则是他们的法定权利。现代行政的终极目的是为了逐步提高公民的物质和文化生活水平，即便规制行政的目的是为了公共利益，也要在保障公民基本生活的前提下展开。例如在维护公共交通方面，《道路交通安全法》第76条规定："机动车发生交通事故造成人身伤亡、财产损失的，由保险公司在机动车第三者责任强制保险责任限额范围内予以赔偿。"法律要求机动车驾驶人参加第三者责任强制保险，就是为了保证发生交通事故以后，受害人能够及时获得必要的赔偿，能够满足其基本的生活需要，不至于因为机动车驾驶人逃逸或者无力赔偿而导致受害人生活无着。又如在税收领域，《税收征收管理法》第42条规定："税务机关采取税收保全措施和强制执行措施必须依照法定权限和法定程序，不得查封、扣押纳税人个人及其所扶养家属维持生活必需的住房和用品。"法律作如此规定也是为了保证公民最基本的生活需要，不能因为依法采取法定措施就要损害公民的生存权，实现行政管理的目标和保障公民的生存权在出现矛盾时，前者就要让位于后者，因为在社会法治国家保护公民的生存权是第一位的。

在给付行政领域，社会保障行政从一开始就是为保障公民的基本生活需要应运而生的，以至于发展到20世纪又成为保护公民生存权的重要方式。社会保险是国家通过立法强制实施的保障公民在年老、疾病、伤残、失业及生育等情况下的基本需要的社会制度，从《中国的社会保障状况和政策》白皮书我们可以看出国家建立的基本养老保险制度、基本医疗保险制度、失业保险制度、工伤保险制度和生育保险制度都是满足公民在特定情况下的基本生活需要。社会福利、社会救助、优抚安置等制度也都是为公民提供较低水平的物质待遇，其目的就在于保证公民的生存需要。因为在给付行政职能下政府鼓励公民的自立自强，所以国家为公民提供了基本的生活需求以后，公民就具备了自立的基础，如果他们追求更高的生活水平，就需要自己去创造（如参加个人储蓄性养老保险）或者由其所在组织为他们提供（如企业年金可以为公民提供更多的养老金）。

2. 给付行政应当依法实施

既然提供给付是政府的法定义务，那么给付行政是否应当遵循依法行政原则呢？依法行政是对政府的基本要求，无论是规制行政还是给付行政，都应当依法进行。不过依法行政原则的具体内容对它们的要求存在差异：①法律优先的原则既适用于规制行政，也适用于给付行政；法律优先原则要求行政不得超越于法律之上，行政不得与法律相抵触，其基本含义是“不抵触”，“不抵触”的字面含义是不得与已有法律相抵触，即在有法律明确规定的情况下，行政必须服从法律。[1]因此这一原则并不要求一切行政活动都必须有明文的法律依据，只要消极的不违背法律的规定就可以了，所以也被称为消极的依法行政。[2]②法律保留原则则不同，因为规制行政可能会侵害公共利益或者个人利益，行政主体开展规制行政活动就要严格按照依法行政原则，其所有活动都必须有法律依据。在给付行政领域，有学者认为：“为了促进社会、经济或文化方面的目标所给予的国家资金，应该通过法律规范化。法律应该规定受补贴的条件并赋予公民相应的权利。社会法治国家不仅关系到不受国家干涉的自由，而且还涉及能够通过国家获得的自由。对于公民而言，不给予国家补贴的行为可能同干涉他自由或者所有权的行为一样严重。因此行政法学认为法律保留原则应该适用于国家的一切给付活动。”[3]这种认识是片面的，它将行政理解为单纯的法律执行活动，而忽视了行政的积极能动性。法律保留原则要求行政行为不能以消极的不抵触为足，必须有法律的明文依据，也称为积极的依法行政。[4]德国在给付行政领域，依照传统理论原则上不受法律保留原则的限制，行政机关所为的各种授益处分尤其是积极补助措施，只要有预算上的依据或者国会的决议，行政机关即可合法地开展活动。但近年来认为法律保留也应当适用于给付行政，因为在法治国家，应当防止行政机关随意采取措施，并应尽可能使行政机关的决策具有预

[1] 参见刘莘著：《行政立法研究》，法律出版社 2003 年版，第 70 页。

[2] 参见吴庚著：《行政法之理论与实用》，中国人民大学出版社 2005 年版，第 53 页。

[3] 何意志：《德国现代行政法学的奠基人奥托·迈耶与行政法学的发展》，引自 [德] 奥托·迈耶著、刘飞译：《德国行政法》，商务印书馆 2002 年版，第 5 页。

[4] 吴庚著：《行政法之理论与实用》，中国人民大学出版社 2005 年版，第 54 页。

测性。自由在现代国家不仅仅是免于国家的干预，而是分享国家的给付。况且对特定人的给付就该人而言固然属于授益，对他人而言就属于负担，而经济补助措施往往有多数的竞争者，行政机关的决定与机会均等的原则息息相关，因此给付行政也应当适用法律保留原则。[1]但是因为就总体而言给付行政给予人民各种利益，其受法律保留原则约束的程度就应该比规制行政宽松，只要在行政组织法规定的权限范围内，并且有议会通过的预算为依据，即使缺乏行为法上的依据，仍可以实施给付性的行为。此外，在给付主体的组织形态上，以及在给付或者利用关系的法律方式上，行政也具有较大的选择自由。[2]

法律的重要功能在于确定一种秩序，“通过一个行之有效的公法制度，它可以努力限定和约束政府官员的权力，以防止这种权力对应获保障的私人权益领域的不恰当侵损，以预防任意的暴政统治”[3]。而现代社会要求行政活动应当具有能动性，因此，并非社会保障的所有事务都需要明确具体的法律依据，这需要视制度的不同而区别对待。为确保人民的生存与幸福，政府实施社会保险制度应当有明确的法律依据，当事人只要符合法定的条件，就能够享受社会保险的各种待遇。对于社会福利、社会救助等事务，法律只要明确各级政府有这方面的职责即可，因为这些事务千差万别，像自然灾害一类的事务更是突发性的，政府应当根据具体情况做出不同的处理，法律不可能事先作出整齐划一的规定。

3. 给付行政应当平等实施

给付行政要对给付对象平等的实施，不能因人而异，差别对待。只要符合法律规定的标准，当事人提出给付的请求，政府就应当一视同仁，平等对待。对公民予以平等保护是各国宪法确立的基本原则，如美国宪法修正案第14条规定任何州不得在其管辖区内拒绝给予任何人平等的法律保护，并由

---

[1] 吴庚著：《行政法之理论与实用》，中国人民大学出版社2005年版，第56页。

[2] 翁岳生编：《行政法》，中国法制出版社2002年版，第31页。

[3] [美]E·博登海默著，邓正来译：《法理学——法律哲学与法律方法》，中国政法大学出版社1999年版，第233页。

法院对政府实施平等保护的行为进行司法审查。[1] 作为法国宪法序言的《人权宣言》第 1 条就明确规定 :“在权利方面，人们生来是而且始终是自由平等的。”1946 年日本国宪法第 14 条规定 :“一切国民在法律面前一律平等，在政治、经济以及社会的关系中，不得因人种、信仰、性别、社会身份及门第不同而有所差别。”1949 年德意志联邦共和国基本法第 2 条规定 :“在法律面前人人平等。”现代各国宪法和法律都规定了公民的平等权，政府就需要积极采取措施对所有公民予以平等的保护。我国宪法第 33 条第 2 款也作了相同的规定 :“中华人民共和国公民在法律面前一律平等。”但是在给付行政领域，我国并没有真正对公民提供平等的待遇。通过党的政策和政府的行政措施，国家事实上对公民进行了差别对待。

（1）在供给行政方面，国家设立的公共设施和公共企业主要是为城市服务的，很少考虑农村的需要。例如教育问题，不但城乡之间存在巨大的差异，大量的教育资源集中在城市，农村在基础教育上已然大大落后于城市，而且城市之间在教育上也不平衡，国家在高等院校招生方面为大城市尤其是直辖市设立了种种优惠措施，造成了公民在教育方面的不公平，引发了近年来愈演愈烈的高考移民问题。

（2）在社会保障行政方面，公民的平等权更没有实现。宪法一方面规定了公民在法律面前人人平等，另一方面又规定公民在年老、疾病或者丧失劳动能力的情况下，有从国家和社会获得物质帮助的权利。国家通过政策对城乡实行二元化管理，从身份上将公民划分为城市居民和农村居民，因而所采取的社会保障措施也就不同。如在社会救济方面，1999 年国务院颁布《城市居民最低生活保障条例》，规定持有非农业户口的城市居民，凡共同生活的家庭成员人均收入低于当地城市居民最低生活保障标准的，均有从当地人民政府获得基本生活物质帮助的权利。这就在客观上对农村居民构成了歧视，违反了对公民平等保护的原则。同样是国家的公民，生活无着时城市居民能得到政府的基本生活物质帮助，而农村居民为什么不能得到呢？这显然是极

[1] 参见 Gerald Gunther,Kathleen M.Sullivan : *Constitutional Law*（13th Edition）,Westbury New York,The Foundation,Inc,1997。

为不合理的。在养老、医疗等方面，1993年《中共中央关于建立社会主义市场经济体制若干问题的决定》指出：城乡居民的社会保障办法应有区别；农民养老以家庭保障为主,与社区扶持相结合,有条件的地方,根据农民自愿,也可以实行个人储蓄积累养老保险，发展和完善农村合作医疗制度。我国的生产力发展水平较低而且各地发展很不均衡，对城乡有区别的建立社会保障制度，思路是正确的，但是随着我国在20世纪70年代后期计划生育政策的推行，家庭人口逐步减少，代际抚养压力日益增大，农民仍然依靠家庭为主解决养老和医疗问题，在当前已经变得越来越困难，各级政府必须切实履行保障人民基本生活的职责，尽快将所有农民纳入社会保障体系，满足他们的基本生活需要，将经济社会发展的成果惠及于亿万农民，让他们也能分享社会进步和经济发展的好处，进而逐步提高他们的生活水平，只有这样才能真正地贯彻宪法和法律对公民平等保护的原则,促进全社会的共同繁荣与进步。

（二）给付行政应当保证给付对象的自立

政府在保障公民基本生活的基础上开展给付行政活动，但是不能过多地介入给付对象的个人生活和生产经营活动，否则包揽过度就会阻碍他们的积极性和创造性，遏制他们的创新能力。给付行政应当尊重给付对象的个人生活和经营活动的自立，培养他们自主发展的能力。只有在给付对象的个人生活和生产经营活动陷入困境时政府才会给予帮助，政府主要承担补充性的责任。

1. 供给行政

国家利用财政资金建立学校、医院、博物馆等公共设施，应当首先要求它们自主经营，只有在经费不足的情况下，政府才会给予财政补贴。在高等教育领域，近年来社会各界纷纷诟病高等院校的收费，高校收费已经大大超过了公众的承受能力，有学者提出应当建立高校收费中的制约机制，高校成本不能快速无限制地增加，应当改变现有的国家对大学教育一刀切的补助方式，[1]我国公立高校实行行政化管理体制，在普通教学科研人员之外，还雇用

[1]参见《高校收费十年涨了十倍专家称缺乏公开制约机制》，载《法制日报》2005年9月7日。

了大量专门的行政、后勤等人员，这样的人力与行政成本，是很多大学最主要的一项开支。[1] 高等院校必须对自身进行改革，减少运行的成本，一方面可以减轻学生的学费支出，另一方面可以减少对财政补贴的依赖，国家能够将节余的财政资金投入到基础教育上，改善我国财政对教育投资的结构。在医疗领域，我国在近年来的医疗改革过程中，公立医院以盈利为目标，纷纷进行商业化运作，导致医疗服务的价格越来越高，人民群众难以承受，医疗改革倍受指责。目前国家正在纠正这一改革方向，坚持公立医院要为社会服务的公益性目标，在必要时国家可给予财政补贴。在建设文化设施方面，如博物馆，我国的博物馆分别隶属于各级政府，由政府进行投资和管理，是我国文化设施的重要组成部分。例如作为我国收藏文物最多的博物馆——故宫博物院，2004 年的经费达 3 亿元人民币，每年的门票收入是 3.5 亿，本可以自给自足。但是凭借其自身的实力收购珍贵文物就力不从心了，于是国家一直对故宫收购原清宫流失文物和国内精品文物大力支持，2002 年中央财政第一次设立了“国家文物征集专项经费”，[2] 收购珍贵文物，动辄数百万乃至数千万,没有国家财政的支持是不可能办成的。政府对于公共企业也是这样，邮政、铁路、煤气、自来水、电力等事关国计民生的行业都成为独立经营的企业法人，国家鼓励它们自主经营，自我发展，逐步提高经营水平和盈利能力，政府一般不干涉其经营活动，只在一定额度内给予必要的财政补贴，以避免公共企业提高价格而损害公众的利益。

行政主体可以通过助成性行政指导[3] 开展给付活动，来达到给付行政的目的。在教育领域，为了保证家庭贫困的学生能上大学，国家推出助学贷款制度，国家鼓励各地高校积极为学生提供助学贷款，但是由于助学贷款需要地方财政对贷款给予贴息，地方政府对此缺乏积极性，商业银行出于对贷款的风险考虑也消极对待，导致半数以上的贫困学生得不到助学贷款而使学业

[1] 参见《教育部称高校收费高管理行政化乃高收费一原因》，载《新京报》2005 年 9 月 9 日。

[2] 参见蔡伟：《你所不知道的故宫》，载《三联生活周刊》2005 年第 38 期。

[3] 助成性行政指导是指对私人提供信息，以助成私人某种活动的行政指导。——[日] 盐野宏著，杨建顺译：《行政法》，法律出版社 1999 年版，第 144 页。

陷入困境，国家可以指导地方政府落实国家的政策，必要时可以对财政困难的中西部地区进行转移支付，来确保政策的实施。近年来随着能源价格的较快上涨，公共交通、煤气、电力和自来水等公共企业的经营日渐窘困，为了缓解经营压力，它们纷纷请求提高服务价格。价格的上浮将势必影响到千家万户的日常生活，各地政府对此慎之又慎。政府可以建议这些公共企业努力降低经营成本，提高经营水平，不能将能源价格上涨而增加的成本完全推给社会，企业应该通过减少不必要的消耗来改善经营管理，为社会提供服务。

2. 社会保障行政

在自由主义国家时期，国家首先强调公民的自立，“人应该自求多福”，公民对自己的生存负责，国家对公民的生老病死一般不加以干预，照料生活、提高生活水平是公民个人及其家庭的问题。国家负责建立稳定的社会公共秩序，创造条件，为公众提供自我发展的良好环境，公民的生存发生危机时，往往由慈善机构给予帮助，国家没有负责照顾公民生存的职责。到了社会国家时期，情况发生了变化，国家的行政职能由单纯的规制行政转为规制行政与给付行政并存，这是否意味着国家应当对公民的生活大包大揽呢？从各国运行的情况来看政府包揽过多并不利于社会经济的发展，且会抑制公民的自由选择。给付行政必须自我约束，控制自己的实施范围。正如我国在计划经济时期企业的全部经营活动都纳入各级政府的经济计划，企业缺乏经营的自主权就会失去活力，最终导致经济的萎靡不振。我国在 20 世纪 50 年代实行“大跃进”，想一步跨入共产主义，在农村实行集体生活，让所有的农民在集体食堂就餐，事实证明根本行不通，集体食堂很快就破产了。20 世纪 70 年代末国家在农村推行家庭联产承包责任制，实行分田到户，允许农民自主经营，政府加以引导，极大地调动了农民的积极性，促进了农村经济的快速发展，改变了农村社会的面貌，表明给付行政必须适度进行。

现代国家仍然需要保证公民的自立，在自立的基础上谋求发展。公民有权利追求生活的多样化，自我奋斗努力提高自己的生活水平，而不能一味等待国家的安排与照顾。特别是在社会救助中，国家一直遵循公民自立的原则，公民有能力自求生存，国家就不进行干预。1999 年国务院颁布实施《城市居民最低生活保障条例》，规定凡共同生活的家庭成员人均收入低于当地城市居民最低生活保障标准的城市居民，才有从当地人民政府获得基本生活物质帮助的权利，城市居民最低生活保障制度鼓励劳动自救。劳动既是公民的基本权利，也是公民的基本义务，凡是有劳动能力的公民都应当以劳动收入满足自己的生活需要，保障自己的生存。只有在其生活水准低于当地居民最低生活保障标准的时候，政府才会施加援助，保证其生存。

3. 资助行政

在资助行政领域，我国政府从特定的产业政策出发，对相关的行业予以扶持，以实现既定的经济目标。如在进出口领域，我国对外贸体制进行了改革，外贸企业都脱离了政府的保护伞，成为自主经营、自负盈亏的经济实体，在国家政策和法律法规允许的范围内独立经营，政府管理部门对其进行指导，但不干涉其经营活动。为了促进对外贸易的增长，提高我国机电产品的国际竞争力，1994 年国家成立了中国进出口银行，截至 2005 年 7 月末，进出口银行已累计提供出口信贷 3761.95 亿元，转贷外国政府贷款 145.24 亿美元，支持出口的机电产品和高新技术产品总额已达 1897.29 亿美元。这一业绩源自进出口银行从国情出发，对能够带动机电产品、成套设备、劳务与技术出口的境外加工贸易、资源开发和基础设施等海外投资项目，从出口信贷、援外优惠贷款、对外担保等多方面提供了上规模的政策性金融支持，并使之能够有效地发挥国家出口信用机构的政策导向作用。[1] 并且为了保障出口企业的收汇安全，国家于 2001 年专门成立了中国出口信用保险公司，由国家财政提供保险准备金为出口企业提供非营利性的政策性保险业务。又如在农业领域，在一般情况下粮食收购企业都是自主经营，但是为了保障农民的合法权益，避免有时因粮价过低而损害其种植粮食的积极性，国家会要求粮食收购企业按照国家保护价放开收购农民手中的余粮，作为国家政策性银行的农业发展银行会及时为企业提供贷款，并且由财政资金为企业提供相应的补贴。又如在扶贫开发方面，1996 年 10 月《中共中央、国务院关于尽快解决农村

[1] 李岚：《方式改变价值，政策性银行助推经济增长机制转变透视》，载《金融时报》2005 年 10 月 10 日。

贫困人口温饱问题的决定》指出："继续坚持开发式扶贫。把贫困地区干部群众的自力更生和国家的扶持结合起来，开发当地资源，发展商品生产，增加自我积累、自我发展的能力，是稳定地解决温饱问题、实现脱贫致富的根本出路。""把有助于直接解决群众温饱问题的种植业、养殖业和以当地农副产品为原料的加工业，作为扶贫开发的重点。"根据这个决定，1997年8月国务院颁布了《国家扶贫资金管理办法》，规定："支援经济不发达地区发展资金和新增财政扶贫资金，重点用于改善贫困地区的农牧业生产条件，发展多种经营，修建乡村道路，普及义务教育和扫除文盲，开展农民实用技术培训，防治地方病等。扶贫专项贷款，重点支持有助于直接解决农村贫困人口温饱的种植业、养殖业和以当地农副产品为原料的加工业中效益好、有还贷能力的项目。"上述种种措施即立足于通过扶贫帮助贫困地区的农牧民摆脱贫困，从单纯的依靠国家救济转向走自我发展的道路，变"输血"为"造血"，最终走向富裕之路。

（三）给付行政应当与社会经济发展水平相适应

无论对于何种形式的给付行政，国家都要量力而行，给付行政不能超越社会经济发展水平，因为给付行政是以国家财政做后盾的，超越社会经济发展水平，就超出了国家的承受能力，就会给国家的发展带来负面的影响。西方国家的运行状况表明在经济高速发展时期，高水平的给付行政能够得到政府的强劲支持，但是经济发展一旦趋缓，而社会对给付行政的需求又居高不下，财政就会日渐拮据，给付过度就会成为社会经济发展的障碍。

在供给行政中，无论是公共用物，还是公共设施和公共企业，国家都要量入为出，在能够承受的范围内为社会提供。如我国在20世纪50年代就计划修建青藏铁路，但是限于当时的科学技术水平和财政状况，国家无法完成这个任务，如果强行上马，也会半途而废，所以一直到了21世纪，在具备了先进的科技条件和充足的财政资金以后，国家才能比较顺利的实施这一计划。

在社会保障行政中，各国都根据本国的国情建立了各自的社会保障制度，为公民提供各种福利待遇。西欧和北欧部分发达国家在20世纪40到50年代纷纷宣布建立福利国家，为公民提供从“摇篮到坟墓”的全方位的福利，为此国家要提供巨额的财政资金给予支持。到了80年代，这些国家就感到财政的压力越来越大，最早建立社会保障制度的英国从80年代对社会保障政策进行调整，政府减少大包大揽，压缩了对社会福利的财政支出。[1] 自2009年以来，欧洲部分国家爆发主权债务危机，希腊等陷入债务危机或濒临债务危机边缘的国家中，养老金构成了沉重的财务负担，过高的待遇水平严重脱离了其经济发展水平的现状。[2] 丹麦、瑞典、挪威和芬兰等北欧国家采取紧缩财政政策、削减公共福利、增加对新兴经济体的出口以及宽松的货币政策等一系列措施来应对欧债危机对经济的冲击。[3] 我们需要汲取欧洲教训，量力而行，要避免不可持续的过度承诺和控制社保缴费率的过度上涨，降低劳力成本的猛增而在全球化竞争中失去比较优势而危及经济增长的风险。[4] 我国借鉴其他国家的经验、吸取他们的教训，立足本国国情，坚持给付有度的原则，使社会保障应当与经济发展水平相适应，并在2004年将给付有度的原则载入宪法修正案，确立了社会保障行政的基本要求。政府在设计社会保障制度时就要立足于我国的社会经济发展水平，做到既能保障公民的基本生活需要，又能符合国家的承受能力，使社会保障和社会经济的发展协调前进。

小结

近代宪法确立了法律至上原则，建立有限政府，并通过法律对政府的权力进行限制，以此来保护公民的财产权和政治与人身自由权利。为了维护统治阶级的利益，政府通过行政管理保持社会秩序的稳定，主要履行了规制行

[1] 参见刘燕生著：《社会保障的起源、发展和道路选择》，法律出版社2001年版，第292页。

[2] 郑秉文：《欧债危机对养老金改革的启示》，《中国社会保障》2012年第1期。

[3] 杨敬忠：《北欧国家：改革高福利模式应对欧债危机》，《经济参考报》2012年3月6日。

[4] 丁纯：《欧债危机中看欧洲社保制度》，《新民晚报》2013年5月10日。

政职能，旨在为社会经济的发展创造相对安定的社会环境，政府没有保障公民基本生活的法定义务，基本上不介入个人的生活领域。而现代宪法规定了公民的社会权，导致政府行政职能的转变，伴随着行政国家的出现，政府的职能从传统的规制行政发展到规制行政与给付行政并存，给付行政成为现代国家保护公民社会权的重要方式，社会保障行政更成为政府保护公民生存权的基本职能。从规制行政到给付行政，表明政府行政的目的已经从过去单纯地维护社会秩序转向保护公民的基本权利，来促进社会经济的发展，保障公民的基本生活，并进而逐步提高公民的生活水平。同时政府开展给付行政活动既要鼓励给付对象的自立，也要给付适度，不能超越社会经济发展水平能够承受的限度，做到给付与社会经济发展水平相适应。

第二章

近代社会保障的产生与发展

近代社会保障制度是在西欧地区开始建立的，英国和德国是近代社会保障制度的两个发源地。社会保障制度之所以能够在英国和德国产生，是和这两个国家的社会经济状况发展与历史文化传统密不可分的。同时，由于历史传统和社会经济发展水平的差异，政府在社会保障中履行职能的方式表现出不同的特色。

第一节　英国的近代社会保障

一、英国近代社会保障产生的历史背景

（一）农民丧失以土地为基础的生存保障

1066 年，法国的诺曼底公爵征服英格兰，把封建制度带入英国，英国逐步进入封建社会。[1] 随着封建社会的建立，土地被掌握在封建贵族手中，

[1] 参见［法］德尼兹·加亚尔、贝尔纳代特·德尚等著，蔡鸿滨、桂裕芳译：《欧洲史》，海南出版社 2002 年版，第 211 页。

佃农的人身关系依附于土地之上，以土地作为生活的来源。封建贵族为了争夺土地和扩大领土，不断发动大规模的战争。佃农一方面要为封建主耕种土地，另一方面要随领主征战杀戮。为了再生产的需要和兵力供给的充足，封建主对佃农给予一定的保障，如为年迈的佃农免费提供住处，在教区内主持和管理慈善事业，为丧失劳动能力的人提供最低生活保障。当时教会在济贫事务中充当了重要角色，在全国划分若干个教区，教区的主教对辖区内的穷人负有救济责任，当时教会将其收入的 1/4 — 1/3 用于慈善事业。[1] 早期的济贫带有很强的慈善性质，完全取决于封建主的乐善好施，佃农首先需要以自己的劳动收入解决生存问题，只有在丧失劳动能力时才能得到封建主和教会的帮助，政府则完全不介入个人的生活领域。中世纪末期，随着工商业的兴起，封建社会的人身依附关系开始瓦解，连年的战争和瘟疫导致农民流离失所，16 世纪后期随着毛纺业的兴起，英国开始了“羊吃人”的圈地运动，更使得成千上万的农民失去了土地，被迫流入城镇，他们在离开土地、摆脱封建的土地人身依附关系的同时也失去了基本的生活来源。

（二）资本主义的发展造成了贫困的加剧

资本主义工商业的发展使农民失去了土地，许多农民沦为城镇游民或者乞丐，由此引发了大量新的社会矛盾和冲突，饥饿和贫困成为当时主要的社会问题。[2] 当时英国的统治阶级并未充分意识到自己对大众所应承担的救济责任，结果一方面是少数的社会上层一掷千金、挥霍无度，另一方面是多数的社会下层人士在饥寒中煎熬，在贫困线上挣扎，生活缺乏必要的保障。[3] 急剧增加的贫困人口和大规模的社会流浪严重威胁着英国的统治秩序，在这种情况下，传统的以教会慈善活动为主体的社会救济难以满足大量贫民的生活需要，无法适应新形势的要求。为了维持社会稳定，缓解社会矛盾，政府

[1] 参见何勤华主编：《英国法律发达史》，法律出版社 1999 年版，第 343 页。

[2] 参见林嘉著：《社会保障法的理念、实践与创新》，中国人民大学出版社 2002 年版，第 58 页。

[3] 郭义贵：《从济贫法到福利国家——论英国社会立法的进程及其作用与影响》，载《华中科技大学学报·人文社会科学版》2002 年第 3 期。

不得不开始考虑出面来解决这个问题。

二、英国近代社会保障的主要内容

（一）统一济贫制度

英国政府从抓济贫入手，在 1530 —1597 年间，通过了 13 个有关处理流浪者的法案。到了 1601 年，英国在原有法案的基础上，通过了一个新法案，即《伊丽莎白济贫法》（被后人称作旧《济贫法》），其主要内容是 :（1）建立地方行政和征税机构 ;（2）为有能力劳动的人提供劳动场所 ;（3）资助老人、盲人等丧失了劳动能力的人，为他们建立收容场所 ;（4）组织穷人和孩子学艺 ;（5）提倡父母子女的社会责任 ;（6）从比较富裕的地区征税补贴贫困地区。旧《济贫法》最富代表性的措施是建立“贫民习艺所”，强迫贫民劳动，以杜绝流浪现象。[1] 政府通过立法统一了各教区的济贫制度，通过教会在各教区设立贫民习艺所，并由政府督促各教区施行，但是政府不提供财政上的支持，也没有设立统一的全国性的管理机构，而是在各地区分别实施。对贫民实行救济是每个济贫区的责任，每个济贫区都要委任若干贫民救济官，其任务是为所有贫民和他们的家属安排工作，并且对有财产的人征收济贫税。旧《济贫法》颁布以后，以教区为单位在教区内实施，宗教机构在其中仍然保持着传统的影响。

旧《济贫法》最大的特点是确认了国家负有救济贫民的责任，兼有强迫劳动和法律救济的性质，但是以前者为主，过于强调对不劳动者的惩罚而较忽略对需求者的帮助。旧《济贫法》产生于英国以农业经济为主体的社会中，当时的统治者认为，将劳动者束缚于他所属的教区较之背井离乡、四处流浪更有利于本人和社会，因此旧《济贫法》旨在督促劳动和稳定社会秩序。这一宗旨更清楚的表现在 1662 年制定的《安置法》里，根据这项法律，一个教区的新住户（通常是流浪来的穷人）可以被随意强行迁徙到别的教区去。旧《济贫法》虽然是政府在旧的社会结构下为了维持其秩序而作出的努力，

[1] 和春雷主编 :《社会保障制度的国际比较》，法律出版社 2001 年版，第 3 页。

但是它的颁布本身却说明正在变动的社会结构和生产方式已经使旧的保障形式无法正常运转，社会保护的职责历史性地落在国家的肩上，这个转变使得保障开始摆脱原有的地域狭隘性而走上国家化、社会化的道路。旧《济贫法》表明当时的英国统治者意识到贫困和失业对其统治构成了严重的威胁，因此必须由政府采取切实有效的措施来缓和这些社会矛盾。[1] 当然从劳动者的角度出发，旧《济贫法》强迫劳动的宗旨显然对他们是不利的，但这是政府通过立法强制征收济贫税来救济贫民的第一次尝试，它表明政府开始对处于生存绝境的贫民伸出援助之手，而不再无视于他们的流浪和贫困，至少在这个意义上来说旧《济贫法》为以后的社会保障制度孕育出了萌芽。

1742 年内阁因得不到议会的支持而辞职，英国议会内阁制正式开始，国家的权力中心从国王逐步向议会转移，[2] 从此政府向国王负责逐步转为向议会负责，议会有权对国家事务做出决策，政府则负责执行议会的决定，政府是从属于议会的，英国凸显出了立法国家的特色。在社会救助领域，政府以济贫法为依据，开展济贫活动，对为数众多的贫民给予救济。

从 1601 年到 19 世纪初的 200 余年里，由于英国工业化和城市化的发展，贫困问题始终是一个广泛的社会问题，困扰着英国历届政府。18 世纪开始的工业革命导致社会生产力迅速发展，社会财富急剧增加，资产阶级在较短的时间内聚集了惊人的财富，而众多的工人及其家庭依旧贫穷，没能享受到社会发展带来的好处，贫富差距急速扩大，社会矛盾日益尖锐。在这种情况下，政府实施旧《济贫法》时把它作为一种权宜之计，采取济贫措施为贫民提供最低限度的生活帮助，防止大量的贫民因陷入生存困境铤而走险，以极端行动破坏现有的社会秩序，威胁统治阶级的根本利益。同时法国急风暴雨式的资产阶级革命也提醒英国政府，如果要维持现有的统治，必须缓和社会矛盾，将各种冲突控制在一定的范围内。因此政府采用济贫的手段为贫民提供救济，将贫穷和饥饿控制在整个国家可以承受的限度之内，和法国激进的革命方式不同，英国政府采用社会改良的方法来缓和有产者和无产者之间的

[1] 和春雷主编：《社会保障制度的国际比较》，法律出版社 2001 年版，第 4 页。

[2] 韩大元主编：《外国宪法》，中国人民大学出版社 2000 年版，第 17 页。

矛盾，维持贫民最低限度的生活，才没有出现社会的剧烈动荡，从而保持社会秩序的相对稳定，为资本主义经济的发展创造了一个较为宽松的环境。

（二）管理济贫工作

1834年,英国对旧《济贫法》进行了修改,颁布了新的《济贫法》。新《济贫法》宣布停止向济贫院以外的穷人发放救济，只把征收于有产者的救济金用于济贫院内的穷人，以便为市场提供大量可供选择的一无所有的劳动力，为自由竞争开辟道路,来适应资本主义经济的进一步发展。根据新《济贫法》，政府设立了第一个管理济贫事务的全国性的行政机关——济贫委员会，由有效率的常任官员负责，这个行政机关的设立为以后能够在全国按照统一标准实施社会保障政策奠定了必要的基础。新《济贫法》对济贫管理监督机制进行了改进，将济贫权由分散改为集中，避免了地方济贫管理营私舞弊的现象；将保障公民生存规定为社会应负的义务，认定救济是一项积极的福利措施而不是消极的行为，并要求从事这一事业的人必须是经过专门训练的社会工作者。新《济贫法》奠定了现代社会救助立法的基础，使社会保障脱离了其狭隘性而走上了国家化和社会化的道路，形成了由政府直接管理社会保障事业的传统，并成为以后欧美各国社会救助立法的典范。[1]就国家提供社会救助的角度而言，新《济贫法》对救济对象设置了新的限制，对救济活动进行严格的控制，它体现的是自由资本主义的原则。

自由主义在英国一直根深蒂固，尤其在20世纪以前更为盛行。自由主义在社会生活领域的集中体现是个人主义观念，个人的成败荣辱、贫富贵贱都被认为是由个人因素造成的，是个人行为的结果。在这种观念下，贫困等主要社会问题都被视为个人的事情，不仅国家不负责任，社会其他成员也不负责任。这种个人主义观念在整个19世纪一直支配着英国的社会生活，既然国家保护个人自由、提倡自由主义，就不应该干涉个人的生活，一切有可能带来这种干涉的社会立法都被视为对自由主义原则和个人主义观念的侵

[1]邵芬：《英国社会保障立法特征》,《现代法学》2001年第3期。

犯。[1] 在这种思想的影响下，英国政府在社会保障方面始终固守在社会救助领域，坚持只对贫民提供最低限度的生活帮助，况且接受政府的救助对公民而言首先要丧失人格尊严，因此只要不是走投无路，贫民并不愿意接受政府的救助。

自17世纪以来，英国一直靠济贫制度解决贫困问题，在济贫制度下，救济是一种施舍，是“有”对“无”的恩赐，虽然它在很大程度上避免了贫穷的最坏恶果，但其最终目的是维持社会稳定，避免出现“茅屋没有面包，宫廷就没有和平”的局面。况且，济贫税是按照人头分担的，与财产多寡无关，所以它实际上是把一部分穷人的面包拿给另一部分穷人，富人逃避了很大的责任，结果在济贫制度实行的三百年中，贫穷问题却愈演愈烈，始终没能彻底得到解决。[2] 直到20世纪中期福利制度建立以后，英国才逐步消除了这一现象，最终摆脱了贫困问题的困扰。

（三）关注公民的劳动、卫生问题

从1601年颁布实施旧《济贫法》开始，英国的社会保障立法和运行情况表明政府介入社会保障事务的范围呈现出逐步扩大的趋势，17世纪到18世纪英国的社会立法进展甚微，政府主要关注救助贫困的问题。但到了19世纪，除了继续救助贫困人口以外，政府开始关注公民的其他社会问题。

1. 关注劳工问题

从社会保障的角度看，童工的健康问题最先进入政府的关注视野，针对企业大量地雇用童工参加劳动，政府通过限制童工年龄以及工时来保护童工的健康。由于当时过长的劳动时间是造成工人健康问题的重要原因，因此工厂法和劳动工时管理法对劳动时间进行了控制。1833年英国通过了工厂法，对童工、女工的工作时间进行了限制。1878年、1896年和1898年三次修改工厂法，对劳动保护的内容逐渐增多，对工厂卫生条件进行了规定，要求对

---

[1] 参见丁建定：《英国在西欧现代社会保障制度建立过程中的历史地位》，载《欧洲》2000年第2期。

[2] 钱乘旦等著：《日落斜阳——20世纪英国》，华东师范大学出版社1999年版，第201页。

机器的危险部分安装保护装置，规定了最低工资，其内容已经涉及职工收入、健康方面的保障。由于工人居住区住房质量低，成为公共卫生的一个重要问题，又出现了住房方面的立法。[1]1885 年设立工人阶级住房皇家委员会，通过了工人阶级住房法，对工人的住房问题予以关注。

2. 关注公共卫生问题

应用疫苗技术对流行病进行控制首先得到政府的关注，1853 年政府开始采用强制使用疫苗接种的方法预防传染性疾病，在控制流行性疾病方面取得了较好的效果。作为工业化和城市化的结果，城市公共卫生日益严重，成为政府干预的主要领域，1848 年议会通过了公共卫生法。根据该法，政府建立了公共卫生行政制度，在中央政府以及各城市都设立卫生委员会，由城市卫生委员会任命专职的卫生管理官员，负责处理垃圾、污水问题，维持街道清洁，并且对屠宰场、饭店等公共卫生关系密切的企业进行登记管理。由于许多城市抵制中央政府的干预，这项法律在实施中遇到很大阻力，5 年后中央卫生委员会被撤销，1872 年修订后的公共卫生法仍然未能建立中央政府干预的体制，只是明确了地方政府的责任，直到 1936 年再次修订公共卫生法才解决这个问题。[2]

20 世纪以前政府干预表现出一个漫长的渐进过程，当时的经济背景是自由放任资本主义，无论在国家政策还是在理论上，都主张自由放任，这无疑对社会保障领域的政府干预形成阻碍。但是自由资本主义发展带来的许多社会问题，又促使政府不得不进行干预，然而政府干预仅仅限定在较小的领域，从社会生活的领域看，政府干预还没有涉及现代社会保障的养老、医疗、失业、生育等关键问题。从救济水平来看也没有明显的提高，新《济贫法》甚至还减轻了政府对贫困的救助力度，对济贫对象进行了限制。[3]

在自由资本主义时期，英国以至欧洲是亚当·斯密和大卫·李嘉图的自由放任理论占主导地位的时期，只有当劳工就业、保障成为社会问题并危及

[1] 孙炳耀主编：《当代英国瑞典社会保障制度》，法律出版社 2000 年版，第 16 页。
[2] 参见孙炳耀主编：《当代英国瑞典社会保障制度》，法律出版社 2000 年版，第 22 页。
[3] 孙炳耀主编：《当代英国瑞典社会保障制度》，法律出版社 2000 年版，第 16 页。

政府时，才会引起政府的重视。[1]政府在经济领域实行自由放任的市场经济政策，由市场这只“看不见的手”对经济活动进行调节，政府对此很少干预，奉行“管的最少的政府才是最好的政府”的原则。但是随着工业革命的进行和社会化大生产方式在全国范围内的推行，贫困成为一种社会问题，传统的保障方式已经无法适应时代的发展，老弱病残等弱势群体面临着前所未有的挑战，仅靠家庭和工人互助组织已经远远无法满足他们的生存需要了。此时政府为了保持社会的稳定，防止工人阶级采取极端行动，开始有限度地介入保障领域，由政府出面采用征税方式为贫困的社会成员提供最低的生活保障，应当说政府在这一阶段的作用是被动的、消极的。

第二节　德国的近代社会保障

一、德国近代社会保障产生的历史背景

19 世纪后期德国在世界上首先建立了社会保险制度，开创了社会保障制度的历史新篇章，德国之所以能够在这个时期建立社会保险制度，是由以下因素促成的：

（一）德意志帝国政府的政治经济要求

1870 年在普法战争中，法国战败，普鲁士王国主导建立了德意志帝国，1871 年 1 月 18 日在巴黎凡尔赛宫的玻璃大厅里普鲁士国王威廉一世宣布成为德国皇帝，在德国历史上第一次实现了全国的统一。[2]代表容克地主阶级利益的普鲁士官僚因 1864 — 1871 年之间统一德国的三次战争名声大震，普

[1] 刘燕生著：《社会保障的起源、发展和道路选择》，法律出版社 2001 年版，第 99 页。

[2] 参见 [德] 卡尔·艾利希·博恩等著，张载扬等译：《德意志史》第三卷上册，商务印书馆 1991 年版，第 272 页。

法战争胜利以后取得了50亿法郎的战争赔款，加上法国割让阿尔萨斯和洛林，德国拥有了发展工业所需要的充足的资金和原料。统一后的德国，雄心勃勃，政治上要成为世界强国，谋求更多的生存空间，对外扩大殖民势力，向传统的列强提出挑战。经济上加快发展工业，尽快实现国家的工业化，最终取得欧洲的经济霸主地位。而要实现既定的政治经济目标，取得对外对内政策的成功，首先必须解决工人及其家庭的生存问题，安抚工人群体，调和劳资关系，让工人解除后顾之忧。因此德国政府开始设计并颁布一套包括社会保障制度在内的新的社会政策，来满足工人阶级的生存需要，保证实现国家的对内对外政策。同时德国的统一不仅为其加速发展经济，也为谋求欧洲霸权创造了客观条件。德国要提高自己的国际地位，增强对外竞争实力，关键在于保持相对安定的政治环境。德国利用普法战争中法国支付的战争赔款，加快国内工业革命的进程，为社会保险制度提供了物质基础。

（二）国家主义的历史传统

国家主义在德国有长期的历史，它根植于封建领主社会和君主专制制度，其指导原则是等级主义、政府权力主义，以及个人对于家长或者国家的绝对服从。受到黑格尔国家学说的鼓舞，这种社会组织信仰被19世纪的思想家、社会改革家和政治家们狂热鼓吹。阿道夫·瓦格纳的国家经济学主张国家应当指导和组织一切经济活动，俾斯麦的“士兵般的工人”搬用了军队的理念，认为企业中的工人应当像士兵听命于上尉般的服从管理者的绝对权威；而管理者应该对国家负责，正如上尉对将军负责一般。俾斯麦渴望确立国家主义的主导地位，主张国家对社会给付的筹资和分配负有直接责任，他的目标与其说是将工人置于职业基金或者金钱关系之中，不如说是将工人牢固的束缚在家长式的君主权威之下。[1] 显然，从政治角度看，俾斯麦的社会保障的产生是自上而下的，它是俾斯麦政治斗争的一个筹码，俾斯麦把社会保障的责任抓到中央政府手中的做法既符合普鲁士封建家长的传统，又能缓解阶级矛

---

[1][丹]考斯塔·艾斯平一安德森著、郑秉文译：《福利资本主义的三个世界》，法律出版社2003年版，第67页。

盾，使普鲁士容克地主这个业已过时的政治统治阶层能够成为仲裁人，超越于工业化带来的阶级矛盾之上，居高临下地实行统治。[1]

国家主义在17世纪至18世纪绝对国家时期表现得特别明显，行政活动的范围和强度不断扩大，以规范和命令、补贴和救助的方式逐步介入商业、经济和社会生活的各个领域，甚至涉足个人的私事。广泛而又积极行政的原因一方面是试图通过控制行业和经济的发展，保证军队和皇室的需要；另一方面是教会长久以来观念的影响，即国家不仅要关心共同体的福祉，而且还要关注个人的福利（幸福）。行政的特点不仅表现为其广泛性和强度，而且表现为不受法律约束。[2]到了19世纪自由国家时期，自由市民阶层纷纷起来反对以君主及其公务员机器为表现形式的国家的管制和监督，要求将国家行政的活动范围限制到为保护公共安全和秩序，消除危险所必要的限度之内，并且将行政在其他领域里的活动也置于法律的约束之下。在个人、社会和经济领域，实行以自由竞争原则为基础的自行调控机制（全面放任原则）。[3]尽管德国受到了自由主义思潮的影响，尤其限制行政活动的范围，行政不应介入个人的生活领域，但是德国毕竟缺乏自由主义的传统，政府深入社会经济生活来推行国家的政策是由来已久的习惯，所以政府能够主导建立社会保障制度来实现其内外政策。

（三）德国社会政策协会的影响

德国在统一以后开始其工业化进程，虽然其工业革命晚于英国和法国，但在19世纪后期各项工业的发展突飞猛进，势不可挡，发展速度远远超过了欧洲其他国家。但在经济快速发展的过程中，资产阶级和无产阶级的矛盾日益尖锐，新的社会危机逐渐显现。在这种情况下，德国许多经济学家和学

[1]和春雷主编：《社会保障制度的国际比较》，法律出版社2001年版，第18页。

[2][德]哈特穆特·毛雷尔著、高家伟译：《行政法学总论》，法律出版社2000年版，第15页。

[3][德]哈特穆特·毛雷尔著、高家伟译：《行政法学总论》，法律出版社2000年版，第16页。

者促成所谓讲坛社会主义[1]的新历史学派的诞生,该学派于1873年组成了“德国社会政策协会”。社会政策协会的宗旨是在维护现存的资本主义制度的基础上，吸收社会主义的一部分理想，保护劳动者的正当利益，把分配过程中的若干弊端，按照立法与行政手段加以消除。[2]社会政策协会一方面反对自由放任主义者的主张，另一方面坚决反对信仰社会主义学说的德国社会民主党的政策主张。由于社会政策协会支持德国的统一，拥护德国的资本主义制度，主张对德国的现有制度进行改良，实行渐进式的变革，因此获得了俾斯麦的赏识，他们的很多主张都被俾斯麦在进行社会保险立法时所采纳，成为政府的正式决策。

（四）社会民主运动的影响

19 世纪 50 年代以后，在马克思主义传播之下，科学社会主义思想逐渐深入到工人阶级中间，并开始扎下根来。随着科学社会主义思想的传播，社会主义政党出现在德国的政治舞台上。工人运动的发展，一方面强烈要求政府实施保护劳动者合法权益的社会政策措施，一方面自发地组织起各种互助互济的基金会，以防备一旦生病、工伤、残疾甚至永久丧失劳动能力情况的出现。在这些活动的推动下，社会民主运动空前高涨，给政府造成了很大的压力。因此设法缓解这种压力，消除工人运动和社会民主运动的威胁，就成了政府一项迫在眉睫的任务。当 19 世纪后期德国的社会冲突愈来愈激烈的时候，为了缓和工人运动，不让工人群众追随社会主义政党，也为了瓦解工人群众的各种自发组织，政府采取了建立强制性社会保险制度的政策。由此可见，工人运动成了社会保险制度的催化剂。[3]这样统治德国的容克地主阶级就避免了既受到新兴的资产阶级的挑战，又面临着无产阶级的威胁，社会保险制度的建立缓解了政府与无产阶级的矛盾，满足了无产阶级的生存要求，

---

[1] 因为这个学派的主要代表人物都是在德国高等学校讲坛上讲授社会主义学说的教授、学者，沿用的不是马克思主义的辩证唯物主义，而是老历史学派宣扬的纵向分析方法。

[2] 和春雷等著：《当代德国社会保障制度》，法律出版社 2001 年版，第 49 页。

[3] 和春雷主编：《社会保障制度的国际比较》，法律出版社 2001 年版，第 17 页。

有力地稳定了国内的社会秩序。

（五）俾斯麦的极力推动

在建立社会保险制度的过程中，作为帝国首相的俾斯麦功不可没。19世纪50年代，俾斯麦数次出访法国，1861年他被普鲁士国王派往法国担任大使，在这期间他对拿破仑三世采用有限的社会保障措施来加强社会控制的做法印象深刻。德国统一以后，随着工业化的持续深入，俾斯麦认识到必须立即着手解决工人普遍关心的养老、医疗、失业一系列社会问题。他实施所谓“大棒加胡萝卜的政策”，一方面，1878年颁布“社会党镇压法”，坚决镇压德国社会民主党的革命运动；另一方面，通过社会立法安抚工人阶级。俾斯麦认识到光靠镇压社会民主党、严禁工人运动是不能满足工人阶级的生活需要的，他接受社会政策协会部分学者的主张，实施部分的社会政策和社会立法,来保护劳动者。他在1885年宣称“社会问题只有国家才能解决”[1]，俾斯麦曾直言不讳地指出：“要挖掉社会民主党的老根”，就要“给健康工人以劳动权，保证他们病有所医，老有所养”，“通过建设性的国家措施改善全体工人的社会地位，这样不仅可以赢得国家的巩固，而且同时可以削弱社会民主党的政治组织”[2]。他的主张在1881年11月17日德国皇帝威廉一世发布的黄金诏书“德国社会政策大宪章”中得到了确认：社会危害的矫正，只靠镇压社会民主党的煽动骚扰是不够的，还要逐渐寻求方法，积极增加劳动者的福利，对于国家，应谋求国内和平秩序的永续保证；对于贫困者，应谋求他们生活上的更安定与更幸福。这可以视作19世纪后期德国政府当局的政策思想。[3] 正是由于俾斯麦在执政时期的不懈努力，德国政府设计并推动议会通过了社会保险的各项法案，德国首先在全世界建立了对后世影响深远的社会保险制度，为现代社会保障制度的建立提供了范本。

---

[1] [美]科佩尔·S.平森著，范德一译：《德国近现代史》，商务印书馆1987年版，第328页。
[2] 吴友法、黄正柏著：《德国资本主义发展史》，武汉大学出版社2000年版，第172页。
[3] 和春雷等著：《当代德国社会保障制度》，法律出版社2001年版，第54页。

二、德国近代社会保障的主要内容

和英国建立的社会保障制度不同，德国根据本国的政治经济情况在世界上首先建立了社会保险制度，在建立社会保险制度的过程中，德国政府发挥了非常重要的作用。

（一）建立社会保险制度

1881 年政府提出了《工伤事故保险法》草案交由国会讨论。在讨论中社会民主党提出国家应当对一切工人实行工伤收入补偿，企业主必须担负全部工伤保险资金，同意政府成立国家工伤保险机构。1884 年 6 月 27 日国会表决通过了《工伤事故保险法》,法律规定所有工人都必须参加工伤事故保险，在工作中发生工伤事故的工人或者死难者家属可以从实行事故保险的同业工伤事故保险联合会中得到抚恤金。1882 年政府又提出《疾病保险法》草案并交由国会讨论，该法案规定对全体从事工业性经济活动的工人（不包括农业工人）一律实行强制性疾病社会保险，保险费由企业主缴纳 1/3，工人缴纳 2/3，对参与保险的工人，在医疗和药品服用上实行免费。1883 年 5 月 31 日国会经过辩论以多数通过了《疾病保险法》。1888 年政府向国会提交了《老年和残疾保险法》草案，1889 年 5 月 24 日国会经过辩论以微弱多数通过了该法案。该法规定对工人和低职官员一律实行强制性的老年和残疾社会保险。[1] 就这样在 19 世纪 80 年代不到 10 年的时间里德国政府在首相俾斯麦的领导下相继提出了工伤事故保险法、疾病保险法以及老年和残疾保险法草案，并且推动国会表决通过，从而在世界上最早建立了较为完备的社会保险制度，成为社会保障制度发展的新里程碑，为其他国家由政府主导建立社会保障制度树立了榜样。

（二）管理社会保险

政府根据社会保险法的规定设立社会保险管理机构，负责管理社会保险

---

[1]参见和春雷主编:《社会保障制度的国际比较》,法律出版社2001年版,第15－16页。

事务。社会民主党曾经提出建立养老保险金制度，由工人组织进行管理，而不是由政府管理，这样可以防止工人的养老保险基金被政府控制，但是政府没有采纳这个建议。由国家主管的社会保障计划之所以能够在德国顺利实施的另一个因素是普鲁士行政官僚机构完善。普鲁士行政官僚机构形成于17世纪普鲁士崛起之时，连年的战争使政府和军队的征税和管理机构能够保持较高的效率，到了19世纪末，俾斯麦得以利用这个官僚机构推行社会保障。[1]俾斯麦在建立社会保险制度时要求由政府管理社会保险事务体现出了强烈的政府主导的色彩，这一点也纷纷为其他国家所仿效，成为他国学习的楷模。

（三）对社会保险进行财政补贴

《老年和残疾社会保险法》规定养老保险资金来自于国家、企业主和工人三方，企业主和工人各缴纳养老保险费的一半，政府对每个领取保险金的老工人或者残疾人补贴50马克。政府对养老保险进行财政补贴，一方面可以使参加保险的工人受益，让工人感恩于国家的恩赐，更好地效忠国家；另一方面扩大养老保险基金的规模，有助于养老保险制度的顺利运行。

当然，德国19世纪的国家社会保障也远非纯福利性的，俾斯麦的国家社会保障只是从不同角度强调了劳动的重要性。德国19世纪末社会保障立法的受益者并不是全体公民，也不是最需要救济的贫民，而是所有的雇佣劳动者。显而易见，当时德国社会保障的着眼点在于生产而不在于济贫。此外，俾斯麦时期的德国，并没有承担社会保障的全部职责，而是把相当一部分责任分给了个人、社会和家庭。[2]

[1]和春雷主编：《社会保障制度的国际比较》，法律出版社2001年版，第19页。

[2]参见和春雷主编：《社会保障制度的国际比较》，法律出版社2001年版，第19页。

小结

英国和德国是社会保障制度的两个发源地，一方面，两国政府履行社会保障职能，其共同的出发点都是为了维持稳定的社会秩序，安抚工人阶级，防止工人因为极端贫困而引发社会动乱，以此来保证资本主义经济的发展；另一方面由于政治体制和历史文化传统的差异，两国政府发挥的作用也各不相同，二者之所以履行不同的职能是由以下因素造成的。

一、两国的政治体制不同

英国在 17 世纪后期“光荣革命”以后建立了君主立宪制，确立了议会主权，国王在 19 世纪逐步成为虚位的国家元首，[1] 议会（主要是议会下院）成为国家权力的中心，行政权转移到内阁手中，由以首相率领的内阁官员行使，行政权从属于立法权。社会保障的各项措施必须经过议会表决通过以后才能由政府来实施，在讨论法律草案时各种政治力量在议会里会展开激烈的较量，政府对议会决议的影响力相对较弱，对议会不具有支配性。并且基于自由主义的传统，强调政府越小越好，政府应当扮演“守夜人”的角色，尽量少干预市场和社会的运行，同时强调对政府权力的约束。[2] 因此政府对公民个人生活的干预是极为有限的，主要集中在社会救助领域。德国的情况就不同于英国，1871 年德国统一以后根据德意志帝国宪法的规定也建立了君主立宪制，当时德国的工业化刚刚起步，资产阶级的力量很弱，没有形成和容克地主阶级相抗衡的势力，因此德国的民主制度也比较薄弱，国家权力主要掌握在以皇帝为首的政府手中，行政权是各项权力的中心，德国的各项政

[1] Alex Carroll:*Constitutional and administrative law*，法律出版社 2003 年版（影印本），第 28 页。

[2] 参见彭澎著：《政府角色论》，中国社会科学出版社 2002 年版，第 5 页。

策主要是由政府提出并推行的。所以俾斯麦能够根据本国的政治经济形势建立政府主导并加以控制的社会保险制度。

二、两国工业化的程度不同

英国在世界上首先进行了工业革命，并以此为基础，开始了在世界范围内的殖民扩张，建立了世界上最大的殖民帝国，号称“日不落帝国”。由于使用先进的科学技术，加上广大殖民地提供的丰富原料和广阔的国际市场，英国在19世纪成为全球最富裕的国家。因此英国政府建立社会保障制度的主要目的还是济贫，防止因为工人的极端贫困而造成社会动荡。拥有大量的财富和广阔的殖民地，英国统治者自然不需要为了安抚工人阶级而对内大力发展工业、对外极力扩张，所以也就没有动力绞尽脑汁去设计社会保险制度了。德国则不然，统一以前，四分五裂的封建割据状态一直阻碍着德国工业化的进展，统一以后，德国加速了其工业化进程，很快成为后起之秀。为了扩大原料供应地和国际市场，德国向英国、法国等老牌殖民帝国要求增加势力范围，意欲增强在国际事务上的发言权，这一切都要求政府首先要稳定国内，安抚工人阶级，满足他们的生存要求，俾斯麦认为解决这个问题的最好办法就是由政府主导建立社会保险制度，既能由政府建立社会保险管理机构，将社会保险事务掌握在政府手中，又能安抚工人阶级，防止因为社会民主运动而使社会陷入混乱，从而最终达到富国强兵的目的，为对外扩张奠定雄厚的基础。所以社会保险制度才会应运而生，出现在19世纪后期统一后的德国，而不是最早建立社会保障制度的英国。

三、两国实施社会保障的思路不同

英国最先开始了工业革命，工人组织得到了快速的发展，雇佣工人较早地形成了“友谊社”、“共济会”等工人互助团体。这些工人组织开展的各种互助性团体活动，解决了工人生活保障方面的许多问题，也为英国政府减轻了解决社会问题的很多压力和财政负担。同时伴随工业革命、机器大生产方式的产生，工业无产阶级同时诞生，并且涌现了许多思想家和工会活动家。这些工人组织所形成的互助机制，在很大程度上对后来规范的社会保障制度的产生发挥了重要的影响。[1] 由于大量工人互助团体的存在，英国政府在社会保障方面就着重构筑社会救助体系，为贫民提供最低限度的生活帮助，仅专注于以济贫的方式来缓解社会的贫困问题，直到 19 世纪才通过关注劳动、公共卫生和教育问题来满足公民的其他生活需要。

和英国的情况不同，德国直到 19 世纪中叶才开始其工业化的进程，由于其封建化的程度很深，资产阶级和工人阶级的形成非常缓慢，而且政府采取种种措施压制工人运动的发展，俾斯麦政府更注重建立政府主导的社会保险制度来控制工人阶级。根据历史传统中的封建家长制思想和近代的国家主义理论，德国政府放弃自由放任的竞争方式，积极干预经济，对资本主义进行社会改良，建立社会保险制度，通过“人人为大家，大家为人人”的互助互帮原则，帮助每一个工人。政府通过保护私有财产，维护社会经济发展的活力，采用社会保险保障工人的基本生活。政府同时倡导劳资合作，采取积极措施，关心和改善工人的生存状况，解除工人的后顾之忧，来维护社会秩序的稳定。因此德国政府通过社会保险制度解决广大工人最为关心的养老、医疗和失业等问题，关注的重点是经济建设中的劳动者。

[1] 刘燕生著：《社会保障的起源、发展和道路选择》，法律出版社 2001 年版，第 56 页。

第三章

现代社会保障的产生与发展

现代社会保障为什么会出现在20世纪？进入20世纪以后，一方面，随着资本主义发展的不平衡，列强之间爆发了第一次世界大战，残酷的战争使参战国民不聊生，人民生活陷入困境，另一方面由于工人运动的蓬勃发展，一战结束后各国政府不得不正视工人阶级的要求，通过宪法和法律保护人民的生存。德国的《魏玛宪法》[1]首次规定了公民的社会经济权利，人权从财产权和人身自由权利发展到社会权。生存权作为社会权的重要组成部分，日益受到各国政府的高度关注，各国纷纷建立现代社会保障来保护公民的生存权。和近代社会保障不同，现代社会保障不是安抚工人阶级的权宜之计，对生存权的保障绝不是单纯的对市民社会的让步，而是一种积极的主动的社会措施。[2]其根本目的在于通过保障公民的基本生活，维持稳定的社会秩序和

[1]由于德国的工人运动蓬勃发展，列宁及其布尔什维克党曾经寄希望德国成为共产主义国家，但是因为一战以前德国经济繁荣，俾斯麦的社会保险制度满足了工人阶级的基本生活需求，工人阶级比较知足而无心革命，农民也由于比较富裕而没有醉心于分配土地的宣传，德国社会民主党非常保守，专心致力于社会改革而非革命，引起社会主义者阵线的分裂，既反对革命也反对苏维埃的保守派战胜了支持革命和苏维埃的激进派，因而德国在1919年1月19日举行了国民议会而不是苏维埃代表大会的选举，魏玛共和国建立了资产阶级政权，因而《魏玛宪法》是资产阶级性质的宪法。——参见[美]斯塔夫里阿诺斯著，董书慧、王昶、徐正源译：《全球通史》，北京大学出版社2005年版，第675页。

[2]参见[日]大须贺明著，林浩译：《生存权论》，法律出版社2001年版，第15页。

经济秩序，来促进社会经济的发展。当然，由于政治体制和历史文化传统的差异，现代社会保障出现了不同的模式。尽管模式各异，但各国都在实践中对社会保障制度予以完善，到了80年代很多国家又根据形势的发展对本国的社会保障制度进行改革，以适应国内社会经济的发展。

第一节　现代社会保障产生的历史背景

在现代社会保障的产生过程中，各国政府纷纷放弃了在自由国家时期不干预个人生活领域的立场，通过行政活动建立现代社会保障，由于历史传统和政治经济体制的不同，现代社会保障的产生也表现出很大的差异性。

一、保护公民生存的需要

20世纪随着社会国家理念的出现，保护公民的生存权成为国家的义务。由于资本主义发展的不平衡，各国建立现代社会保障来保护公民生存的状况也各不相同，有代表性的主要有以下几种情况。

（一）原有的社会保障措施遭遇危机

从17世纪初就开始建立并得到不断补充的英国近代社会保障，在20世纪初已经远远不能适应保护公民生存的需要了。政府从建立近代社会保障之初就致力于减少贫困现象，避免由于贫困而引发社会动荡，从而威胁统治阶级的社会秩序并影响社会经济的发展。进入20世纪，政府仍按照这一初衷安排社会保障。1911年政府推动议会通过《国民保险法》，该法为缓和贫困做出了很大努力，失业工人及其家属可以定期领取生活补助金。但是领取补助金并不是无期限的，超过一定期限就会丧失资格。1931年，经济衰退日趋严重，失业人口激增，为减少开支，政府引进了“家产检查”制度，即派人去申请者家里检查其家庭的整体经济状况。“家产检查”制度使大批工人失去受补助的资格，还使工人感到人格上大受侮辱。[1]结果，到了30年代，国民保险制度已充分暴露出它的不足之处，保险的覆盖面狭窄，收缴的保险费明显不够，即使加上为配合国民保险制度的实施而不得已实行的“家产检查”制度，也不能满足广大贫困工人的生活需要了。《国民保险法》仅仅注重缓和个别职业集团的贫穷，而不认为国家应该对所有的公民承担保障责任，最终彻底消除贫困现象。因此由国家出面建立新的社会保障制度来保护公民的生存权利就显得非常有必要了。

第二次世界大战期间，欧洲绝大多数国家的人民都经受了战争的残酷浩劫，民不聊生，英国作为主要参战国，自然难以幸免，在饱经战争岁月的苦难之后，举国上下都渴望美好的生活。二战对英国的影响是相当深远的，英国从曾经强大无比的“日不落帝国”无奈地沦为一个二流国家，殖民地几乎丧失殆尽，财政极为困难，战争中债台高筑、外汇短拙，面临这样的困境，为了维持统治，适应战后新的国际形势，同时也为了尽快地恢复战争给英国造成的破坏和缓和国内的矛盾，政府必须采取不同于战前的经济政策。[2]在社会保障领域政府开始探索建立适应新时代需要的制度，从而既能确保资产阶级的统治，又能满足人们的生活需求。

（二）经济危机引起的迫切需要

因为经济危机而建立现代社会保障的典型国家是美国，1929年到1933年严重的经济危机（也被称为大萧条）破坏了人们的日常生活，威胁到人们的生存，打破了美国传统的价值观，人们不得不设法寻求政府的帮助，来保障自己的生存。

1. 大萧条严重威胁到人们的生存

大萧条对美国社会造成了普遍而深刻的影响。大萧条期间，失业与失去收入已经破坏了许许多多家庭，使这些家庭成员精神颓丧，失去自尊心，摧

[1]参见钱乘旦等著：《日落斜阳——20世纪英国》，华东师范大学出版社1999年版，第199页。

[2]参见刘波：《英国社会保障制度的历史文化传统探析》，载《广东外语外贸大学学报》2005年第2期。

毁了他们的工作效率与可雇佣性，大大降低了他们的生活水准，人们普遍感到没有安全，对前途丧失信心。申请慈善机构帮助的人大量增加。但是慈善机构资金不足，食物供应量减少，人们常因付不起房租而被赶出住处。物质的匮乏使身心都受到伤害，家庭的平静与和谐消失了，对儿童的影响虽然各家不同，但都是有害的。[1] 在大萧条中，工人和城市居民极度贫困，失业人口急剧增加，在业工人的工资也迅速下降，到 1932 年全国有 3400 万人没有任何收入，在这种情况下，美国工人缺衣少食，健康水平下降的严重情况是可想而知的。[2] 大萧条使数千万美国人处于极度贫困的境地，并且持续了几年，直到 1937 年 1 月 20 日，罗斯福总统在第二次就职演说中还承认“我看到三分之一的国民住不好，穿不好，吃不好”。[3] 城市尚且如此，农村就更差了，农民没有享受过 20 年代的经济繁荣，他们的处境在大萧条中持续恶化，变得更为悲惨。随着经济危机在整个资本主义世界的蔓延，美国的商品进出口急剧萎缩，工人失业更加严重，进一步加剧了经济形势的持续恶化，所有这些导致人们的生存面临巨大的威胁，保护公民的生存成为政府必须面对的现实。

2. 传统的价值观遭遇了严峻的挑战

19 世纪中叶以前，美国人奉行的哲学是以个人主义为核心的自由放任主义，具体表现为：强调政府不应干涉人们的生活，强调个人权利和人身自由的不受侵犯，提倡个人主义和自由企业，经济领域内则表现为经济个人主义，反对政府干预。古典经济学强调唯有允许人们不受政府限制措施的掣肘，也不得助于政府的恩惠，自由地去追求自身的利益，才有可能实现最高的社会福祉。政府的存在仅仅是为了维持秩序、保护财产；控制经济的事务，应该留给那些在竞争中取得了领导地位的天然贵族。[4] 受这种价值观的影响，

[1] 参见刘绪贻、李存训著：《美国通史》第 5 卷（富兰克林·D. 罗斯福时代 1929 — 1945），人民出版社 2001 年版，第 18 页。

[2] 刘绪贻、李存训著：《美国通史》第 5 卷（富兰克林·D. 罗斯福时代 1929 — 1945），人民出版社 2001 年版，第 22 页。

[3] 参见黄安年：《富兰克林·罗斯福和 1935 年社会保障法》，载《世界历史》1993 年第 5 期。

[4] 参见余志森主编：《美国通史》第 4 卷（崛起和扩张的年代 1898 — 1929），人民出版社 2001 年版，第 250 页。

美国人认为以家庭自我保障为基础，以私营机构帮助、个人自愿捐款的社会慈善事业为补充，通过市场经济的调节，社会成员就可以得到最有效的保障，政府不应该干预个人的生活，更不应该以财政资金资助贫困的人。在大萧条时期执政的胡佛总统坚决反对由联邦政府救济失业者，他相信社会达尔文主义，认为失业救济应当由失业者自己想办法，他鼓吹失业救济应当根据自愿原则，由地方负责，在紧急情况下可由州政府提供援助。至于联邦政府，一定要避免卷入，联邦救济将摧残美国人民的“品格”，并毁坏自治“根基”。[1] 大萧条把美国垄断资本主义制度推到了崩溃的边缘，哈佛大学商学院院长查尔斯·施瓦布说：“资本主义正在经受考验，西方文明前途如何，取决于这次考验的结果。”[2] 大萧条打破了美国的传统观念，使美国人自我保障的信念彻底破灭，美国人不得不开始考虑寻求政府的帮助，来解决迫在眉睫的生存问题。

和美国相类似，瑞典政府在经济危机中也在考虑建立本国的社会保障制度。30年代的经济危机袭击了整个西方世界，瑞典也未能幸免。虽然和美国、英国和德国等国相比，瑞典受到的打击相对较轻，但是仍然出现了大量的失业问题，人们的生活状况持续恶化，严重影响了人们的家庭生活和身体健康，国家面临着前所未有的压力，而传统的济贫制度显然已无法满足人们的需求，于是政府不得不去寻找新的解决问题的途径。

30年代瑞典适逢当时的斯德哥尔摩学派和凯恩斯提出国家干预理论。该理论指出，庞大的福利支出、赤字支出不仅不会阻止经济的发展，相反有时还能起到促进需求和投资、减少失业、刺激生产和增加国民收入等作用。在这种理论的基础上，执政的社会民主党提出通过国家干预，实行膨胀性的经济计划和积极的劳工政策，以便把瑞典从经济危机中解救出来。其中最重要的举措是实施公共救济工程，给失业者提供就业机会，按市场价支付工资，

[1] 刘绪贻、李存训著：《美国通史》第5卷（富兰克林·D. 罗斯福时代 1929 — 1945），人民出版社 2001 年版，第 43 页。

[2] 参见刘绪贻、李存训著：《美国通史》第5卷（富兰克林·D. 罗斯福时代 1929 — 1945），人民出版社 2001 年版，第 43 页。

而且全部给付靠税收解决。随后社会民主党的社会大臣穆勒提出“人民之家”计划，即人们可把社会视为自己的家，社会在就业、医疗、养老等方面满足他们的要求。[1]社会民主党提出实现社会公正，缩小贫富差别，强者帮助弱者，体现社会平等、团结一致的精神。这些理论和政策有力地推动了瑞典福利制度的建立。当然英国的贝弗里奇报告也对瑞典产生了非常深远的影响，尤其是二战以后英国政府设计的福利制度，为国民提供全方位的福利保障，这些措施深深地打动了瑞典政府，政府在贝弗里奇报告及福利制度的基础上开始精心设计自己福利国家的各项制度。

（三）第二次世界大战的深刻影响

受二战的深刻影响而在战后建立现代社会保障的典型国家是德国。德国政府在19世纪后期最早建立了社会保险制度，来安抚工人阶级，稳定国内秩序，以此作为发展经济和对外扩张的基础。一战结束后，《魏玛宪法》根据社会国家原则，规定了资产阶级的政治民主制度和公民的社会经济权利，但是由于宪法在采用议院内阁制的政治体制的情况下，同时又采取限制议会的方法，即赋予总统钳制议会的广泛权力，结果权力不断向总统集中，而议会失去了制约的地位，从而导致了《魏玛宪法》体制的崩溃和纳粹政权的产生。[2]20世纪30年代希特勒建立的法西斯政权积极扩军备战，将德国变成了二战的策源地。二战期间德国政府以谋取“更大的生存空间”为根本国策，议会国家在经济萧条时期因统治任务严峻而遭到否定，行政机关成为纳粹党的执行机器，政府对个人生活领域的普遍干预失去了法律限制。[3]政府将其一切经济活动都纳入战时轨道，公民的基本权利受到了严重的践踏，原有的社会保障完全失去了作用。战后德国做了深刻的反思，认识到宪法必须在民主的社会中才能起到积极的作用，即必须是社会本身具有民主的性质，宪法才能获得真正的实施，公民的自由和权利才能得到保障，公共权力才不能

[1]孙炳耀主编：《当代英国瑞典社会保障制度》，法律出版社2000年版，第175页。

[2]参见李步云主编：《宪法比较研究》，法律出版社1998年版，第138页。

[3]参见[德]汉斯·J.沃尔夫等著，高家伟译：《行政法》(第一卷)，商务印书馆2002年版，第81页。

为所欲为。[1]1949年制定的德国基本法确立了法治国家原则和社会国家原则，以人的尊严和自由为出发点，[2]保护公民的基本权利，尤其是生存权，为此给付行政成为政府的主要职能之一。战后，政府仅用不到三年的时间就使经济恢复到了战前的水平，从20世纪50年代开始，德国的经济进入了高速发展时期，到70年代就已成为世界经济强国，其经济总量超过了英、法两国的总和，因此经济的全面恢复与快速发展为社会保障制度的发展奠定了雄厚的物质基础。

二、行政国家政府职能的扩张

行政国家的兴起是现代社会保障产生的重要原因，政府出面建立社会保障来保护公民的生存权，需要增设大量的行政机构，雇佣更多的行政人员来实施管理。随着这些机构和人员的增加，政府的行政职能大大扩张，其管理领域逐步扩大，政府不但要继续维护社会秩序，保证国家安定，还有负责保障公民的基本生活，因此现代社会保障成为行政国家形成的重要标志。在行政国家的形成中，英国、美国和德国等国家具有较强的代表性，表现出了行政国家的典型特点。

（一）行政国家在英国的兴起

英国学者威廉·韦德论述了英国行政从19世纪末到20世纪初期的变迁，他首先引述英国历史学家泰勒在《英国历史》中的话，“直到1914年8月，除了邮局和警察以外，一名具有守法意识的英国人可以度过他的一生却几乎没有意识到政府的存在”。韦德认为这是对英国19世纪自由资本主义发展时期行政职能的描述，20世纪行政职能发生了巨大的变化，“因为到了1914年，大量的迹象表明政府的概念发生了深刻的变化。这些变化则是20世纪的特征。国家学校的教师、国家的保险官员、职业介绍所、卫生和工厂检查员

[1]参见韩大元主编：《外国宪法》，中国人民大学出版社2000年版，第101页。

[2][德]哈特穆特·毛雷尔著，高家伟译：《行政法学总论》，法律出版社2000年版，第21页。

以及他们必不可少的同事——税收员，就是这些外在的、可见的变化。”[1]进入20世纪，英国改变了其自由主义的传统，政府更多地介入社会经济生活，来解决因社会经济的迅猛发展而导致的大量社会矛盾和社会问题，为此政府不得不增设大量的行政机构和行政人员，以便对国家的经济生活和社会生活进行干预。与此相适应，政府的行政权力大为膨胀，行政职能大大增加。英国从立法国家转向行政国家，行政机关在国家的决策中发挥了决定性的作用。

（二）行政国家在美国的兴起

在美国，行政同样经历了从“守夜人式国家”到行政国家的变迁。古典自由主义理论的守夜人式国家，其功能仅限于保护它所有的公民免遭暴力、偷窃、欺骗之害，并强制实行契约等，[2]这种国家模式即罗伯特·诺齐克所提倡的“最弱意义的国家”，也就是所谓“管事最少的国家”、“最低限度的国家”，即除了保护性功能之外再无其他功能的国家。[3]但是到了19世纪末20世纪初期，随着垄断的加剧，州际商业委员会和联邦贸易委员会等机构纷纷成立，试图控制垄断集团和大公司的反竞争行为。继20世纪30年代的经济大萧条之后，出现了大量的独立管制机构。新政的目的旨在稳定经济，缓和毫无管理的市场的无节制性，在战争时期，又设立或者扩大了一些机构，以便动员人力，组织生产并施行价格控制和给养分配。从无线电广播到航空运输到核能的新技术的发展又导致新的行政部门的创立。[4]行政机构不但拥有行政权，而且可以制定规则，裁决纠纷，获得了非同寻常的宪法地位。[5]美国也逐步进入了行政国家时期，之所以会产生这样的变化，是因为行政机关较之法院、立法机关或选举产生的行政官员而言，拥有若干体制上的实力，

[1][英]威廉·韦德著，徐炳等译：《行政法》，中国大百科全书出版社1997年版，第3页。

[2]参见[美]罗伯特·诺齐克著，何怀宏等译：《无政府、国家与乌托邦》，中国社会科学出版社1991年版，第35页。

[3]姜明安主编：《行政法与行政诉讼法》，北京大学出版社、高等教育出版社2005年版，第7页。

[4]参见[美]E.盖尔霍恩、R.M.利文著，黄列译：《行政法与行政程序概要》，中国社会科学出版社1996年版，第1页。

[5]参见 Bernard Schwarts:*administrative law*,Little Brown and company 1991,p34.

能够据此处理各种复杂的问题。[1] 其中最重要的大概是拥有具有专门才能的工作人员，他们能够凭借自己的专业知识和丰富的行政管理经验熟练地为公众提供服务。

（三）行政国家在德国的兴起

进入 20 世纪，德国步入社会法治国家时期，随着工业化和城市化进程的加快，越来越多的人集中在大城市的狭小空间里，战时和战后的大规模征兵，使得家庭和邻里的约束与扶助逐渐淡化；另一方面，日益增长的个人生活需求促使国家在社会中承担更多的责任。国家要提供个人需要的社会安全，要为公民提供作为经济、社会和文化等条件的各种给付和设施；并且为了保证社会公平、保持或者促进经济结构的繁荣，国家还必须对社会和经济进行全面的干预。行政活动急剧扩张和膨胀，行政机关在国家和社会事务中发挥了更多的决策作用，当代的国家成为“行政国家”。[2] 在社会国家中，行政应当为公民提供服务和帮助，因此给付行政优先于规制行政，而公共秩序的保障逊于社会福利网络的保障。即使在行政活动中极少提及社会国家原则，其原因也不过在于：立法者负责通过相应立法使社会国家原则具体化和得以实现，行政只需执行这些法律，即履行了自身的职责。[3] 在行政国家状态下，政府的职能大大扩张，以积极提供公共设施、社会保障、资金助成等为目的的给付行政日益发展，所占比重越来越大，为公民提供生活保障日益成为政府的重要职能。

三、政府的推动

现代社会保障的产生和各国政府的极力推动是分不开的，各国政府在本

[1] 参见 [美]E. 盖尔霍恩、R.M. 利文著，黄列译：《行政法与行政程序概要》，中国社会科学出版社 1996 年版，第 2 页。

[2] 参见 [德] 哈特穆特 · 毛雷尔著，高家伟译：《行政法学总论》，法律出版社 2000 年版，第 17 页。

[3] 参见 [德] 平特纳著，朱林译：《德国普通行政法》，中国政法大学出版社 1999 年版，第 77 页。

国社会经济发展的关键时刻适时建立了现代社会保障，有力地保护了公民的生存权，为保持社会稳定和促进经济发展创造了条件。就各国政府的推动而言，大体有以下情形。

（一）罗斯福政府推动美国现代社会保障的建立

在美国现代社会保障产生的过程中，罗斯福政府功不可没。罗斯福在第一次竞选总统时强调福利保障的方式需要根本变革。罗斯福说："在早先的日子里，安全保障是通过家庭成员之间的互相依靠和小居民点内各个家庭之间的互相扶助而取得的。大规模社会和有组织行业的复杂情况，使得这种简单的安全保障方法不再适用。因此，我们被迫通过政府来运用整个民族的积极关心来增进每个人的安全保障"。[1] 罗斯福认为政府的职责在于保护全体公民的个人自由和私有财产，决不能袒护个别的小集团。政府必须帮助经济金字塔底层被遗忘的人，应该给他们提供条件，使他们通过自己的劳动，从总的财富中取得足以满足其需要的一份，政府应设法更公平合理地分配财富和产品，使现存经济组织适应为人民服务的需要。[2]

罗斯福也和胡佛一样，相信平衡预算，不主张赤字开支，认为救济工作首先是公私慈善机构和州政府与地方政府的责任，但是同时他认为为了挽救资本主义制度，就必须对贫困的公民进行救济，为了不让一个人饿死，政府应当进行救济。因此，当公私慈善机构、州政府和地方政府无能为力时，不管是否出现预算赤字，联邦政府应当担负起救助贫民的责任并且担负起社会保障的重担。[3] 他认为工业化社会的福利保障应走出家庭，进入社会，联邦政府应承担主要责任。正如他在1934年6月8日咨文中所说："根据我国宪法，联邦政府所以建立的目的之一是增进全民之福利，提供福利所依存的这种保障也就是我们的明确职责。这三大任务——家庭安全，生活保障，社会保

[1] 关在汉编译：《罗斯福选集》，商务印书馆1982年版，第58页。

[2] 刘绪贻、李存训著：《美国通史》第5卷（富兰克林·D. 罗斯福时代1929－1945），人民出版社2001年版，第73页。

[3] 刘绪贻、李存训著：《美国通史》第5卷（富兰克林·D. 罗斯福时代1929－1945），人民出版社2001年版，第86页。

障——在我看来，乃是我们能够向美国人民提出的最低限度的承诺。”[1]他主张在各州和联邦政府之间，应该建立其最大限度的合作，在全国范围内建立社会保障制度，由联邦政府支付社会保障的费用，来保证社会保障的运行。当选总统以后，罗斯福政府采取各种措施积极推动了现代社会保障的建立。

（二）英国工党政府推动英国福利制度的建立

在英国，二战以前，只有在公民个人及其家庭不能解决其生存需要的情况下，政府才能通过系统地提供社会福利服务来介入公民的个人生活领域。二战期间政府为了保护公民的生存，开始系统地为公民提供社会福利，这可以说是福利国家的萌芽阶段。二战时期的福利共识一直延伸到战后，此时政治理念上的共同性更加深了政府对社会福利的干预。[2]1941 年英国政府经议会批准，设立“社会保险及相关事业委员会”，任命伦敦大学经济学院院长贝弗里奇为主席，研究英国社会保障政策的改革。1942 年贝弗里奇委员会向英国政府提交了《社会保险及相关社会服务》(Social Insurance and Allied Services)，这就是著名的贝弗里奇报告。

1945 年二战结束前夕工党击败保守党，在大选中取得了胜利，工党政府制定了宏大的目标：人人充分就业、住像样的房子、有合适的医疗和教育服务。二战以后干预主义成为英国政府的特征，为此政府批准并采纳了贝弗里奇报告，来加强社会保险，尽快提供使全国每个公民免受贫穷和灾难侵袭的保护伞。同时由于一再谈及保守党给穷人的“刻薄、不公平的待遇”，这就无疑表明工党打算完成创立福利国家的大业，然后独享其功。[3]其实贝弗里奇报告是在二战期间保守党政府执政时就已经确立的发展目标，工党政府只不过恰逢其时，于战后积极推动了福利制度的建立。1948 年当时的英国首相艾德礼宣布英国首先建成了福利国家。

[1] 关在汉编译：《罗斯福选集》，商务印书馆 1982 年版，第 61 页。

[2] 参见 [英] 麦克·苏利文著，古允文译：《社会学与社会福利》，台湾桂冠图书股份有限公司 1989 年版，第 13 页。

[3] 参见 [英]W·N. 梅德利科特著，张毓文、刘礼生、宁静译：《英国现代史（1914 — 1964）》，商务印书馆 1990 年版，第 516 页。

（三）德国政府推动现代社会保障的建立

二战以后联邦德国政府建立了自己独特的经济体制——社会市场经济体制，其基础是坚持生产资料私有制的原则，在此基础上企业独立自主，通过市场实行自由竞争，强调市场的作用和自由竞争，认为只有通过市场和竞争才能达到经济的效率，保证最大的成就，保证生产要素的最佳配置并为居民提供最好的供应，达到社会协调，产生有利于公众的作用。[1]政府将社会市场经济的总目标确定为货币稳定、充分就业、国际收支平衡、经济增长、公正的收入分配和社会公平，它们构成一个统一的相辅相成的整体，因此社会市场经济实质上就是市场经济加政府干预再加社会保障。[2]社会市场经济最大限度地满足了所有人对经济利益和社会公正的要求，[3]因此社会市场经济在实行自由竞争的基础上，非常重视政府对社会经济活动所负有的责任，政府要摆脱在自由主义传统下充当的“守夜人”的角色，应当积极地对经济和社会生活进行干预，以保证竞争秩序，防止恶性竞争，避免垄断资本主义对国家造成损害，维护社会安全与社会公正。政府根据基本法所确定的社会国家原则，应当给予人民工作机会，保障人人享受最低水准的生活。[4]为此，政府及时向议会提交法案，积极推动现代社会保障的建立。

（四）日本政府推动日本现代社会保障的建立

日本有根深蒂固的权威政治和官僚治国的传统，在明治维新中迅速而有效地建立起一个能够威服全国的统治机构，利用传统的力量和统治方式，继续以行政权力为中心着手新政权的建设，国家主导是日本实现其中长期发展目标的特殊手段。而国家主导的最核心、最本质的内容，则是行政干预，行政干预是国家管理职能的集中体现。明治初期，一方面是行政机构与行政权力的不断膨胀，另一方面则是立法机构与立法权的逐渐萎缩。[5]在明治宪法

---

[1]吴友法、黄正柏主编：《德国资本主义发展史》，武汉大学出版社2000年版，第471页。

[2]参见邓和平：《德国的社会市场经济》，载《经济评论》1994年第6期。

[3]参见裘元伦：《德国社会市场经济模式析论》，载《欧洲》1998年第2期。

[4]参见和春雷等著：《当代德国社会保障制度》，法律出版社2001年版，第56页。

[5]武寅：《论明治初期日本政治改革》，载《日本学刊》1994年第3期。

之下，政府对生活贫困者进行救济，其目的在于维持治安和保障公共卫生，决不是承认生活贫困者的生活保障请求权。[1]二战以后日本国宪法废除了天皇的总揽统治权，提高了内阁和国会的法律地位，内阁成为独自掌握行政权的机关，不再是仅对天皇起辅助作用的行政办事机关。[2]从文化传统来看，日本是以群体为本的社会，[3]虽然同样受到儒家思想的影响，但与东亚其他国家的观念相比，日本人更加重视团体的重要性，在团体主义支配下强调个体对集体的绝对服从，个人要服从代表集体利益的政府。在这种政治和文化传统之下，政府能够以自己的意志建立稳定社会秩序和保护公民基本生活的社会保障制度。

（五）新加坡政府推动现代社会保障的建立

新加坡独立以后，人民行动党长期执政，国家利益至上是人民行动党筹划国家体制、制定政策的出发点和归宿，其实质就是人民行动党及其政府至上，要求民众认同人民行动党对国家和社会的控制，要求国民要超越种族利益和阶层利益，以国家的发展作为行为准则。他们认为，人民需要的不是民主政府，而是一个能提供福利、政治稳定、社群融合及有效率且诚实的好政府。通过强势政府来加强对国家和社会的控制，在强势政府管制下，一般民众的积极性与创造性自然相对不足。但是由于掌握新加坡决策大权和政策制定的政府决策者与政治精英们有着对国家的高度责任感和创造力，又能够审时度势，适时对一些政策作出调整，作为整体的新加坡处于政府严格而有效的控制之下，新加坡仍然充满着发展的活力。[4]并且新加坡始终重视以政府的手段和力量维护儒家传统文化，为威权统治提供文化上的支持和心理基础。[5]

人民行动党认为，对任何政府或人民而言经济发展都是优先考虑的目标。

---

[1]参见［日］大须贺明著，林浩译：《生存权论》，法律出版社2001年版，第19页。

[2]王成伟：《第二次世界大战后日本法律制度的变化》，载《日本问题研究》1995年第4期。

[3]参见苑崇利：《试析日本政治文化的思想根源》，载《外交学院学报》2003年第2期。

[4]参见孙景峰：《新加坡人民行动党执政理念研究》，载《社会科学研究》2005年第1期。

[5]参见廖小健、郑清良：《新加坡政治转型探究》，载《东南亚纵横》2004年第9期。

政府应把经济发展作为政治的主要内容和施政的主要目的，把主要精力都放在经济发展上。李光耀认识到一个社会首先要有强大的经济，然后才能向人民提供住房补贴，建设学校、住房和医院。他关心本国人民的需要，但他首先关心的是满足这些需要的经济，而对于作为后发国家的新加坡来说，要发展经济，就必须有一个稳定的政治局面和社会秩序。[1] 建立社会保障制度就是实现政府目标的关键，既可以稳定社会秩序，又可以保障国民的基本生活。因此新加坡政府在发展经济的基础上，适时建立了具有本国特色的现代社会保障制度。

（六）韩国政府推动现代社会保障的建立

韩国深受儒家文化的影响，独立以后儒家文化的权威主义价值倾向和军事文化的权威主义价值倾向，在特定环境中结合并被强化，极大地加剧了整个韩国社会文化的权威主义化。[2] 在 20 世纪 60 年代以前，韩国经济落后、社会混乱，人民得不到任何社会保障。朴正熙在 1961 年 5 月发动政变登上政治舞台后，立即着手推行旨在实现国家复兴的一系列改革措施，特别是制定了“先增长，后分配”的成长战略。虽然韩国政府在 20 世纪 60 年代初就将建设福利国家定为国政目标，制定了 10 多项有关社会保障方面的法律，但受重增长、轻发展政策的影响，很少付诸实施。社会保障在韩国长期遭到政府冷落的主要原因在于：一方面，受儒家文化和农耕社会结构的传统影响，将社会生活中的风险保障视为家庭的责任；另一方面，政府对社会福利的性质和发展趋势存在认识上的偏差，社会福利开支长期被视为非生产性的、与市场经济原则相对立的。当时西方福利国家的巨额福利支出和财政赤字状况也令韩国领导人过分担忧，忽视了韩国社会福利的低水平现状和福利与经济均衡增长的可能性。[3] 军人独裁政权认识到只有迅速发展经济，才能较好地

[1] 孙景峰：《新加坡人民行动党执政理念研究》，载《社会科学研究》2005 年第 1 期。

[2] 参见赵虎吉：《政治发展模式探因——韩国政治发展模式及对中国的启示》，载《当代亚太》2005 年第 10 期。

[3] 郑秉文、史寒冰：《试论东亚地区福利国家的“国家中心主义”特征》，载《中国社会科学院研究生院学报》2002 年第 2 期。

稳定社会秩序，政府积极地干预经济发展，因此国家的现代化不是自然历史过程，而是由掌握国家政权的政治集团人为地、自上而下地动员社会的过程。韩国以政府主导的方式，综合使用国力，以计划为主要手段，成功地启动和推进了经济发展进程，有效地缩短了与发达国家的差距。[1] 经济的强劲增长并没有改变人民生活窘困的状况，80 年代在人民的抗议下政府认识到要从功能上统合经济政策和社会福利政策，将两者结合起来，努力使两种政策产生最大的效益。[2] 在人民的极力抗争下，政府才开始着手建立社会保障制度，来保障人民的生活安全。

第二节　现代社会保障中的政府职能

一、建立社会保障体系

在建立现代社会保障的过程中，各国政府负责建立社会保障体系，由于各国政府介入个人生活领域的背景不同，基于每个国家特有的政治体制和历史文化传统，各国政府构建的社会保障体系都体现出本国的特色。

（一）英国的福利制度

英国政府根据贝弗里奇报告建立基本的社会福利制度并确定其基本功能。在议会至上原则的支配下，本来重大的问题都必须由议会通过法律来确定，事关人民生活保障的事项更不能绕开议会。但是进入 20 世纪以后内阁已经成为国家权力的核心，所谓“议会至上”原则已大打折扣。[3] 内阁全

[1] 参见赵虎吉 :《政治发展模式探因——韩国政治发展模式及对中国的启示》，载《当代亚太》2005 年第 10 期。

[2] 金桂洙 :《韩国政治的改革与课题》，载《当代韩国》1994 年第 1 期。

[3] 参见阎照祥著 :《英国政治制度史》，人民出版社 1999 年版，第 386 页。

面加强了对议会立法工作的控制，大多数议案是由内阁提交给议会表决通过的，因此福利制度尽管是由法律形式确定下来的，但是它们主要是政府意志的产物。

1. 确定福利制度的基本框架

贝弗里奇报告对英国政府已往采取的社会保障措施进行了反思，认为国家为国民提供福利是基于国家的整体利益而不是某些群体的局部利益，社会保障必须由政府、企业和个人的共同合作来完成。[1] 报告主张用一种崭新的、更加完善的社会保障制度将英国变成一个福利国家，将社会保险和福利体系覆盖全体英国国民，对每个英国国民，一律提供包括从子女补助、失业津贴、残疾津贴、生活困难救济、妇女福利以及退休养老金等从"摇篮到坟墓"的完备的社会保险和福利项目。报告建议，英国在二战之后的社会保障模式应当由社会保险、社会救济和自愿保险三部分构成：社会保险旨在满足国民的基本需要；社会救济旨在满足特定情况下的需要；自愿保险旨在满足国民的更高需要。[2] 报告提出了许多新的福利项目，其中为儿童提供的家庭津贴在福利制度发展中是一个根本性的突破，有人认为它是福利国家的核心，打破了传统上的家庭赡养功能，由国家直接代替家庭，向非劳动人口承担部分赡养责任。[3] 在充分考虑报告建议的基础上，政府向议会先后提交了以下五个法案，都获得了通过：1945 年《家庭津贴法》、1946 年《国民保险法》、《工业伤害保险法》、《国民卫生服务法》和 1948 年《国民救助法》。这五部法律对社会福利制度进行了系统化的规定，其内容包括了福利国家的各个方面。英国政府将所建立的社会福利制度分为五个部分，即社会保障、国民卫生服务、住房、教育和个人社会服务，其中社会保障为收入性福利，按照资金来源的不同分为国民保险和非缴费性福利，其他四个部分都被称为"实物性"福利，提供给国民满足其某些方面需要的专门产品。随着上述法律的实施，英国自 1948 年起就步入了福利国家时代。

[1] 参见孙炳耀主编：《当代英国瑞典社会保障制度》，法律出版社 2000 年版，第 29 页。
[2] 和春雷主编：《社会保障制度的国际比较》，法律出版社 2001 年版，第 64 页。
[3] 孙炳耀主编：《当代英国瑞典社会保障制度》，法律出版社 2000 年版，第 31 页。

2. 确定福利制度的基本功能

政府将社会福利的基本功能确定为：保护国民生存与建立社会安全体系，这种功能通常被视为福利国家的基石，法律规定提供现金给付给那些收入中断的被保险人，它不但涵盖了疾病、失业和妊娠等不同的情况，同时也提供给付给寡妇孤儿、老人、工业受伤害者，并对贫民予以丧葬补助以免其弃尸荒野。这一社会安全体系普遍涵盖全国所有的人口，它立足于保险原则，即个人有工作时必须负担部分保险费，而当收入中断时可享有保险给付。国民救助法是针对那些因某种原因而不适合或者终止享有国民保险给付的人，提供最低生活水平的保障。[1]政府对社会福利的积极介入与政府财政支出的增加是保护国民生存与建立社会安全体系的基础，无论是工党还是保守党执政，政府的社会政策都造成了政府的社会福利支出在财政总支出中的比例持续增加，这是战后英国社会对于国民福利和社会安全的政治共识所致，同时也是为了适应当时的社会经济环境。因此历届政府都坚持为国民提供较高水平的社会福利，坚守其社会安全的基本承诺，直到 80 年代保守党政府改革社会福利制度时才有了改变。

（二）瑞典的福利制度

受到英国贝弗里奇报告的深刻影响，瑞典政府设计福利制度并推动议会通过相应的立法，从 1946 年到 1950 年短短的五年间建立各种福利制度，颁布了有关退休养老金、子女补助、医疗保健服务、房租补贴和教育补助等法律、法规，将 30 年代提出的各种福利计划都付诸实施。1956 年通过社会救助法，进一步明确了享受社会救济既是公民的权利也是国家的义务，1965 年开始在全国范围内实施医疗保健服务制度，到 20 世纪 60 年代建立了一个比较完整的福利体系。[2]这样在二战结束以后的二十年间，瑞典政府就逐步建立了保护国民基本生活并逐步提高福利水平的福利制度，成为现代社会保障的典范。

---

[1]参见[英]麦克·苏利文著，古允文译：《社会学与社会福利》，台湾桂冠图书股份有限公司 1989 年版，第 14－15 页。

[2]孙炳耀主编：《当代英国瑞典社会保障制度》，法律出版社 2000 年版，第 176 页。

瑞典的福利制度包括以下具体内容：

（1）养老保险。国家养老保险包括基本养老金、补充养老金和部分养老金，旨在为所有老年人和那些不能负担自己生活的人提供经济保障。基本养老金金额是统一的，提供给所有年满65岁的国民；补充养老金则与工资收入挂钩，以工资基数之上的劳动所得为依据，为国民提供更高的福利待遇；部分养老金是支付给那些60至65岁之间仍然从事兼职工作的工人。

（2）国民健康保险。国民健康保险适用于一切国民患病和生育的情况，享有者需定期缴纳健康保险费。健康保险金的给付，分为医疗费和病假津贴两个部分。

（3）失业保险。失业救济金主要由失业保险提供，由工会和独立经营者组织自愿建立的失业基金机构，覆盖范围所有在65岁以下的雇员和独立经营者。

（4）工伤事故保险。所有的雇员和个体经营者都受到工伤事故保险的保护，这一计划的资金来源于雇主缴纳的0.9%的工资税。

（5）家庭津贴和其他社会救助。政府通过儿童津贴及其补充津贴，确保每一个家庭都有所需的资源来抚养孩子。免税的儿童津贴提供给那些抚养16岁以下的一个或者两个孩子的家庭，抚养20岁以下的学生的家庭，以及抚养23岁以下的由于残疾而参加特殊学校的学生的家庭。儿童补充津贴则为一个家庭中的第三个孩子增加50%、第四个孩子100%和第五个孩子150%的儿童津贴。整个计划都由政府支付。[1]

瑞典政府注重通过充分就业来保持社会福利。自20世纪30年代以来，政府一直以充分就业战略作为宏观经济发展的首要目标。到70年代初，瑞典的充分就业战略主要是建立在“反周期投资政策”与积极的“劳动市场政策”相结合的基础上，“瑞典劳动市场委员会”是一个正式的三方合作机构，由政府、雇主和工人组织的代表构成。“反周期投资政策”主要是通过一系列的激励和控制手段，鼓励企业日常留出利润，以备在经济衰退时作为投资的

[1]［美］威廉姆H·怀特科、罗纳德C·费德里科著，解俊杰译：《当今世界的社会福利》，法律出版社2003年版，第286页。

储备基金。“劳动市场政策”不仅包括公共工程项目，而且包括针对工人进行广泛的培训和“再就业工程”。实际上从边缘行业和夕阳产业中溢出的过剩劳动力都受到政府积极的鼓励——这是瑞典政府政策的一个与众不同的特色。除“劳动市场政策”以外，国家为协调福利国家的经济和社会目标，政府成为雇主组织与主要工人组织进行工资谈判的中心体系。[1]“对社会负责”的福利资本主义管理方法，一直是瑞典模式的主要特征。通过政府集体谈判的制度化过程和由劳动力市场委员会而实现的互相合作，工业资本主义中的主要经济集团（工人和雇主）就不得不对更广阔的国家目标负起责任来。用这种方法社会合作主义就得以使生产与分配、经济与社会福利协调起来了，从而维护了福利国家的基本前提和制度。[2]政府采取充分就业的政策，一方面调和了资本家和工人之间的矛盾，保证工人能够获取稳定的收入；另一方面增加了社会财富，实现了国家的既定发展目标。

（三）美国的社会保障体系

1. 建立紧急救助制度

因1929年世界经济危机导致美国陷入大萧条中，由于地方政府财源枯竭，无力救济，而胡佛政府顽固坚持联邦政府不对国民给予直接救济，全国有近600万人的生存面临威胁，国家出现了严重的危机。1933年罗斯福就任总统以后，首先需要解决全国贫民的救济问题，迅速稳定社会秩序。联邦政府向国会提交联邦紧急救助法案，获得国会通过。该法规定在联邦政府内成立联邦紧急救济署，拨给经费5亿美元，一半直接给予财政拮据的各州，另一半给其他各州，任何一州所得数额不得超过总数的15%，各州接受联邦政府援助以后还要配备一定比例的资金，对贫民提供救济，缓解人们的贫困状况。这项救济是以金钱和物质的给付为具体内容的，具有公共援助的性质。此外政府在解决失业问题时对失业青年也采取一些救济措施。一方面雇用他

[1][加]R·米什拉著，郑秉文译：《资本主义社会的福利国家》，法律出版社2003年版，第51页。

[2][加]R·米什拉著，郑秉文译：《资本主义社会的福利国家》，法律出版社2003年版，第52页。

们保护公共设施，以此强化对失业的对策；另一方面根据 1935 年的《全国产业复兴法》使用政府财政资金开展各项公益事业，创造更多的就业机会，来救济失业人员。

2. 建立较为全面的社会保障制度

在解决了棘手的救济问题以后，政府开始考虑建立较为全面的社会保障制度，为公民提供长期的生活保障。1935 年 8 月 14 日联邦政府推动国会通过了社会保障法，该法是联邦政府处理公共危机的直接产物，具有深远的历史意义。[1] 在制定该法时联邦政府试图避免类似于欧洲的保障范围与水平，认为自力更生是美国人的美德，社会保障制度的建立应充分体现美国人的价值观和美国的具体情况，尽可能不破坏市场力量的自发作用。政府的基本原则是，不能给将来文明社会造成浪费和奢侈，以至于损害文明社会。事实上，社会保障法案不是一个致富的计划，不会为人们提供最充分的保障，只能对美国公民提供最低的生活条件，或者说最基本的生活条件，已经达到一般生活标准的人们是不能享受社会保障待遇的。[2] 因此该法提供的社会保障是选择性的，而不是普遍性的，政府只为那些需要政府帮助的人提供保障，其他人仍然需要由自己去解决其生活问题。

社会保障法的主要内容是：①对在职职工实行强制性联邦老年保险，为此向职工和雇主征收社会保障税（老年保险以后扩大为老年、遗属和残疾保险）。②建立失业保险制度，由联邦政府和州政府合办，它向雇主强制征收失业保险费，鼓励州建立失业赔偿系统。社会保障法还在对等的基础上，为了照顾残疾人以及不能养活自己的母亲与儿童，为了公共卫生事业，向各州提供联邦援助。法律还规定建立一个超党派的社会保障局，以经管整个体制。③向各州拨款，对老年人、盲人和抚养未成年子女的家庭提供援助。④增加对各州公共保健服务和康复设施的拨款，增加对各州母子保健服务、残疾儿

[1] David A.Moss:*When all else fails——government as the ultimate risk manager*,HarvardUniversitypress2002,p180.

[2] 吴晓天：《美国〈社会保障法〉的历史探析》，载《学海》2003 年第 3 期。

童服务和儿童福利服务的拨款。[1]社会保障法是罗斯福新政过程中最重要的立法，为美国社会秩序的恢复和社会救济的发展奠定了良好的基础。

罗斯福新政主张国家积极干预社会经济生活的政治纲领，是和美国早期的立国思想—— 一种“历史悠久的、没有受到官僚主义污染的、由自我管理的个人组成的大体无政府的社会”[2]相违背的，事实上，罗斯福政府采取的国家垄断资本主义方式基本上克服了30年代的经济危机，还造成二战以后美国经济长期上升的总趋势，因此它延长了美国垄断资本主义的生命。[3]罗斯福政府采取的这些措施对公民的生存权起到了很好的保护作用。美国宪法并未以明文对社会权加以保障[4]，然而随着1929年开始的世界经济大恐慌的来临，为了重建遭到严重破坏的经济与社会，在其旨在解决社会问题而进行的关于新经济政策的各项立法之中，就广泛地包含着社会保障立法和劳动保护立法等关于社会权的各项立法。因而，对生存权等社会权，即使在宪法中未受到明文保障，但在法律和制度的程度之上，可以说实际上已经是确立起来了。[5]政府根据社会形势的需要承担了宪法并未明文规定的职责，积极地介入公民的个人生活，为公民提供一定程度的生活帮助，对保护公民的基本生活发挥了至关重要的作用。

（四）德国的社会保障体系

1. 确定社会保障的指导思想

德国现代社会保障的基础是社会市场经济体制，根据德国“经济奇迹之

---

[1]李道揆著：《美国政府和美国政治》，商务印书馆1999年版，第610页。

[2]参见[美]弗雷德里克·西格尔著，刘绪贻等译：《多难的旅程：四十年代至八十年代初美国政治生活史》，商务印书馆1990年版，第1页。

[3]参见刘绪贻：《罗斯福新政对延长垄断资本主义生命的作用》，载《历史教学》，1981年第9期。

[4]美国迄今为止，除了对社会福利给予程序性保障以外，联邦法院尚未把社会福利视为基本权益。社会福利在美国宪法中难以找到文字基础，除了前言中的“促进普遍福利”外，宪法并未提及任何具体的福利权利。但即使崇尚自由主义的美国，随着福利国家在20世纪60年代末的兴起，社会福利也越来越倾向于成为一种个人“权利”。——张千帆著：《宪法学导论》，法律出版社2004年版，第596页。

[5][日]大须贺明著、林浩译：《生存权论》，法律出版社2001年版，第7页。

父”艾茵哈特的设想，社会市场经济就是把市场竞争自由原则和社会利益均衡原则相结合，把个人进取心与社会进步相结合，以增进社会大众的福利为目的的市场经济体制。[1]联邦议院于1967年6月通过施行、并于1975年进行修改的《经济稳定与增长促进法》，规定了经济政策的总方针，即联邦和各州应该通过各种经济的和财政的措施以达到总体经济的平衡，其目的就在于促进社会市场经济持续适当地增长，同时保持物价稳定、充分就业和国际收支平衡。[2]在社会市场经济目标的指引下，德国政府建立现代社会保障的指导思想就是支持经济发展中的弱者，保障公民的生活风险，致力于为公民提供平等的社会机会，以此作为社会国家有秩序发展的基石，避免在市场经济下出现“强权社会”，通过社会保障使个人能够在保持自由和尊严的前提下生活。[3]因此，德国的社会保障制度既保障人们在生、老、病、死出现的一般生活风险，还保障人们在因战争、暴力行为而受损等特殊情况导致的社会风险。

2. 建立以社会保险为核心的社会保障体系

德国基本法吸取《魏玛宪法》的教训，确立了议院内阁制的政治体制，总统由议会两院选举产生，不再享有任何实际权力，成为虚位的国家元首，[4]行政权由以总理为首的政府行使，政府负责把在议会中占多数的政治意志转变为具体的法律草案，联邦议院通过的法律，大多数是由政府提出来的。[5]政府向议会提交法律草案，在获得议会通过后由政府负责实施，从而构筑起社会保障的法律体系。

德国的现代社会保障分为三个领域，即社会保险、社会照顾和社会救助。[6]在每个领域政府都提请议会制定了大量的法律，同时政府也颁布了相应的法规，负责实施社会保障。

（1）社会保险。1947年议会颁布社会保险法，将19世纪以来的社会保

[1]参见孙宪忠：《德国社会市场经济法律制度初探》，载《外国法译评》1995年第4期。
[2]参见刘兆兴：《论德国社会市场经济法律体系》，载《外国法译评》1994年第3期。
[3]参见刘翠霄：《德国社会保障制度》，载《环球法律评论》2001年第4期。
[4]韩大元主编：《外国宪法》，中国人民大学出版社2000年版，第102页。
[5]参见韩大元主编：《外国宪法》，中国人民大学出版社2000年版，第124页。
[6]参见[德]汉欧力：《联邦德国社会保障体系概览》，载《德国研究》1996年第3期。

险制度予以系统化。1954年颁布儿童津贴法（1964年和1970年两次修订），政府对抚养儿童的家庭给予补贴，奖励公民生育子女。1957年颁布农民老年年金保险法，将农民纳入了养老保险体系，同年颁布军队士兵年金法，政府对军人给予年金。1970年政府规定体力劳动者和脑力劳动者都必须参加强制疾病保险，1972年又将自耕农及其家属纳入强制疾病保险。[1]1995年议会制定社会护理保险法，成为社会保险的第五大支柱。作为社会保障的核心内容，目前社会保险共包括五个部分：养老保险、医疗保险、失业保险、事故保险和护理保险。

（2）社会照顾。又称社会补偿，主要是指公民遭受健康损害而应由国家出于法治或社会福利原则予以承担责任并提供补偿的情况。[2]1952年议会颁布均衡负担法，政府依法对遭受战争损害的公民给予补偿。

（3）社会救助。政府负责对既无力自救又不能从第三方获得帮助的贫民给予救助，保障其最低限度的生活。1949年议会颁布紧急救助法，1965年颁布难民救助法，对生活贫困的公民实施救助，维持其生活，并通过难民银行提供贷款帮助其自立，以实现自力更生。

（五）日本的社会保障体系

日本实行议会内阁制，国会是唯一的立法机关，事关国民生存问题的社会保障制度都由国会制定法律，由于社会保障具有很强的专业性和技术性，多数情况下议案是由内阁提交国会进行审议的，因此政府在制定社会保障制度的过程中发挥了关键的作用。

[1]参见和春雷等著：《当代德国社会保障制度》，法律出版社2001年版，第57页。

[2]参见［德］汉欧力：《联邦德国社会保障体系概览》，载《德国研究》1996年第3期。

表 3–1：日本社会保障立法 [1]

类　别	名　称	被保险对象
医疗保险	健康保险法	在职职工
	国民健康保险法	农民、个体经营者、无业人员
	老人保健法	适龄老人
养老保险	国民年金法	全体国民
	厚生年金保险法	在职职工
	农民年金基金法	农民
	煤矿业年金基金法	煤矿业职工
失业及工伤事故保险	失业保险法	一般国民中失业者
	工人工伤事故补偿法	工人
	国家公务员工伤事故补偿法	国家公务员
	地方公务员工伤事故补偿法	地方公务员
船员保险	船员保险法	船员
共济组合	国家公务员共济组合法	国家公务员
	地方公务员共济组合法	地方公务员
	私立学校教职员共济组合法	私立学校教职员
	农林渔业团体职员共济组合法	农林渔业团体
儿童津贴	儿童津贴法	适龄儿童
社会福利	社会保护法	社会贫困者
	残疾人福利法	残疾人

[1] 资料来源：引自复旦大学日本研究中心编：《日本社会保障制度——兼论中国社会保障制度改革》，复旦大学出版社 1996 年版，第 27 — 28 页。

(表 3-1 续表)

类 别	名 称	被保险对象
社会福利	老人福利法	老人
	弱智者福利法	弱智者
	儿童福利法	儿童
	抚养儿童津贴法	被抚养儿童
	抚养特殊儿童津贴法	被抚养残疾儿童
	母子及寡妇福利法	母子及寡妇

战后日本政府决定建立福利国家，福利国家的标志是 1961 年建立的国民皆保险、国民皆年金的体制。经过一系列的立法，日本建立了完整的社会保障制度，共分为以下部分：[1]

（1）社会保险制度。主要包括医疗保险、养老保险、失业保险、工伤事故保险和儿童津贴制度，这是社会保障的主体。

（2）共济组合。这是行业或者部门设立的带有互助会性质的保险制度，保险人有中央政府、地方政府和民间团体，如国家公务员共济组合、地方公务员共济组合、私立学校教职员共济组合和农林渔业团体职员共济组合等。

（3）特殊行业的保险制度。这是特殊行业为其职工设立的保险制度，如船员保险只对水上作业人员提供保险，自成体系，对一些特殊情况如死亡、失踪等作出特殊规定。

（4）基金制度。如国民年金基金制度、农民年金基金制度、厚生年金基金制度、煤矿业年金基金制度等，专为某些特殊行业的退休人员在已有年金基础上增加特别给付而设立的。

[1] 参见郑秉文、方定友、史寒冰主编：《当代东亚国家、地区社会保障制度》，法律出版社 2002 年版，第 97 页。

（六）新加坡的社会保障体系

1. 建立社会福利制度

新加坡独立以后，在 20 世纪 60 年代—80 年代，政府把工作的重点放到两件大事上，一是实现充分就业，为每一个有劳动能力的人提供劳动就业的机会；二是推行政府组屋政策，让人民都有房子住。由于实现了这两点，使人民真正安居乐业，从而也就是为人民提供了最大和最安全的社会保障。[1]政府通过财政资金建立了一系列旨在改善低收入者生活状况的社会福利制度，其构成项目主要有住房补贴、生活救济、教育补助、医疗补贴、就业服务、儿童补贴、交通补贴和武装部队补助等。在这些社会福利设施中，住房福利制度占有突出的地位，成为新加坡福利制度的一大特色。新加坡是一个面积只有 700 多平方公里、人口 500 多万的城市国家，住房矛盾突出，因此在社会保障的最初目标设定方面，与世界上绝大多数国家首先关注收入性保障的问题不同，新加坡政府将社会福利目标首先定位在“居者有其屋计划”上。新加坡的组屋制度始于 1960 年，当时，新加坡刚刚从英殖民统治下脱离，整个社会发展比较落后，政府财力有限，民众住房条件比较差。李光耀当时提出的口号是，要实现新加坡人“居者有其屋”。经过 40 多年的努力，组屋覆盖人群由 1959 年的 8.8% 提高到 2010 年的 80%。2008 年，新加坡“居者有其屋”计划获得联合国公共服务奖。可以说，在解决居民住房问题上，新加坡堪称全球范例。[2]住房问题的解决在最大限度内满足了人们生存的需要，成为新加坡社会保障制度的突破口，为解决人们的其他生活需求奠定了基础。

2. 建立中央公积金制度

中央公积金制度于 1955 年起正式实行，起初只是一项简单的养老储蓄制度，而今已演变成一项广泛的社会保障储蓄计划，能兼顾公积金会员在养老、医疗、购房、家庭保险以及资产增值等多方面的需要，所有受雇的新加坡公民和永久性居民都是公积金会员，自雇人士只需缴纳法定的保健储蓄存

---

[1] 曹云华：《新加坡的社会保障制度初探》，载《社会学研究》1995 年第 3 期。

[2] 贾俐贞：《新加坡住房制度的五大特点》，载《中国党政干部论坛》2011 年第 11 期。

款。公积金缴交率，目前为40%，每个月雇主要为雇员存入相当于雇员薪金40%的公积金。其中，20%从雇员的薪金中扣除，20%由雇主缴付。公积金存款按一定比例分别存入公积金户头的三个子户头即普通户头、特别户头和保健储蓄户头。普通户头的存款可用于购置屋业、获批准的投资、保险、教育和转拨款项以填补父母退休户头；特别户头的存款留作养老和急需之用；保健储蓄户头的存款则用于支付医疗费用。公积金存款和利息免税。[1]政府设立中央公积金局负责公积金制度的具体管理，中央公积金局是隶属于劳工部的一个法定机构，具有准官方机构的性质，在财务和行政上拥有自主权。公积金局并不负责公积金资产的具体营运，而是交由新加坡政府投资公司投资营运。由此可见，公积金局只是一个行政机构，负责公积金的行政管理。[2]

新加坡公积金制度的成功运行一直在于政府的恰当角色，政府对中央公积金制度的制度安排起到了十分重要的作用。第一，政府根据经济的景气状况确定该制度的缴费率。对企业来说，减少了工资成本，进而又有利于企业的稳健经营，对个人来说，坚持了个人缴费率与个人收入相一致的原则，有利于个人长期收入计划的安排与实现。第二，家庭保障计划、家属保障计划、最低填补储蓄计划弥合了收入差距拉大的矛盾，同时家庭保障融于社会保险制度之中，实现了家庭保障与社会保障的有机结合。第三，在资产增值计划方面，政府根据经济发展的不同水平推出不同风险与收益组合的增值计划，适时地推出资产增值计划既保持了与经济发展水平的一致性，又实现了公积金的保值增值，促进了国内经济的发展。第四，政府对公积金的适度管理。政府既未安排庞大的官僚机构，也未直接参与公积金的管理，政府的主要职责是通过制定有关的政策法规，通过财政部对中央公积金局的直接监督来强化对公积金的管理。[3]因此政府对公积金制度的适度管理与政府的廉洁高效，是中央公积金制度成功运行的重要基础。

新加坡政府把建立和完善社会保障制度的重点放到如何做到公平竞争和

[1]甘行琼：《新加坡中央公积金制度考察》，载《中南财经大学学报》1998年第5期。

[2]甘行琼：《新加坡中央公积金制度考察》，载《中南财经大学学报》1998年第5期。

[3]陈志国：《新视角：制度安排、政府干预与效率——新加坡中央公积金制度再透视》，载《财经科学》2000年第6期。

为所有的人提供一个合理的机会上。政府积极介入，但不包办代替。社会保障制度充分体现了这种精神，中央公积金制度、工业灾害保险和医疗储蓄等都是由人民通过平时强制储蓄的方式而积累起来的，这些社会福利设施对国民的退休、养老、疾病等提供了基本的保障。在这方面，政府履行的责任主要有两个，一是制定和完善有关的法律与规章制度，如中央公积金法等；二是建立半官方性质的法定机构，对这类资金进行严格的管理。

（七）韩国的社会保障体系

在权威主义的政治体制下，韩国政府主导建立了社会保障的具体制度，主要包括社会保险、公共救助和社会福利三部分，其中社会保险是社会保障体系的核心内容。

社会保险包括年金保险、医疗保险、产业灾害补偿保险和雇佣保险。社会保险是以贫困阶层以上的一般国民为对象，预防社会成员在遇险时其生活水平下降为最低生活水平。因此社会保险不单是为了保障社会成员的最低生活，还为了保障社会成员享有最低生活水平以上，但是基本目的是保障社会成员的最低生活水平。公共救助包括生活保护、有功人员保护和灾害救助，以贫困阶层为对象，对生活在贫困线以下的人无偿提供物质或者非物质服务，使他们能够维持最低生活水平。社会福利服务包括老年人福利、残疾人福利、儿童福利、妇女福利、流浪者福利等，社会福利为特殊阶层服务，服务方式分为设施服务和在家服务。[1]

政府注重提供基本保障，并进而逐步提高人民的生活水平。政府在人民的抗争中逐渐认识到发展经济的目的应该是逐步提高人们的生活质量，即要提高生活水平和提供非物质的服务满足人们多种多样的需求。政府制定社会保障政策首先要给全体国民提供基本保障：基本收入保障、基本医疗保障、基本教育保障、基本居住保障，而且随着经济的发展不断提高保障水平，以缩小收入差距，提高分配的公平性。[2] 只有满足了人们的基本生活需求，才

[1] 郑秉文、方定友、史寒冰主编：《当代东亚国家、地区社会保障制度》，法律出版社2002年版，第149页。

[2] 郑秉文、方定友、史寒冰主编：《当代东亚国家、地区社会保障制度》，法律出版社

能使人们感到生活在安全的环境中，人们才能安居乐业，才能保持社会的稳定，才能为经济发展创造良好的社会环境。政府建立社会保障制度时借鉴其他国家的经验，认识到社会福利离不开经济发展，片面地扩大社会福利会导致“福利病”，陷入财政危机；经济发展也离不开社会的稳定，只顾经济发展而忽视社会福利会引起人们的不满，影响社会的稳定。[1]不建立健全社会保障制度,会挫伤人们的劳动积极性,进而影响企业的生产和经济增长。因此，政府通过建立健全社会保障制度，逐步提高人们的社会福利，来激发人们的劳动积极性，同时加强人力开发和技术培训等来挖掘经济增长的潜力，保持社会保障与经济的同步增长。

二、提供财政支持

为了有效地保护公民的生存权，政府仅仅建立了现代社会保障的具体制度是不够的，还必须要对社会保障提供财政支持。对公民生存权的保护，要依赖于政府，这必然带来一个逻辑上的后果：权利需要钱，没有公共资助和公共支持，权利就不能获得保护和实施。[2]如果遭遇不幸的个人生活在一个缺乏税收能力而不能提供有效救济的政府下，他就没有法律权利可言。[3]因此一个贫困的政府是无力保护公民生存权的，政府必须依靠稳定的税收所得来支持社会保障，保证社会保障的顺利运行。社会保障之所以产生在工业化和城市化较为发达的国家，一方面是因为农耕社会的自我保障方式不能抵御城市中的生活风险，另一方面是因为政府凭借工业发展而积累了较为充足的财源，能够支付社会保障的费用。社会保障发展的实践也证明只有政府给予一定的财政支持，才能保证公民的生存权得到实现。各国政府提供财政支持的情况各不相同，例如：

2002年版，第222页。

[1]李相文：《韩国的社会保障制度》，载《当代韩国》2002年第2期。

[2]参见[美]史蒂芬·霍尔姆斯、凯斯·R.桑斯坦著，毕竟悦译：《权利的成本——为什么自由依赖于税》，北京大学出版社2004年版，第3页。

[3]参见[美]史蒂芬·霍尔姆斯、凯斯·R.桑斯坦著，毕竟悦译：《权利的成本——为什么自由依赖于税》，北京大学出版社2004年版，第6页。

（1）英国作为福利国家的代表，其政府对社会保障提供了慷慨的补贴，而且政府的补贴随着财政收入的增加和福利项目的增多，补贴数额日益上升。英国社会保障支出按享受人群的不同可分为7类，包括儿童家庭支出、失业保障支出、低收入人员支出、老年人支出、病残人支出、丧失亲人支出、其他支出。在7类社会保障支出中，老年人支出、低收入人员支出、儿童家庭支出和病残人支出等4类支出占社会保障支出的比例分别为41.64%、22.08%、18.11%、15.17%，共计占社会保障支出的97%。由此看出，英国社会保障的对象主要是老人、穷人、儿童和病残人群。21世纪头十年英国社会保障支出年均增长6.6%。在2009—2010财政年度，英国政府财政总支出6207亿英镑（以下简称镑），其中社会保障支出1883.66亿镑（不含卫生支出），平均每个国民约3139镑。社会保障支出是英国政府财政支出中的最大项目，占支出总额的30.3%，占GDP的比重则为13.74%。从中央和地方来看，中央财政占大头，包括社会保险、大部分社会救助所需资金均由中央财政承担；地方财政仅承担少数社会救助项目，如房屋和市政税补贴等。[1]政府对福利制度给予一定的财政补贴是福利制度建立和发展的基础，缺乏了必要的财政支持福利制度将难以继续运行，但是国民对福利的需求是刚性的，而财政支出的增加却是有限的，因此财政支持毕竟不能无节制地增长，如何合理地确定财政支持的限度，保持财政资金的支付能力，避免福利支出给财政带来沉重的负担，成为20世纪70年代以后英国历届政府不得不面临的一个难题。

表3-2：2009-2010年英国7类社会保障支出情况表[2]

保障类别	支出金额（英镑）	占社保支出比例
1. 儿童家庭支出	341.15亿	18.11%
2. 失业保障支出	48.53亿	2.58%
3. 低收入人员支出	415.84亿	22.08%

[1] 财政部国际司：《英国社会保障制度概述》，gjs.mof.gov.cn.

[2] 英国财政研究所：《英国福利体系调查报告》，www.ifs.org.uk.

（表 3-2 续表）

保障类别	支出金额（英镑）	占社保支出比例
4. 老年人支出	784.11 亿	41.64%
5. 病残人支出	285.65 亿	15.17%
6. 丧失亲人支出	6.85 亿	0.36%
7. 其他支出	1.53 亿	0.08%
合计	1883.66 亿	100%

（2）德国政府根据社会市场经济体制，在社会保障中以税收支付社会照顾和社会救助的费用，对部分社会保险项目给予财政补贴，联邦政府对养老保险补贴 20%，1992 年养老金改革法引入了联邦财政自我调整机制，即联邦补贴随着保险费率的提高而提高，由此来确保养老保险机构的支付能力。政府提供资金的渠道很多：政府可以通过政府预算为当事人支付保险税款；养老保险的开支可由政府补偿；或者保险公司也可以从财政预算中接受一次性补贴等。[1] 对于医疗保险，联邦政府只为退休的农民提供一定比例的医疗津贴。

政府可以通过税收使用补充和强制的再分配方式来保护个人的生活安全，在这种社会制度下，以宪法的方式保障着联邦及其各州实行政府对提供福利的要求。政府为处在失业、疾病和伤残状况中的个人提供社会保险，这对于改善他们的就业能力具有特殊作用。[2] 政府对社会保障提供必要的财政补贴，可以保证社会保障的顺利运行，确保公民的生存权利能够得到政府及时的保护。

（3）在东亚国家中，日本政府的社会保障支出水平是最高的，尤其在社会养老金方面，基本遵循着受保人、雇主、政府财政拨款“三方均等负担”的原则。国家财政对基础年金的贴补率达 1/3（政府对基础年金中基础保险

---

[1] 和春雷等著：《当代德国社会保障制度》，法律出版社 2001 年版，第 104 页。

[2] 参见 [德] 迪特里希·狄克特曼、维克多·威尔佩特·皮尔著，魏华译：《德国社会市场经济：基础、功能、限制》，载《德国研究》2001 年第 2 期。

费和附加保险费的补贴的加权平均值)，并承担了各类保险基金的管理和运行成本，财政对社会养老保险基金的支持率在东亚国家中是最高的。公共年金制度因而具有公共性与储蓄性的“混合”特征。[1] 贯穿在社会保障制度发展过程中的基本矛盾是其财政问题，作为对社会成员提供生活福利保障的社会体系，必须有坚实的财源为其后盾。[2] 如果社会保障制度对财政产生过分地依赖，不仅会加重政府的财政负担，在经济萧条时会影响社会保障事业的正常运行，而且会制约经济的发展，因此社会保障的支出规模必须与政府的财政收入和经济发展水平相适应。

三、管理社会保障

管理社会保障是政府的当然职责，由于各国的政治体制和国家形式不同，政府管理社会保障的方式也就表现出不同的特点。

（一）英国政府的管理体制

英国的福利制度全部由行政机关及其公务员负责管理，政府设立不同的行政机关来管理福利事业：

（1）中央政府的福利管理机构：

①社会保障部：负责管理全国的国民保险和非缴费性福利，由津贴管理局、保费缴纳管理局、信息技术局、安置救济局、战争抚恤管理局、儿童福利管理局六个子机构构成；②卫生与社会服务部：负责医疗卫生和对国民提供社会福利服务；③环境部：负责对国民提供住房福利。

（2）地方政府主要负责为所管辖地区的国民提供社会福利服务并且具体经办住房福利。在工业革命以前，地方政府的职权限于维持治安和救济贫穷，很少从事服务性工作。二战以后在“福利国家”的口号下，地方政府职务范围空前扩张。国民的全部生活从摇篮到坟墓几乎都和地方政府的活动息息相

[1] 参见郑秉文、史寒冰：《东亚国家或地区养老社会保障模式比较》，载《世界经济与政治》2001 年第 8 期。

[2] 崔岩：《战后日本社会保障制度的发展及其启示》，载《日本研究》1997 年第 2 期。

关，因为地方政府和中央政府不一样，主要就是管理行政事务，所以和国民的日常生活关系特别密切。[1]

中央政府在必要时可对地方政府提供财政补贴，以保证各地福利制度的顺利运行，同时中央政府对地方政府实施监督和控制，保证地方政府按照法定的标准为国民提供福利服务。[2] 中央政府和地方政府互相分工，互相合作，可以保证国民能够享受充分的福利服务，确保福利制度的顺利运行。

英国行政机构的大量增加正是福利国家形成以后的结果，其中社会保障部就是一个庞大的体系，有近10万名雇员，在全国负责发放津贴、收缴保险费。“如果国家对公民从婴儿照管到死，保护他们生存的环境，在不同的时期教育他们，为他们提供就业、培训、住房、医疗机构、养老金，也就是提供衣食住行，这需要大量的行政机构。相对来说，仅仅靠议会通过法律，然后交法院实施，那只能做些微不足道的事。”[3] 因此纠正社会经济发展中出现的弊病、保护国民的生存权成为政府新的职责。

（二）瑞典政府的管理体制

瑞典政府有关部门负责执行国会的立法，并制定相应的制度和实施办法，具体分工为：[4] 劳动部负责职工的养老、工伤和失业保险；卫生部负责医疗保险；内政部负责国家公务员的养老保险和各项社会福利；建筑部负责住房公共福利设施保障；财政部参与社会保障法律、法规的制定，监督资金的使用，负责社会福利拨款。

瑞典在进入现代工业社会以后一直由社会民主党人执政，其重要的政治主张就是强调政府在福利制度中的重要作用，认为应该通过政府的行为，解决社会上贫富分配不均的问题。政府在福利制度的管理方面实行双层管理体制：由中央政府支付普及性福利，由地方政府提供社会救助。在全国范围内

---

[1] 王名扬著：《英国行政法》，中国政法大学出版社1987年版，第68页。

[2] 参见 Michael T M Molan：*Constitutional and Administrative Law Textbook*,HLT Publications 1992,p220.

[3] [英]威廉·韦德著，徐炳等译：《行政法》，中国大百科全书出版社1997年版，第4页。

[4] 孙炳耀主编：《当代英国瑞典社会保障制度》，法律出版社2000年版，第180页。

支付普及性福利可以减少重复发放和地区差别，由地方政府提供特殊社会服务可以使服务更加贴近需求者，可以及时地反映国民的真实需求。在地方福利的层面上，地方政府享受很大的政策决定权，福利经费由中央政府和地方政府共同承担，中央政府承担小于 50% 的经费，地方政府承担大于 50% 的经费开支。[1] 中央政府和地方政府合理分工，有效地保持了福利制度的顺利运行。

（三）美国政府的管理体制

美国政府设立专门机构管理社会保障，在联邦政府机构中，有 15 个部门负责社会保障事务，其中美国卫生与人类服务部下属的社会保障总署（SSA）是最大的一个部门，负责社会保障方针政策的制定，并直接负责（除财政部负责的）所有行政管理工作。财政部和总统预算办公室分别负责编制社会保障的收入和支出预算，前者组织收缴保险费及基金投资管理，后者则主要负责资金的划拨和发放。劳工部主要负责就业、工资和福利及改善工人的生活条件，其下设有就业与培训署、矿山和安全卫生署及养老基金福利署。[2] 此外还有农业部、教育部、能源部、退伍军人服务部、紧急事务管理局等机构的有关部门专门负责一定领域的社会保障。各州政府则设立相应的机构来管理本州范围内的社会保障，为公民提供服务。

大量社会保障机构的设立反映了行政权在美国不断扩张的现实。最初宪法制定者把国会看作代议制民主的主要体现，国会是联邦机构中最重要的部门。宪法还授予国会监督行政机关的权力，从宪法实施到 20 世纪 30 年代的一个多世纪里，国会在美国政治生活中都居于主导地位。随着经济和社会的发展，总统和他领导的行政部门的职能和权力逐渐扩大。20 世纪 30 年代的经济危机和二战以后美国超级大国和西方盟国的地位，更扩大了总统的权力，使他成为美国政治的中心。[3] 行政机关通过制定规则来介入社会经济生活，

[1] 高振立：《从瑞典福利制度看北欧福利国家模式》，载《中国人口科学》2002 年第 3 期。

[2] 参见辛玉、张爱华：《美国的社会保障制度》，载《南开管理评论》1996 年第 4 期。

[3] 参见李道揆著：《美国政府和美国政治》，商务印书馆 1999 年版，第 314 页。

实现对社会事务的领导。[1] 随着行政部门地位的上升和行政权的扩张，美国进入了行政国家时代，政府运用各种政策来推动社会经济的发展。

罗斯福政府适应了垄断资本主义发展规律的需要，实行新政，大力干预社会经济生活，急剧扩大联邦政府职能、特别是总统的权力，导致总统与行政部门的权力大大扩张。这个阶段一个显著的变化是行政法逐渐发展起来，“行政法必须规定或者确定行政机关对公民行使权力的界限范围，明确公民对之提出申诉的权利，”行政法制度的发展史，就是一部日益扩大行政权，不断限制司法权的历史。[2] 法院在一系列判例中逐步承认了行政机关干预社会经济的权力，确认了行政权力扩张的事实。

美国的社会保障主要是依靠政府控制的资源来支撑，同时也利用了一些非政府的资源以求降低成本或进行专业化管理。政府资源主要体现在立法和财政支出方面，美国除了联邦法以外，各州也有很大的立法权，因而社会保障的实施能够有效地依据各州具体情况。在公共财政管理上，美国采取的是分摊支付的办法，如社会保障体系中的养老保险，财政支出部分全部靠联邦政府开支，社会福利的开支仅 25% 左右出自联邦政府，其余的 75% 则由州及地方政府支付。[3]

（四）德国政府鼓励社会保障机构的自治管理

社会保障机构实行自治管理是德国社会保障制度中最具特色的地方。各类承办社会保障的机构分别设置代表大会和董事会，负责决定保障承办机构的财政预算和人事安排。全国有上千个法定疾病保险承办机构负责基本保险的管理，法定养老金保险管理者是各州立社会保险机构和一个联邦职员养老金保险机构，事故保险由全国 92 个法定事故保险机构管理。[4] 只有失业保险

[1] 参见 Arthur Earl Bonfield:*Statead ministrative rule making*,Little Brown and Company 1986,p59.

[2] [美] 伯纳德·施瓦茨著，王军等译：《美国法律史》，中国政法大学出版社 1990 年版，第 201 页。

[3] 李永宁：《美国社会保障体系的探索及分析》，载《国外社会科学》1999 年第 5 期。

[4] 参见和春雷等著：《当代德国社会保障制度》，法律出版社 2001 年版，第 93 页。

由设于纽伦堡的联邦劳动局负责。[1] 在德国的社会保险制度中，只有失业保险的管理机构比较特殊，是由政府所属的公共机构负责运营。这是因为现代失业保险制度日趋强调其就业促进的功能，因而需要与国家的劳动就业政策紧密结合。[2] 社会保险机构的这种自治管理体制直接减轻了政府的管理责任，充分体现了劳工与雇主的协作，而政府则能够以超脱的身份来制定社会保险规则并且监督和保证这些规则的落实。[3] 因此政府并不是对社会保险机构放任不理，而是通过劳工与社会事务部、联邦保险监督局等负责监督。

（五）日本政府的管理体制

政府有关部门根据法律的规定负责对社会保障进行管理，厚生省负责制定社会保障条例，劳动省负责主管失业保险工作，中央银行负责保险金的出纳，大藏省负责对养老、医疗保险金进行监督和担保运用并编制预算。[4] 政府各个部门相互配合，分工负责，保证了社会保障的顺利运行。

第三节　社会保障中政府职能的调整

一、调整财政支出

20 世纪 70 年代以后，随着石油危机的发生，资本主义国家的经济增长普遍趋缓，各国政府对社会保障的财政支出比例超过了财政收入的增长幅度，政府财政承受了极大的压力。为了保持经济的稳定发展，各国政府纷纷采取

[1] 参见丁纯：《德国社会保障体制的现状与改革》，载《国际经济评论》2000 年第 2 期。

[2] 李志明：《德国的社会保障制度》，载《学习时报》2013 年 7 月 15 日。

[3] 参见郑功成著：《社会保障学——理念、制度、实践与思辨》，商务印书馆 2000 年版，第 281 页。

[4] 参见郑秉文、方定友、史寒冰主编：《当代东亚国家、地区社会保障制度》，法律出版社 2002 年版，第 147 页。

措施来调整财政支出在社会保障中的比例。

（一）福利国家的调整

1. 英国政府对福利支出的调整

政府建立福利制度以后，政府的责任特别是中央政府的责任加强，福利支出主要由中央政府承担，政府的财政支出逐年上升。20 世纪 70 年代经济的增长速度减缓，财政对福利制度的支出难以保持以前的比例。20 世纪 80 年代撒切尔夫人执政以后，决定改变以前的政策，降低行政部门急剧增加的支出，使公共部门不再成为经济部门创造财富的负担，降低行政部门的干预角色，将之限制在只能提供市场顺利运作所必须的环境。[1] 保守党政府认为公民生活水平的提高，不一定都由国家提供福利，刺激经济增长才能在根本上提高公民的生活水平，因此政府可以减少对社会福利的财政支出，调整政府的福利支出比例。

政府按照“非福利化”的方向对福利制度进行改革，从原来按照需要出发转向从经济支持能力出发，按照资金供给的可能性确定福利水平，使福利支出的增长水平逐渐保持与经济发展的速度相适应，从强化政府特别是中央政府在福利制度中的责任并承担主要福利支出，转变为合理确定政府责任，并通过市场化改革逐渐减少政府承担的福利支出。[2] 在改革中，以养老保险为重点，基本养老金项目（通过社会保险提供）与广泛的私人养老金项目并存，并随着老年人口的增多，私人养老金项目发挥了补充性的作用。[3] 政府先后推出了国家收入关联养老金计划、职业养老金计划和个人养老金计划，建立多支柱养老保险制度，逐步形成了政府、单位和个人之间养老保险责任的合

[1] [英] 麦克·苏利文著，古允文译：《社会学与社会福利》，台湾桂冠图书股份有限公司 1989 年版，第 18 页。

[2] 参见卢海元：《英国社会保障制度建设的历史启示》，载《中国劳动保障》2005 年第 2 期。

[3] 参见 Richard Disney and Paul Johnson:*The United Kingdom : a working system of minimum pension*?Host Siebert edited:*Redesigning social security*，Institut fur Weltwritschaft an der Universitat Kiel 1998,p207.

理分担机制。

2. 瑞典政府对福利支出的调整

20 世纪 70 年代以后瑞典经济出现了衰退，财政对福利制度的支出开始变得越来越困难。瑞典的社会福利在经济合作组织（OECD）国家中水平是最高的，其失业保险替代率是最高的，疾病保险也是这样。在 90 年代，一个人生病休养，能够得到工作时的全部工资，远远高于其他国家，这要归功于其慷慨的福利制度。[1] 政府任命的专门委员会认为奢侈的福利国家制度产生了许多经济问题，尤其是福利预算赤字和国家财政赤字快速增长，从 70 年代起，高税收、庞大的政府机构以及过度慷慨的福利项目带来的不正当激励和福利刚性严重阻碍了瑞典的宏观经济发展。[2] 为了保持福利制度和社会经济的协调发展，80 年代政府开始逐渐削减财政中的福利支出，从 80 年代到 90 年代瑞典的福利财政支出在西欧和北欧国家中增长是最缓慢的。瑞典过去 20 年来的经济稳定增长得益于高税收和高福利的发展模式，但是现在也必须进行改革。根据瑞典工业经济研究所经济学家麦格努斯·亨里克森和安德烈亚斯·伯格的研究成果，在 1993 年，瑞典的公共领域支出占瑞典国内生产总值的 70%，而经过十多年的税务改革和减税，现在瑞典的公共支出占国内生产总值的比例下降到了 53%。[3]

（二）美国政府对社会保障财政支出的调整

二战以后随着社会保障项目、保障对象和保障水平的不断增加，美国政府对社会保障的支出逐渐增多，财政负担日益沉重，这又迫使政府不断提高社会保障税率，引发了公众对政府的不满。另外社会保障管理机构庞大，人员众多，管理成本居高不下。政府针对这些问题逐步进行调整，一方面精简

[1] Mats Persson:*Reforming social security in Sweden*，Host Siebert edited:*Redesigning social security*，Institut fur Weltwritschaft an der Universitat Kiel 1998,p169.

[2]［瑞典］斯温·霍特著，郑秉文译：《20 世纪 90 年代瑞典社会保障改革综述：从“慷慨”到“吝啬”》，载《国外社会科学》2004 年第 4 期。

[3] 杨敬忠：《北欧国家：改革高福利模式应对欧债危机》，《经济参考报》2012 年 3 月 6 日。

社会保障的管理机构和人员，压缩管理费用的支出；另一方面削减部分社会福利的支付水平，降低政府对社会福利的支出。布什政府时期推出社会保障个人账户制度，实行社会保障的私有化，充分体现了保守主义者支持的“个人奋斗”的价值观，政府不应当对个人的生活过分干预，同时也不应过多地对穷人加以补贴，因为这有可能带来“懒汉”的出现。[1] 在养老保险方面，面对单纯依靠政府养老保障模式出现的危机，美国政府经过不断调整与发展，逐步形成了包括国家基本养老保险、雇主养老保险和个人储蓄养老保险在内的“三支柱”养老保险体系，政府财政只对强制性的国家基本养老保险承担最终兜底责任。[2] 战后历届政府改革社会保障的主要目的之一就是控制政府的社会保障开支，确定政府对社会保障的支出水平，保持财政资金在社会保障总支出中的合理比例。

（三）德国政府对社会保障财政支出的调整

从 20 世纪 70 年代开始，由于老年人逐渐增多，社会保障支出持续膨胀，政府的财政负担日趋沉重，而且过高的福利也培养了社会惰性，因此政府逐步调整自己在社会保障中的行政职能，认为应当将政府担负的社会保障任务与每个人根据其能力自主决定命运的天然义务严格区分开，凡是靠个人力量能够办到的事情，就不应该压到政府身上。[3] 在社会市场经济体制中，政府的首要任务应该是在社会领域加强自助和由社会自己组织力量。这是一种在实践中很容易形成的社会保障制度，它给每个人提供了许多选择的可能性。其基本原则是，只是在个人没有自救能力的情况下才可以提供帮助。[4] 为此政府在一定程度上降低福利水平，提高退休年龄，增加妇女的工作预期，并

[1] 王萍：《美国社会保障制度的危机及其改革前景分析》，载《世界经济与政治论坛》2005 年第 3 期。

[2] 财政部国际司：《美国养老保险制度基本情况介绍》，财政部网站 2013 年 9 月 16 日访问。

[3] 参见陈玉荣：《德国社会市场经济体制述评》，载《世界经济》1996 年第 1 期。

[4] 参见［德］克里斯蒂安·瓦特林，王晓晔译：《德国的社会市场经济秩序》，载《外国法译评》1995 年第 3 期。

吸收移民，这些调整要求劳动市场更加灵活，但是仍然要控制在现有的预算范围之内。[1] 为了减少社保基金的支出，德国政府曾多次进行调整。2006 年政府已经将退休年限从 65 岁提高至 67 岁，并采取措施鼓励 55 岁以上赋闲人员重返岗位。但由于德国出生率过低，人均寿命增长，老龄化问题严重困扰着德国，影响着德国整个社会保障制度的运行。[2] 政府鼓励个人通过自我奋斗来满足自己的生活需求，培养自立的精神，在调整中尽可能减少社会保障的支出，以此来减轻国家的财政负担，使得政府能够调整财政支出结构，大幅增加教育和科研经费等，使德国企业始终保持技术创新优势，确保德国经济持续健康发展。

（四）日本政府对社会保障财政支出的调整

20 世纪 70 年代以后没有任何国家像日本这样因为人口老龄化而在经济和社会方面面临着严峻的挑战，在人口老龄化方面，日本走在了世界前列，在经济合作组织国家中，日本的人口寿命预期最长，出生率最低，伴随着经济发展的停滞，老龄化引发未来的养老问题，90% 的国民都担心退休储蓄准备不足。[3] 进入 80 年代后，随着经济增长的趋缓，一方面财政收入难以保持以前的增长比例，财政对社会保障的支持能力日益减弱；另一方面国民对社会保障的需求不断上升，给财政造成了很大的压力（如今，日本税收支出的一半都用于投放社会保障 [4]）。政府不得不调整其社会保障政策，适度降低财政在社会保障中的支出，逐步减轻政府的财政负担，使财政收入与支出保持相对的平衡。

---

[1] Axel Borsch-Supan:*Germany : a social security system on the verge of collapse* , Host Siebert edited:*Redesigning social security*，Institut fur Weltwritschaft an der Universitat Kiel 1998,p156.

[2] 王茜：《浅析德国社会保障制度》，载《工会博览 · 理论研究》2010 年第 2 期。

[3] 参见 Olivia Mitchell:*Managing pensions in the 21-century——global lessons and implicationa for Japan*,Toshihiro Ihori and Toshinki Tachibanaki edit : *Social security reform in advanced countries*,Rounledge 2002,p9.

[4] 方洁：《日本社会救助制度中的财政责任问题研究》，财政部财政科学研究所网站 2013 年 8 月 25 日访问。

二、调整政府职责

在调整财政支出的同时，各国政府也对自己在社会保障中的职责进行调整，做到既能给付适度，保护公民的生存权，又能合理地分担社会保障的行政职能。

（一）英国政府的调整

二战以后英国的社会福利已经成为一个包括社会保障、国民卫生服务、住房、教育和个人社会服务在内的项目齐全的福利体系，而家庭责任则被大大弱化，政府在相当程度上替代了家庭的功能。政府角色的扩张，尤其是福利科层体系、保护性立法的发展，已经使政府权威提升到对人们的生活无所不包的干预程度。奉行新保守主义的撒切尔政府的目的就是要限制政府的"父权式"角色，并恢复法律规制的原有功能，使之成为节制社会经济生活的最重要制度。[1] 调整以后，以往政府对公民个人生活的过度包揽得到了控制，政府逐步强化了个人、家庭、社区在社会保障方面的责任。

其实在福利制度建立之初，贝弗里奇报告曾经设定过三条原则。首先是"最低原则"，即福利制度的目的是保障全体社会成员的生活不低于"维持生存所需的最低限度"，政府所组织的社会保险和社会救济的目的在于保证以劳动为条件获得维持生存的基本收入；其次是"普遍和全面"原则，即福利制度应顾及全体社会成员生活的各个层面，也就是"每一个人"；第三条原则是强调"个人的责任"，福利制度不是"免费的午餐，"不是一个毫无交换条件和随随便便地给人提供好处的计划，也不是通过提供好处使受益者从此可以卸去个人责任的计划，而是一个以劳动和捐款为条件，保障人们维持生存所必需的收入，以便使他们可以劳动和继续保持劳动能力的计划。"[2] 报告同时建议劳动者要得到失业救济，就必须参加强制性的培训，但是诸多事实

[1] [英] 麦克·苏利文著，古允文译：《社会学与社会福利》，台湾桂冠图书股份有限公司 1989 年版，第 22 页。

[2] 田德文：《困境与调整：英国社会保障制度析论》，载《欧洲》1996 年第 5 期。

表明这是不切实际的。[1]政府在建立福利制度的过程中已经超越了报告的最初设计，突破了保障的最低原则，为国民提供水平越来越高的福利待遇，并在一定程度上替代了家庭的赡养功能，这种职能的扩张在20世纪70年代后期超过了政府的承受能力，客观上制约了社会经济的进一步发展。政府尝试把福利制度的某些项目私有化，改变现行的、由政府包办的做法。在养老金、疾病与伤残、产妇等福利项目上都更加强调雇主的责任，改变以往由政府统一付费的体制，强制雇主按雇员工资给予津贴和补助，政府退而只负担监督和补救的责任，这样政府就在相当程度上减轻了自己的财政负担，能够更合理地保持财政对社会经济事务的支付能力。

（二）瑞典政府的调整

中央政府和地方政府逐步调整在福利制度中的责任，1983年要求地方政府承担起规划所有保健服务的主要责任，1992年规定地方政府必须承担起各种有关老年和残疾人长期性健康关怀和社会服务的责任，1993年中央政府改变对地方政府提供社会救济与社会服务财政资助的办法，划清了中央政府与地方政府在社会救济和社会服务方面的不同职责，理顺了中央政府和地方政府在社会救济与社会服务方面的关系。[2]这些措施降低了中央政府的责任，减轻了中央政府的财政负担，同时也有力地调动了地方政府的积极性，使国民能够得到更为充分和及时的福利服务。

（三）美国政府的调整

政府的责任在二战以后发生了变化，1935年社会保障法强调的是发挥联邦政府对社会保障的责任和作用，而尼克松以来的历届政府则注重由联邦政府、州政府以及地方政府共同和分别管理社会保障项目。[3]联邦政府和州政府密切合作，并根据社会经济的发展状况适时调整各自的职能，

[1] Gertrude Williams:*the price of social security*,Routledge 1944,p154.

[2] 丁建定：《20世纪80年代以来瑞典的社会保障制度改革》，载《国际论坛》2003年第5期。

[3] 参见杨冠琼主编：《当代美国社会保障制度》，法律出版社2001年版，第254页。

确保社会保障制度能够保障人们的基本生活需要，进而逐步提高人们的生活水平。

联邦制也发生了变化，按照宪法第6条的规定，虽然联邦地位高于各州，但是在传统联邦制时期，联邦政府与各州政府相对独立，分别执行不同职能，史称二元联邦主义。联邦法院在判例中也维护联邦政府的地位，克服地方主义的蔓延，以国家主义来控制地方主义。[1] 到了20世纪30年代，联邦政府的权力急剧膨胀，它高于各州的地位才真正确立。从前属于州政府权限范围内的教育、卫生、社会福利、工业管制、劳资关系等，联邦政府都有干预的合法权力。这种联邦政府和州政府相互依赖、共同执行许多职能的联邦制，史称合作联邦主义。一般来说，在联邦和各州共同实施各项计划时，由联邦政府拨款和制定政策，州和地方政府则负责执行和管理。[2] 联邦政府的财政援助成为当代联邦主义最突出的特征，财政援助的扩大是以联邦政府不断加强对各州政府的控制为代价的，这意味着联邦政府的权力进一步扩张。[3] 在社会保障领域，联邦政府和州政府更是密切合作，联邦政府逐步加强对州政府的社会保障支出的财政援助，促进全国社会保障制度的实施。

小结

从以上部分欧美和东亚国家现代社会保障的建立和发展来看，它们具有以下基本相同的规律[4]。

[1] Jerome A.Barron etc:*Constitutional law : principles and policy — cases and materias*,Lexis Nexis 2002,p70.

[2] 刘绪贻、李存训著：《美国通史》第5卷（富兰克林·D.罗斯福时代1929 — 1945），人民出版社2001年版，第454页。

[3] [美] 伯纳德·施瓦茨著，王军等译：《美国法律史》，中国政法大学出版社1990年版，第190页。

[4] 许兵：《社会保障制度中的政府职能比较研究》，载《政法论丛》2004年第4期。

一、重视立法的作用

从1601年英国制定济贫法以来，到19世纪80年代德国建立社会保险制度，尤其是进入20世纪以后，世界各国大都先制定社会保障方面的法律，然后根据法律的规定设置社会保障的项目并且组织实施。在民主的社会里，法律的制定需要一个审慎的过程，立法机关是由人民选举代表组成的，通过在立法过程中代表不同利益阶层的辩论和较量，法律基本上能够反映社会民众的要求，使社会保障政策制度化，从而保持政府政策的连续性和稳定性。

二、政府在现代社会保障中起主导作用

家庭、社会互助组织和市场在不同的历史阶段分别履行了保障个人生活的职能，而且现在依然发挥着重要的作用。但是到了社会化大生产阶段，这些主体都无法充分保证人们的基本生存需要，政府才开始介入保障领域。由于各国的政治制度和历史文化传统不同，各国政府在社会保障中所承担的作用并不一样。比如英国和瑞典，由于其建立福利国家为国民提供高水平的社会保障，政府不但对社会保障制度的执行予以强有力的监督，而且直接管理和运营社会保障事业，为社会保障投入巨额的财政资金，尤其是瑞典政府，通过高税收来维持对国民的高福利。这两国的社会保障制度更多的体现了社会公平，并在一定程度上取代了家庭的保障职能，这是福利国家的显著特点。美国政府是在大萧条的背景下被迫介入保障领域的，根据它的社会理念和历史传统，政府只是为公民提供最低限度的社会保障，其社会保障制度更多地体现了效率原则。而且在20世纪60年代后期，联邦政府将部分社会保障项目交由州和地方政府来管理，减轻了联邦政府的责任。德国和日本则由雇主、雇员和国家共同负担社会保险金，政府为社会保障投入大量的财政资金，进入20世纪70年代以后，由于政府的财政负担日益沉重，两国都对社会保障制度进行了改革，在保持企业缴费比例大体不变的基础上，增加个人的缴费比例，减少政府的支出比例，相应减轻了政府的财政负担，从而保证政府对社会保障制度的有效调控和社会保障制度的稳健运行。

三、内容和模式选择具有鲜明的国情特点

各国均从本国的国情出发，制定社会保障立法和相应的社会保障措施。例如，美国根据联邦制这一国情，国会通过的联邦统一立法所规定的保障项目和保障标准适用于全国，但允许通过立法增加保障内容。世界人口老龄化速度加快，日本的人口老龄化问题更加突出，日本政府率先做出反应，通过立法对原有的养老保险制度进行重大改革，增大养老保险基金的积累，应对养老保险的各种需求，同时延长退休年龄，推迟支付养老金的期限。[1]

四、和本国经济发展水平相适应

经济基础决定上层建筑，上层建筑要适应经济基础的要求并反作用于经济基础，社会保障制度作为上层建筑的组成部分，不能脱离本国的经济发展水平，否则在实践中就不能满足人民的生存需要并且促进社会经济的发展。德国在19世纪末最早建立了社会保险制度，但是在1945年以前的半个多世纪里由于其将有限的社会财富大多用在军备竞赛和对外扩张上，因此社会保险制度并没有发挥出应有的作用，相反社会保险制度因战争而被破坏殆尽。新加坡是一个经济发展水平较高的国家，居民有较高的收入水平，而且受儒家文化传统的影响，家庭承担着重要的保障功能，因此尽管政府在中央公积金制度中承担极为有限的财政补贴责任，可是这项制度运行得非常顺利，这完全是立足于其特定的历史文化传统和雄厚的物质基础。

[1]“社会保障与法制建设”课题组：《社会保障与法制建设》，载《法学家》1999年第4期。

第四章

我国的传统社会保障

新中国成立以后，政府在较短的时间内建立了社会救助、社会保险等社会保障，以城镇职工为主要保障对象，提供较为全面的生活保护，有效地解决了职工的生存问题。这个时期的社会保障被称为传统社会保障，[1]是和20世纪90年代建立在社会主义市场经济体制基础上的新型社会保障相比较而言的，它建立在计划经济体制的基础上，之所以称之为“传统”主要是基于政府在社会保障中更强调对社会生活的全面控制。尽管产生的基础不同，但是传统社会保障和新型社会保障都属于现代社会保障的范畴，并不能截然分开，二者存在着历史的连续性，后者在前者的基础上不断完善和发展。

[1]也有学者将传统社会保障称为国家型社会保障，国家型社会保障的基本思想是强调社会保障完全由国家来提供。——参见林嘉著：《社会保障法的理念、实践与创新》，中国人民大学出版社2002年版，第124页。其实在任何国家，社会保障都是由政府代表国家来建立的，只是由于政治体制和历史文化传统的差异，各国政府在社会保障中发挥的作用不同。就我国而言，无论传统社会保障还是新型社会保障，政府都要承担一定的职能，只不过政府介入个人生活领域的程度不同而已。

第一节　传统社会保障产生的历史背景

一、国家主义和集体主义的传统

（一）国家主义的传统

我国是一个大一统的国家，国家主义的传统由来已久，“国”与“家”始终是密不可分的，二者紧密相连，共同维护着统治阶级的社会秩序。西周初期统治者就重视提倡和贯彻“亲亲”、“尊尊”，即亲其亲者、尊其尊者的原则。这个原则强调至亲莫如父，至尊莫如君，子对父必须尽孝，臣对君必须尽忠。孝，旨在维护父的权威；忠，旨在维护君的权威。通过“亲亲”、“尊尊”，统治者把人民的血缘关系与政治关系紧紧连接在一起。[1]这就是我国国家主义传统的起源，其后历代的统治者无不把它奉为治理国家的经典原理，并且加以发扬光大，其实质都是将“国”与“家”紧密结合，达到稳定其统治秩序的目的。汉代标榜“以孝治天下”的治国原则，率先确立了“尊敬老年”的社会美德。[2]基于这种传统，君主与家长就要负责保障其子民和家庭成员的基本生活，尤其是发生大灾荒的年代，在众多家庭不能保持基本生活的时候，国家必须出面赈济灾民，这样做通常有两个好处：第一，维护了统治者“君父”的形象，表明“君父”不会对子民坐视不管，不能让子民坐以待毙，而是关心他们的生存；第二，防止因为大量的灾民出现而聚众暴动，威胁国家的统治秩序，保证国家能够安全地度过灾害危机。因此国家对灾民给予救济一直是我国历史上延续至今的传统作法，政府在关键时刻必须对人们施以援手，提供人们急需的帮助，才能保证国家和社

[1] 叶孝信主编：《中国法制史》，北京大学出版社 1996 年版，第 24 页。

[2] 参见卫兴华主编：《中国社会保障制度研究》，中国人民大学出版社 1994 年版，第 38 页。

会的安定，促进国家的长治久安。

（二）集体主义的传统

在国家主义的影响下，我国始终强调国家利益和社会利益优先于个人利益，个人利益要服从国家利益和社会利益。自西汉武帝以来儒家学说成为统治者确定的主流思想，该学说主张用德礼来教化民众，民众都应该按照礼的规范行事，个人应当服从集体，不能超越集体的要求。集体主义在我国可谓历史悠久，源远流长，并且一直延续到今天。

我国宪法第 51 条规定公民在行使自由和权利的时候，不得损害国家的、社会的、集体的利益和其他公民的合法的自由和权利，这是宪法对公民自由和权利的限制性规定，它既保证每一个公民得以充分享有并行使自己的基本权利，又保证全社会的正常秩序和稳定安宁。[1] 其实宪法做这样的排列就凸现出我国对国家、社会和集体利益的重视，表明我国公共利益优先于个人利益的传统认识，但是宪法做这样的规定并不意味着为了维护公共利益，就必须要牺牲个人利益，因为如果众多的个人利益都受到了损害，公共利益又如何体现呢？因此我国政府在注重发展社会主义经济、壮大国家和集体的同时，又要关心公民个人的生存，保障他们的基本生活，在必要时给予公民及时的帮助，让公民个人能够享受到集体发展所带来的好处。

集体主义的传统要求公共利益优先于个人利益，在行政法领域，“公共利益的需要”是行政机关乃至其他行政权行使主体存在的基本依据，是其行使各种行政权的最终合理性标准，是行政权介入私人领域的最为根本的合理性理由。行政法必须具有一方面以实现国家公共利益为目的，另一方面为维护公民的利益，公正地调整行政主体和行政相对人之间的关系的特点。现代国家行政法以尊重和确保公民个人的权利、利益为原则，同时不断地调整其与一般公共利益的关系，以求得从整体上实现公共利益的目的，而不是承认绝对的公共利益的优先。公共利益优先的原则必须按照各个不同的行政领域，根据各个不同的行政目标和来自各个方面的不同需求，个别地作出具体判断，

[1] 许崇德著：《中华人民共和国宪法史》，福建人民出版社 2003 年版，第 789 页。

而不宜笼统地强调抽象的公共利益优先，更不宜强调公共利益优先原则的绝对化，而忽略其他各种利益。简而言之，公共利益优先原则的成立，必须以各种利益的均衡和比例原则的适用为前提，必须在对各种权利主张进行充分的分析、考量和尊重的基础上来把握。[1] 具体到社会保障行政领域，国家一方面保持公共利益优先，在集体主义原则的指导下发展经济和各项社会事业，运用集体的力量增强国家的综合实力，另一方面又要充分考虑到公民的个人利益，政府通过举办社会保障事业来逐步满足人们的物质和文化生活需求，不断提高人们的生活水平，实现公共利益和个人利益的协调发展。

二、中国共产党的宗旨和任务

（一）中国共产党的宗旨

中国共产党的根本宗旨之一是维护工人阶级和所有劳动群众的利益，关心和改善他们的劳动条件和生活条件。毛泽东指出共产党及其军队“完全是为着解放人民的，是彻底地为人民的利益工作的”[2]，党的优良作风之一就是“全心全意为人民服务，一切从人民的利益出发”[3]。党在成立初期，设立了中国劳动组合书记部，专门领导城市的工人运动。党号召工人为建立劳动立法而斗争，并且呼吁建立社会保险制度，为工人提供社会保险。在革命斗争的实践中，党将马克思列宁主义的普遍原理与中国的实际相结合，创造性地提出了以农村包围城市的革命道路，最终取得全国革命的胜利，建立人民当家作主的政权。党组织要实现这个目标必须依靠工人阶级领导广大农民经过艰苦卓绝的斗争来完成，这就要求党和政府必须首先解决工人和农民最迫切的生存问题，否则就无法吸引他们参加党的组织和队伍。工人和农民的生产方式不同，因而党和政府解决他们生存问题的方式也就有区别。1931 年在江西瑞金举行了第一次中华苏维埃共和国工农兵代表大会，通过了《土地法》和《劳动法》。《土地法》消灭封建的土地所有制，把土地分给农民，实现了“耕者有其田”，从

[1] 杨建顺：《公共利益辨析与行政法政策学》，载《浙江学刊》2005 年第 1 期。

[2] 毛泽东：《为人民服务》，《毛泽东选集》（第三卷），人民出版社 1991 年版，第 1004 页。

[3] 毛泽东：《论联合政府》，《毛泽东选集》（第三卷），人民出版社 1991 年版，第 1094 页。

此农民拥有了最重要的生产资料，依靠土地中的收益来解决其生存问题。《劳动法》则为工人提供劳动保护和社会保险，在社会保险中分别规定了劳动保险、职工福利、抚恤救济和失业救济等内容。[1]尽管在不同的历史时期党采取的保障政策各有侧重，但是党在革命根据地主要采用两种方式解决人们的生存问题：第一，给农民分配土地，让农民真正成为土地的主人，实现了千百年来农民梦寐以求的夙愿，农民利用土地来保障其生活需求；第二，政府通过企业为工人提供劳动保护和社会保险，在每个根据地实现企业之间的互助互济，确保工人的社会保险待遇。因此只有企业在采用了社会化的大生产方式以后，才有可能建立现代意义上的社会保障制度，根据地政权在社会保险制度方面的有益的探索为新中国建立社会保障制度提供了很好的经验。

（二）中国共产党工作重心的转移

1949年3月，中国共产党召开七届二中全会，毛泽东在报告中指出："从1927年到现在，我们的工作重点是在乡村，在乡村聚集力量，用乡村包围城市，然后取得城市。采取这样一种工作方式的时期现在已经完结。从现在起，开始了由城市到乡村并由城市领导乡村的时期，党的工作重心由乡村移到了城市。"[2]从乡村到城市，是我党领导的新民主主义革命发生的一个重要转折，原来全党习惯于管理乡村，更熟悉农村革命根据地的事务，极少与城市和现代化的大工业打交道。现在党的工作重心转移到城市，管理方式就必然发生了转变，全党必须学会管理城市和建设城市。党在城市建立新政权以后，首先面临如何维持和巩固新政权的问题。为了得到人民群众的拥护和支持，新政权首要的是改善工人的生活条件，并改善一般人民的生活条件，这就要求党和政府积极采取措施，迅速稳定城市社会秩序，恢复城市经济，并且保证人民的生存。

在中国人民政治协商会议起草《共同纲领》的时候，毛泽东首先提出在全国要实现劳动保险。他说，全国解放了，农民分得了土地，享受到了革命

---

[1]参见卫兴华主编：《中国社会保障制度研究》，中国人民大学出版社1994年版，第53页。

[2]毛泽东：《在中国共产党第七届中央委员会第二次全体会议上的报告》，《毛泽东选集》（第四卷），人民出版社1991年版，第1427页。

胜利的果实。现在我们进城了，企业职工生活有困难怎么办？马上提高工资没有条件，当前主要任务是恢复生产，但是职工中的生老病死、伤残问题还是可以解决或减轻吧。而且东北地区实行劳动保险的效果很好，全国也可以实行。[1]以此为指导，在党的领导下，新政权加快了建立现代社会保障制度的步伐，力争在最短的时间内为城市的企业职工建立社会保险制度，保障他们的基本生活，以此来迅速地稳定城市秩序，为社会经济的发展奠定良好的基础。

三、社会主义的理想理念

（一）社会主义的奋斗目标

共产党在成立时就确定了其奋斗的方向，即在中国建立社会主义制度。党的指导思想是马克思列宁主义，党要建立的社会主义制度当然要体现马克思列宁主义的本质要求。按照马克思主义创始人所设想的，社会主义和共产主义社会主要应当体现以下特征：（1）社会作为一个整体直接占有全部生产资料，即实行生产资料公有制；（2）在此基础上，对全社会的生产进行计划调节；（3）社会劳动产品直接分配给劳动者，实行按劳分配，到高级阶段进而实行按需分配；（4）在实行公有制的前提下，消灭阶级，消灭剥削；（5）最终实现每个人的全面自由的发展。实现这一切的最根本的物质前提，是生产力的普遍而高度的发展。[2]马克思和恩格斯创立了科学社会主义的理论，但是没能付诸实践。列宁领导布尔什维克建立了世界上第一个社会主义政权，在进行社会主义革命和建设的过程中认为社会主义社会的本质特征是：生产资料公有制；按计划调节社会生产和社会分配；按劳取酬；消灭阶级；消灭商品经济。斯大林又根据苏联的具体实际，对社会主义本质特征的观点作了修正，他把由整个社会占有全部生产资料改为由两种形式构成：一种是

[1]刘贯学著：《新中国劳动保障史话（1949－2003）》，中国劳动社会保障出版社2004年版，第11页。

[2]靳辉明、谷源洋主编：《当代资本主义与世界社会主义——世界社会主义的历史命运及发展前景》（下卷），海南出版社2004年版，第14页。

国家的即全民所有制，另一种是合作社集体农庄所有制。[1] 无论是马克思主义创始人的设想还是苏联社会主义革命和建设的实践都表明社会主义社会最本质的特征是生产资料的公有制，这是和资本主义社会的最大区别。生产资料掌握在国家和集体手中，个人能够拥有的只是数量不多的生活资料，加上社会主义制度都诞生在经济文化比较落后的国家，个人的生活普遍面临着严峻的挑战。这就要求国家必须尽快建立与社会经济发展水平相适应的社会保障制度，并且政府在其中应当发挥决定性的作用。

（二）我国革命的具体情况

马克思主义创始人只是根据世界资本主义发展的一般规律和无产阶级斗争的状况提出了社会主义革命的普遍原理，各国无产阶级必须结合本国的实际情况选择合适的革命道路。我国从 1840 年鸦片战争以后逐步从封建社会沦为半殖民地半封建社会，其间没有经过资本主义的充分发展，民族资产阶级没有形成强大的政治力量，从这样的具体国情出发，中国革命的历史进程必须分为两步，第一步是民主主义的革命，第二步是社会主义的革命。[2] 毛泽东在《新民主主义论》里指出中国“革命的第一步、第一阶段，决不是也不能建立中国资产阶级专政的资本主义的社会，而是要建立以中国无产阶级为首领的各个革命阶级联合专政的新民主主义的社会，以完结其第一阶段。然后，再使之发展到第二阶段，以建立中国社会主义的社会”[3]。

1949 年新民主主义革命即将在全国取得胜利，共产党联合其他民主党派和社会团体在北平共商国是，谋求建立新民主主义的政权。此时我国急需结束国内战争，恢复国民经济，加速实现工业的现代化，为此政府必须首先解决工人和农民（其中包括大量军人家属和烈军属）的生存问题，并进而逐步改善他们的生活水平，为我国的经济建设和社会发展确立稳定的基础，由此党和政府通过立法建立了我国传统的社会保障制度。

---

[1] 靳辉明、谷源洋主编：《当代资本主义与世界社会主义——世界社会主义的历史命运及发展前景》（下卷），海南出版社 2004 年版，第 15 页。

[2] 许崇德著：《中华人民共和国宪法史》，福建人民出版社 2003 年版，第 83 页。

[3]《毛泽东选集》（第 2 卷），人民出版社 1991 年版，第 672 页。

第二节　我国传统社会保障中的政府职能

一、传统社会保障产生的根本法依据

（一）《中国人民政治协商会议共同纲领》（以下简称《共同纲领》）

1949年9月29日，中国人民政治协商会议第一届全体会议选举了中央人民政府委员会，宣告了中华人民共和国的成立，并且通过了起临时宪法作用的《共同纲领》。《共同纲领》作为我国建国初期的根本法，从以下两个方面规定了社会保障制度：

《共同纲领》第25条规定："革命烈士和革命军人的家属，其生活困难者应受国家和社会的优待。参加革命战争的残废军人和退伍军人，应由人民政府给以适当安置，使能谋生立业。"这是共同纲领在军事制度里面做出的专门规定，是由我国当时特殊的历史背景所决定的，解放战争时期我国解放军官兵的数量非常庞大，解决军人及烈士家属、残废军人和退伍军人的生活和工作，是政府面临的迫在眉睫的问题，根本法做此规定足以凸现出国家对这个问题的重视。

《共同纲领》第32条规定在企业"逐步实行劳动保险制度"，作为我国经济政策的一个组成部分。共同纲领在第26条规定了我国经济建设的基本方针，即以公私兼顾、劳资两利、城乡互助、内外交流的政策，达到发展生产、繁荣经济之目的。为了实现这个目的，国家从农业和工业两方面着手：在农村进行土地改革，把土地分给农民，实现耕者有其田，保护农民已得土地的所有权，将土地改革作为发展生产力和国家工业化的必要条件。当然以土地作为农民生活保障的基础并不是给予其社会保障，这样做是由我国当时的社会历史条件所决定的，其影响一直延续到今天。建立国营经济、合作社经济、农民和手工业者的个体经济、私人资本主义经济和国家资本主义经济，在公

私企业建立劳动保险制度，为工人提供社会保险。这是我国建国初期制定社会保障法律制度的主要依据。

（二）1954 年宪法

1. 宪法规定了劳动者的获得物质帮助权

1954 年宪法确立了宪法体系、内容与程序上的“中国特色”，力求在宪法的民族性与国际性之间寻求平衡。[1] 与《共同纲领》分别在军事制度和经济政策中规定社会优抚、社会安置及劳动保险不同，宪法第 93 条规定：“中华人民共和国劳动者在年老、疾病或者丧失劳动能力的时候，有获得物质帮助的权利。国家举办社会保险、社会救济和群众卫生事业，并且逐步扩大这些设施，以保证劳动者享受这种权利。”宪法在公民的基本权利和义务中规定劳动者享有获得物质帮助权，将之确定为公民的一项基本权利，这表明国家对公民的社会保障问题有了更进一步的认识。既然公民享有这项权利，国家作为义务主体，就应当通过法律、法规等规范性文件予以具体化，建立相应的具体制度，确保公民的权利得以实现。

2. 宪法的规定需要通过法律等规范性文件来实施

宪法规范大多具有原则性，宪法的功能主要是起到立法根据和立法基础的作用，宪法的规定、宪法原则及宪法精神，主要是透过法律等规范性文件而起到调节国家生活和社会生活作用的。在现代国家，除了立法机关制定法律对宪法予以具体化以外，更多的是行政机关通过制定行政法规及其他规范性文件来管理国家和社会事务，维持社会经济的发展。

法律、法规等规范性文件应当保持与宪法规范的一致性，保障其内容能够体现宪法规范、原则和精神的要求。现代宪法对公民的基本权利和自由作了比较全面的规定，任何法律、法规等规范性文件应当依据宪法对公民的基本权利和自由作具体化的规定，以保证公民基本权利和自由的实现。宪法保障制度从客观上保证法律、法规等规范性文件与宪法规定的一致性，

---

[1] 韩大元：《关于新中国1954年宪法制定过程若干问题探讨——纪念1954年宪法颁布50周年》，载《河南省政法管理干部学院学报》2004 年第 4 期。

对于公民的基本权利和自由的实现能够提供统一的基础。[1]从功能分析的角度看，宪法是一个社会共同体存在的基础和最高的价值目标，对于社会统一价值的实现起着非常重要的作用。宪法保障制度具有社会整合功能，社会整合首先以人的尊严与价值的维护为出发点，社会整合过程与效果取决于人在社会结构中的地位与发挥的功能。[2]宪法规定了社会保障制度，就在于保护公民的生存权，为公民提供基本的生活水准，使公民能够过上像人一样的生活，这就在最大限度内维护了人的尊严，为公民其他权利的实现提供了最基本的条件。

二、传统社会保障的初步建立

（一）建立社会救济和社会优抚制度

1. 社会救济制度

1949年12月政务院发布了《关于生产救灾的指示》，指出“生产救灾关系到几百万人的生死问题，是新民主主义政权在灾区巩固与存在的问题，是开展大生产运动、建设新中国的关键问题之一”，“各地人民政府应给予灾民或合作社一部分贷款，并拨出一部分救济粮救助灾民生产自救。”1950年5月国家成立了中国人民救灾总会，在全国范围内开展了救灾运动。为了救济城镇失业的工人和知识分子，1950年政务院颁布了《关于救济失业工人的指示》，劳动部颁布了《救济失业工人暂行办法》，对城镇失业人员采取了各种救济措施，解决了大量失业人员的就业问题。[3]政府在建国初期开展社会救济工作，主要是医治战争创伤，安定人民生活，稳定社会秩序，促进国民经济的恢复。由于当时新政权刚刚建立，旧社会遗留下来的残渣余孽到处泛滥，灾民、地痞、散兵游勇随处可见，成为新中国肌体上的一大毒瘤。因而此时的社会救济工作，不仅仅是简单的施救，而且还包括重要的改造任务。政府

---

[1] 韩大元编著：《1954年宪法与新中国宪政》，湖南人民出版社2004年版，第458页。

[2] 韩大元编著：《1954年宪法与新中国宪政》，湖南人民出版社2004年版，第462页。

[3] 林嘉著：《社会保障法的理念、实践与创新》，中国人民大学出版社2002年版，第122页。

在救助救济对象生活的同时，还帮助他们医治疾病、安家落户、创造就业条件，使他们的生产、生活得到切实可靠的保障，有效地稳定了社会秩序。1952年以后，随着政权的逐步巩固，旧社会遗留下来的社会救济问题已经基本上得到了解决，绝大多数救济对象已经能够自食其力，不再需要政府的救济，只有无依无靠的孤老残幼由于没有生活来源，成为社会救济的经常对象。[1]

2. 社会优抚制度

根据《共同纲领》在军事制度中关于优抚制度的规定，1950年中央人民政府颁布了《革命烈士家属革命军人家属优待暂行条例》《革命工作人员伤亡褒恤暂行条例》《革命残废军人优待抚恤暂行条例》《革命军人牺牲、病故褒恤暂行条例》《民兵民工伤亡抚恤暂行条例》。这些条例统一了革命烈士的条件、对革命军人家属的优抚办法，统一了革命军人的评残条件和伤残等级区分，也统一了各类优抚抚恤标准和优抚证件，[2] 建立了我国对军人和烈士的社会优抚制度，对我国的军人和军烈属的工作和生活起到了很好的保障作用。

（二）建立社会保险制度

建国初期，国家机关、事业单位和党派团体工作人员的工龄计算、工资标准以及社会保险费用开支渠道等均与国营企业不同，因此社会保险制度依照“工人”与“干部”身份的区别，形成了两套体系：[3]

1. 企业职工的社会保险体系

政务院于1951年颁布了《劳动保险条例》，该条例最初适用于拥有职工100人以上的工厂、矿场以及铁路、航运、邮电行业所属单位。1953年政务院对《劳动保险条例》进行了修订，扩大了适用范围，覆盖商业、外贸等13个产业部门，并且适当提高了待遇标准。保险的项目包括生育、疾病、负伤、残疾、死亡、养老、供养直系亲属待遇等。按照规定，企业职工各项社会保险的费用，全部由企业负担。企业基层工会负责社会保险基金的收缴、发放，中华全国总工会是全国社会保险事业的最高领导机关，劳动部负责监督全国

[1] 卫兴华主编：《中国社会保障制度研究》，中国人民大学出版社1994年版，第262页。

[2] 参见王益英主编：《社会保障法》，中国人民大学出版社2000年版，第187页。

[3] 郑秉文、和春雷主编：《社会保障分析导论》，法律出版社2001年版，第34页。

的社会保险事业。《劳动保险条例》的颁布实施，标志着我国除失业保险外，包括养老、工伤、疾病、生育、遗属等内容的职工社会保险制度已初步建立。

《劳动保险条例》的不足主要是：

（1）保险费的收缴管理办法为社会保险变成企业保险埋下了种子。条例规定劳动保险的各项费用，全部由实行劳动保险的企业解决或资方负担，每月缴纳的劳动保险金，其中30%，存于中华全国总工会户内，作为劳动保险总基金；70%存于各该企业工会基层委员会户内，作为劳动保险基金，为支付工人与职员的抚恤费、补助费与救济费之用。“文革”期间由于生产受到破坏，劳动保险基金的统一征集、管理、开支制度难以为继。1969年国家发布了《关于国营企业财务工作中几项制度的改革建议》，规定停止提取社会保险金，取消了社会保险费统筹制度，将社会保险改为企业保险。这个规定降低了劳动力保障的社会化程度，削弱了劳动保险的功能和意义。

（2）职工个人不缴费。职工不缴纳工伤保险的费用是世界各国通行的做法，我国对此予以采用。但是养老和医疗保险也不需要个人缴费，这样做有其客观的历史原因，建国之初，国家财政经济很困难，国家没有更多的钱来提高职工工资。保险费用全部由企业负担，没有规定财政给予补助，在当时的经济体制下，政企不分，企业负担也就是国家负担。但是长期实行企业保险，使职工形成了一种根深蒂固的观念，在以后的社会保险改革中，给实行个人缴费带来了相当大的阻力。[1]

2. 政府机关、事业单位的社会保险体系

（1）劳动保险制度。1950年12月政务院颁布《革命工作人员伤亡褒恤暂行条例》，对国家工作人员的伤残和死亡待遇作了规定。《革命工作人员伤亡褒恤暂行条例》和《劳动保险条例》按照国家工作人员和企业职工在主体方面的差异分别规定了不同的保险待遇，形成了两套独立的系统。

（2）公费医疗制度。1952年6月政务院颁布了《关于全国各级人民政府、党派、团体及所属事业单位的国家机关工作人员实行公费医疗预防措施

---

[1]参见刘贯学著：《新中国劳动保障史话（1949－2003）》，中国劳动社会保障出版社2004年版，第16页。

的指示》，同年 8 月 24 日政务院批准了《国家工作人员公费医疗预防实施办法》，对国家机关工作人员实行公费医疗作了规定；同年 9 月 12 日政务院又颁布了《关于各级人民政府工作人员在患病期间待遇暂行办法的规定》，规定了国家机关工作人员的疾病待遇。尽管国家工作人员的直系亲属不能像企业职工一样能够得到医疗补助，但是总体上看，在医疗待遇方面，国家工作人员享受的范围要优于企业职工。

（3）国家工作人员的退职退休制度。1952 年人事部颁布了《各级人民政府工作人员退职处理暂行办法》，规定了国家工作人员享受退职待遇的各项制度。1955 年国务院颁布了《国家机关工作人员退休处理暂行办法》《国家机关工作人员退职处理暂行办法》，建立了较为系统的国家工作人员的退休和退职制度。

通过制定以上行政法规和规章，政府初步建立了国家机关工作人员的社会保险制度。

三、对传统社会保障的调整

（一）“文革”之前的调整

50 年代中期开始，随着我国经济建设的全面展开，政府针对传统社会保障实施中出现的问题，着手进行调整，主要有以下措施：

1. 统一退休制度

1958 年 3 月针对企业事业单位和国家机关退休制度分立的状况，国务院颁布了《关于工人、职员退休处理的暂行规定》，统一了企业和国家机关的退休和退职办法，适当放宽了退休退职条件，并且适当提高了待遇标准，解决了国家机关和企业事业单位退休制度不统一的矛盾。

2. 调整医疗制度

由于劳保医疗和公费医疗制度都不要个人缴纳任何费用，因此属于免费医疗，在实施中很多职工不珍惜医疗资源，造成了大量的浪费现象。1965 年为了解决劳保医疗和公费医疗中出现的问题，劳动部和中华全国总工会发布了《关于改进企业职工劳保医疗制度几个问题的通知》，卫生部和财政部颁发了《关于改进公费医疗管理问题的通知》，对企业职工和国家机关工作人员的医疗保险制度作了调整和整顿，规定个人应支付挂号费、特殊批准以外的营养滋补药品等费用，开始在医疗保险中引入个人缴费机制，以此来确立个人在医疗保险中的责任，在一定程度上改变了过去完全由政府和单位包办的做法。

3. 建立农村合作医疗制度

1958 年开始，我国农村创造了一种适合农村情况的简易农村医疗保险模式——农村合作医疗制度，这一制度要求农民和集体各负担部分费用，积成一项医疗保险基金，补助农民患病后的就医支出。1959 年全国农村卫生工作会议对这一制度作了充分的肯定，从此，我国农民就有了医疗保险的初步实践和经验。[1]

4. 建立了移地支付办法

1960 年全国总工会制定了《关于享受长期劳动保险待遇的移地支付试行办法》，为移地居住的退休职工及时地享受社会保险待遇提供了方便，也有利于减轻基层社会保险管理机构的负担，在很大程度上避免了支付的差错。

（二）"文革" 期间的调整

"文革" 期间，我国的经济建设和社会发展遭到了严重的破坏，社会保障工作也遭受了严重的挫折。各地社会保障管理机构或者被撤销或者停止工作，无法再履行法定的职责，1969 年财政部发布了《关于国营企业财务工作中几项制度的改革建议》，规定不再向企业统一提取社会保险费，用以职工退休、生育、疾病、工伤等保险的费用改为企业自筹，取消社会保险费的统筹制度，实际上将社会保险变为了企业保险。这就降低了劳动保障的社会化程度，大大削弱了劳动保险的功能和意义。这样一方面因职工缺乏节约意识而造成国家和企业的养老和医疗费用负担沉重，另一方面部分企业因效益不好而使职工缺乏必要的养老和医疗待遇，造成企业职工苦乐不均，结果是在努力追求社会公平的时代，反而在企业间出现了很多不公平的现象。

[1] 杨燕绥编著：《社会保险法》，中国人民大学出版社 2000 年版，第 43 页。

（三）“文革”以后的调整

“文革”结束以后，政府着手对社会保障制度进行调整，主要包括：

1. 调整退休、退职制度

1978年国务院颁布《关于安置老弱病残干部的暂行办法》和《关于工人退休、退职的暂行办法》，重新规定了干部和工人的退休、退职问题，适当提高了退休待遇标准和退职生活费标准，并规定了最低生活保障数额和职工退休退职后的易地安家补助费。1980年国务院颁布了《关于老干部离职休养的暂行规定》，1982年颁布《关于发布老干部离职休养制度的几项规定的通知》，放宽了离职休养的条件并相应提高了待遇。1983年劳动人事部发布《关于建国前参加工作的老工人退休待遇的通知》，对建国前参加工作的老工人的退休待遇也作了适当调整。[1] 通过颁布这些行政法规和规章，政府妥善解决了干部、职工的退休、退职问题，并且对建国前参加工作的老干部、老工人提供了更高的待遇。

2. 调整社会优抚和社会保险的待遇

1979年财政部和民政部发布《关于调整军人、机关工作人员、参战民兵民工牺牲、病故抚恤金标准的通知》，民政部、国家劳动总局和财政部联合发布《关于解决部分老红军、老干部工资过低和生活困难补助问题的通知》，民政部和财政部又分别在1982年和1984年发布《关于调整在职革命残废军人残废金标准的通知》《关于革命烈士一次抚恤金标准的通知》，通过颁布实施这些行政规章，政府提高了国家机关工作人员和老干部的抚恤金和生活费的标准，较好地改善了他们的生活。

总之，党的十一届三中全会以后，随着党和国家工作重点的转移和指导思想的拨乱反正，我国的社会保障事业进入了全面恢复和蓬勃发展的时期，并且越来越受到党和政府的高度重视，建国以来经过几十年实践形成的许多社会保障制度，在不断修订的基础上，以行政法规和规章等形式固定下来，包括国家机关工作人员退休制度、劳动保险条例、残疾人保护条例、优抚工

[1] 林嘉著：《社会保障法的理念、实践与创新》，中国人民大学出版社2002年版，第123页。

作条例、复员退伍军人安置条例等，不少地区还根据本地的具体情况制定了实施细则。此外，社会福利院、光荣院、敬老院、残疾军人疗养院等社会福利事业以及社会救灾、社会救济事业也有很大的发展。[1] 这些行政法规和规章以及各地的实践为我国建立新型的社会保障制度奠定了坚实的基础。

第三节　对传统社会保障中政府职能的反思

20 世纪 50 年代政府建立了传统的社会保障制度，对保障人民的基本生活、稳定社会秩序、促进社会经济发展都发挥了积极的作用。经过 30 多年的运行，尽管政府在各个历史时期根据社会经济形势的变化对社会保障制度进行了局部的调整，力图在最大限度内能够达到保障人民生活和促进经济发展的目标，但是政府在其中的职能也暴露出了很多不足，这个问题可以从如下几个方面来理解。

一、政府意志的绝对主导

（一）政府以绝对意志建立了传统社会保障

新中国成立以后，国家在总结革命根据地经验的基础上，开始思考法治的可能性，开始创立初步的行政法和行政法制度，包括社会保障领域的各项制度。当时行政法的主要目的是提高政府工作效率，保证和促进政府实现其担负的组织、管理、指挥社会主义革命和社会主义建设的任务，同时也有防止行政机关及其工作人员违法乱纪，保障公民权利和合法利益的作用。为了实现此种目的和作用，行政法着重调整行政机构和工作人员的职、权、责，使职、权、责明确和统一。[2] 政府非常重视社会保障制度的法制化，以此来

[1] 和春雷主编：《社会保障制度的国际比较》，法律出版社 2001 年版，第 95 页。

[2] 姜明安：《中国行政法治发展进程回顾——经验与教训》，载《政法论坛》2005 年第 5 期。

保障人民的基本生活，政府通过制定行政法规和规章规定社会保障的各项具体制度，在较短的时间内就建立了社会救济、社会优抚、社会保险和社会福利制度，为保护人民的基本生活和稳定社会秩序发挥了重要的作用。

（二）社会保障行政立法缺乏民主参与

建国初期，执政者虽然对行政法制比较重视，注重通过立法尤其是制定行政法规来建立社会保障制度和其他领域的行政法制，但是他们对法治的认识并不是很深刻的，并没有把它与民主政治密切地联系起来。从而当时所建立的行政法制并不是很完善的，并没有完全解决民主的法律化和制度化的问题。[1]党和政府习惯于发动群众、依靠群众，通过建立各种群众组织执行党和国家的方针、政策，完成党和国家确定的任务。当时这种参与制民主是很不完善的：群众的参与主要是执行的参与而不是决策的参与；群众的组织主要是官方或半官方的组织而不是群众自发的组织；群众组织和参与的目的主要是为了完成党和国家的任务而不是为了本团体、本阶层群众自己的利益。[2]在给付行政领域，政府制定社会保障的具体制度时并没有充分吸收保障对象参与决策，政府的出发点是不需要职工个人缴纳任何费用，个人只是权利的享有者，因此职工集体和个人无需参与制度的决策。

在传统社会保障下，社会保障的费用全部由政府（或国营企业）承担，个人虽无缴费的义务，却有享受保障的权利。这看起来似乎对双方都有利：个人可以尽情享受“免费的午餐”而不必承担衣食住行的任何风险，政府则能够一切按计划调动和配置社会资源。可是这种一切听凭政府安排的做法，既可能在免除个人义务的同时剥夺个人选择的自由，又可能造成个人对政府的过分依赖甚至依附。同时为了维持社会保障的运行，政府在城市长期实行了“低工资——高福利”的政策，政府尽可能地把个人可以自由支配的收入压低到仅能维持生存的水平，以便增大可供统一支配的收入部分。建国初期，

[1]姜明安：《中国行政法治发展进程回顾——经验与教训》，载《政法论坛》2005年第5期。

[2]姜明安：《公众参与与行政法治》，载《中国法学》2004年第2期。

政府发展经济的主要目标是加速实现社会主义工业化，为此政府必须从工业和农业两方面增加积累。为了维持较高的积累率，我国形成了二元化的社会结构，政府在经济转型前一直把个人消费控制在较低的水平上。在农村，通过农产品低价收购的办法把剩余产品转移到政府手中，使生活水平低于城市的农业人口长期得不到提高收入的机会；在城市，则以低工资、高福利和生活必需品价格补贴制度维持个人收入低水平，从而尽可能增加企业上交财政的利润。所谓的高福利也只是相对于工人基本的工资和农民极低的收入而言。若从个人生存和发展的需要来看，这些福利待遇水平并不高，因为它主要还是用于生存领域。[1] 在这样的政策下，农民不能表达自己的意愿，无法追求平等的生活保障，而且作为受益者的城市职工也不能参与政府的决策，只是被动地接受政府的保障而已。

近现代国家的宪法大多都规定了主权在民或者人民主权的原理。然而，由于间接民主制或者代议制的发展，使得国家权力的行使往往并不能正确表达甚至脱离人民的意思表示。尤其是伴随着国家行政权力渗透到各行各业乃至人们生活的方方面面，对行政权进行统制的传统手法，即立法统制、司法统制和行政的自我拘束等手法都呈现出局限性。[2] 在规制行政领域，为了保证行政权更好地为人民服务，提高行政效率，人民通过参与行政立法，可以及时地督促行政主体合法地行使手中的权力。在给付行政领域，政府不能因为社会保障是授益于人民的活动就不吸收人民参与制度的建构，人民的积极参与可以促进制度的更加完善并尽可能满足绝大多数人的利益和要求。

二、社会保障对象的有限性

（一）社会保障的覆盖面过于狭窄

在传统的社会保障制度下，由于我国工业化程度偏低，农业人口规模巨大，国家的财政能力薄弱，难以对农业劳动力提供与工业部门从业人员同等

[1] 朱玲：《计划经济下的社会保护评析》，载《中国社会科学》1998 年第 5 期。

[2] 杨建顺：《行政立法过程的民主参与和利益表达》，载《法商研究》2004 年第 3 期。

的保障待遇，因此社会保障对象是有限的，政府提供的养老、医疗和伤残保障等项目主要覆盖城市全民所有制企事业单位的职工，一部分集体所有制单位参照执行。

（二）政府没有将农民纳入社会保障的范围

社会保障制度是建立在工业化和城市化基础之上的，鉴于我国农村传统的生产方式，政府没有将农民纳入社会保障的范围，而是通过以下措施保障农民的基本生活：（1）以土地保障农民的生存。20 世纪 50 年代初政府通过土地改革将土地分配给农民，随后政府对农业实行社会主义改造，通过农业集体化，实行了农民对土地的集体所有。无论是农民个人拥有土地所有权还是农村集体拥有土地所有权，农民在这两种形式下其实都有田可耕，从而农民及其家庭依靠土地来保障其生存。在计划经济体制下，受到农作物产量的限制，政府通过统购统销政策低价收取农民的剩余农产品，农民只留下必要的口粮，集体组织只留有少量用于集体储备以及公共积累和公益事业的农产品。政府通过农业政策保障农民及其家庭较低水平的生活，通过农村集体经济组织来保证农民的生存。（2）建立农村保健防护网与合作医疗制度，农民可以支付较低的费用获得卫生防疫和流行病防治方面的服务。农村合作医疗有效地减少了农村人口因小病不治而丧失健康和劳动能力的风险。在 20 世纪 60 年代和 70 年代，即合作医疗制度发展的高峰期，全国 80% 左右的村庄都在这一制度的覆盖之下。[1]（3）建立“五保”制度。1956 年政府开始在农村建立“五保”制度，由农村集体生产组织对农村无法定抚养人、无劳动能力、无生活来源的老年人，实行“五保”：保吃、保穿、保住、保医、保葬。[2] 尽管保障的水平不高，但是政府毕竟将五保对象纳入了救济范围，提供了他们的基本生活需要，有效地保护了这一弱势群体的生存权利。

---

[1] 朱玲：《计划经济下的社会保护评析》，载《中国社会科学》1998 年第 5 期。

[2] 郭孟谦：《社会救济养老制度在农村的实施》，载《中国青年政治学院学报》2004 年第 1 期。

三、政府的过度控制

（一）政府控制力的全面延伸

新中国成立以后，党和政府要在短时期内恢复国民经济，进行社会主义建设，但是西方国家对我国进行经济封锁与政治隔离，政府产生了强烈的危机感，这种危机感不仅来自于巩固新生政权的需要，更多地来自于国家在社会经济发展方面所处的困境。当时我国所能学习的就是苏联以重工业为中心的工业化建设经验，政府为了尽快地实现工业化，顺理成章地选择了重工业优先发展的战略。[1] 而要实现这个任务，国家建立一个强势政府是必不可少的，以行政权推动经济社会发展成为政府的必然选择。

在对农村实行土地改革和对城市进行社会主义改造的过程中，新中国的政权建设进一步得到巩固。农村的土地改革彻底打破了以家族为中心的传统社会结构，政府对农村基层组织实行了标准化建设，逐步确立了公社、生产大队和生产队三级管理体制。通过对城市的公私合营，政府将国营企业纳入行政组织系统之中，与此同时，政府的权力也渗透到城市的基层，正式的科层机构一直延伸到街道一级。这样，以中央政权为核心内容的政治模式在新中国广泛推行开来。政府参照苏联的计划经济模式，通过一整套较为严格的行政系统对经济生活乃至社会生活进行全面的控制。[2] 在这种模式下，市场消失了，社会自治领域也没有了，政府的权力渗透到社会的各个领域和个人生活的许多方面。这种模式以集体主义为基础，带着浓厚的国家主义色彩，力图通过集中的物质和精神力量，来实现社会的整体目标，故而从本质上不

[1] 董炯著：《国家、公民与行政法——一个国家一社会的角度》，北京大学出版社 2001 年版，第 161 页。

[2] 参见董炯著：《国家、公民与行政法——一个国家一社会的角度》，北京大学出版社 2001 年版，第 163 页。作者将政府的这种状态称为“全能政府”，意在表明政府无所不包，控制国家和社会生活的每个领域。但是任何时期、任何国家的政府都不可能将其触角伸到国家的所有角落，对社会进行没有疏漏的控制，因此全能政府是不现实的，其施政的范围总是有局限性的。

承认独立于国家的社会自治领域的存在。[1]但在事实上政府再强大，也不可能做到无所不能，由于社会需求千变万化，政府并不能完全控制整个社会，当政府试图凭借强大的行政权深入控制社会时，往往超越其能力范围，常常导致行政管理失灵，管了许多不该管的事，而真正需要政府管理的事情却没有办好。

（二）政府对社会保障的过度控制

政府完全包揽了社会保障资金的筹集和管理，对社会保障基金实行现收现付制。社会保障资金不仅脱离于每一个具体的保障对象，而且社会也无法对其进行必要的监督。在计划经济体制下，国营企业几乎就是政府机构的延长部分，承担着相当数量的政府职能。而且企业不是独立经营的实体，政府控制了企业的所有经营活动，企业一般按工资总额的一定比率而不是根据每一个职工的工资额提取社会保险金。这种筹资方式固然简便易行，可是它没有提供单个保障对象的信息，使得保障机构不可能建立相应的个人账户，从而也不可能根据与特定个人相关的投保期限确认享有资格及待遇水平，其结果显然是在社会保险领域引入了一个“大锅饭”制度。在这样的制度背景下，个人不关心也无从关心保险金的使用和管理，更难以预期自己究竟可以从中得到何种待遇，因为那取决于个人的就业年头和政府的决策而不是其它。因此计划经济体制下传统社会保障中的社会保险项目，例如工伤、养老和医疗保险，实质上缺乏社会统筹和社会共给的特性，而更多地属于国家保障和政府保障。[2]在传统的社会保险制度下，由于没有设定个人账户，职工都是由单位提供保险待遇，如果企业关闭或者破产，职工个人就不能继续享受社会保险了，其养老、医疗等问题就无以保障。

[1]董炯著：《国家、公民与行政法——一个国家—社会的角度》，北京大学出版社2001年版，第164页。

[2]朱玲：《计划经济下的社会保护评析》，载《中国社会科学》1998年第5期。

四、失业保险的缺失

新中国建立以后，政府没有建立失业保险制度。这样做的理论依据出自马克思主义经典作家的经济学说。马克思通过对资本主义发展初期工人阶级生活状况的考察和对资本积累的理论分析，指出了资本积累和失业现象存在着必然的联系。他认为，劳动生产力的发展引起资本技术构成提高，使得可变资本相对减少，其现象即为机器排挤工人，形成相对过剩人口或失业人口。这一产业后备军的存在形成对在业工人的压力，从而使后者或过度劳动或不得不接受低于劳动力价值的工资。因此，资本积累的必然产物就是失业和贫困，解决这个问题的根本出路是建立无产阶级政权，消灭私有制。[1] 因此，当中国共产党领导全国人民取得革命胜利以后，首先在城市面对大量失业的工人，为了保障人们的基本生活，并尽快恢复国民经济，政府认为剥夺私人资本以后就会消除失业和贫困，在社会主义制度下不应该有失业现象。政府致力于解决人们的就业问题，在城市力争每一个有劳动能力的居民都能参加工作，通过劳动，既能解决个人及其家庭的生活问题，又能为国家创造财富，结果在社会保险中没有建立失业保险制度，为以后解决失业问题埋下了隐患。

五、对计划经济体制的严重依赖

传统的社会保障制度是随着计划经济体制的确立而发展起来的，它既服务于计划经济体制，构成保证该体制正常运转的一种社会稳定机制，同时又必然严重依附于计划经济体制，受到这种体制下经济运行方式的制约。之所以形成社会保障企业化就是以计划经济体制下企业与国家之间软预算约束关系为前提的。由于在计划经济体制中，企业只是国家有关管理部门的附属物，而不是自主经营、自负盈亏的经济实体，企业与国家在财务上实行统收统支，统负盈亏，即各企业统吃政府财政的大锅饭，因此一方面国家规定的各项社会保障制度必然要靠企业这一行政隶属系统中的最基层单位来加以具体贯彻

[1] 朱玲：《计划经济下的社会保护评析》，载《中国社会科学》1998 年第 5 期。

落实，另一方面企业为贯彻实施各项社会保障制度所支付的费用，由企业实报实销，最终由政府财政包下来，并不会给企业自身的经营在财务上造成任何负担，不会影响企业自身的经济利益。[1]因此，政府承担了维持社会保障事业的大部分费用，社会保障最终成为国家保障和政府保障，严重依赖于计划经济体制，制约了社会保障中行政职能的发挥。

小结

新中国成立以后，代表全国各族人民根本利益的共产党致力于消灭剥削，消除两极分化，建立社会主义制度，构造一个公平地社会，努力提高人民的生活水平，为此在城市尽快实现社会主义工业化，并在农村建立集体经济，逐步形成了二元化的社会结构。政府基于国家主义和集体主义的传统，建立了以城镇职工为主要保障对象的传统社会保障，并从20世纪50年代开始进行调整，在城市统一退休制度，调整公费医疗和劳保医疗制度，并且逐步提高职工的社会保障待遇，尽可能地满足职工及其家庭的基本生活需要；在农村建立合作医疗制度和“五保”制度，利用集体经济来满足农民的医疗、养老等基本生活需要。但是由于严重依赖于计划经济体制，政府在传统社会保障中包揽过多，在60年代末又取消了社会保险的统筹制度，将社会保障变为单位保障，造成给付的不公平。在计划经济时期，由于生产力发展水平的限制，无论在城镇还是农村，政府都给予了较低水平地给付。随着计划经济体制向市场经济体制的转变，传统社会保障失去了原有体制的支撑，政府在传统社会保障中的行政职能遭遇挑战，不得不进行改革，建立适应社会经济发展要求的新型社会保障，来满足人们的生存需要。

[1] 卫兴华主编：《中国社会保障制度研究》，中国人民大学出版社1994年版，第75页。

第五章

我国的新型社会保障

第一节　新型社会保障中政府职能的合理定位

一、新型社会保障中政府职能的根本法定位

解决生存问题最初原本是个人及其家庭的事情，但是伴随着工业化和城市化的进程，仅仅依靠个人的力量，越来越多的公民面临着难以解决其生存的问题。因此保障个人的生存成为现代政府的一项重要职责，生存权也就上升为个人的一项基本权利，并且成为宪法关注的对象。政府正是根据宪法的规定来保障公民的生存从而具备了社会保障行政的职能，所以宪法是政府履行社会保障行政职能的最根本的法律基础。

（一）1982 年宪法对社会保障中行政职能的定位

宪法在公民的基本权利中从两个方面规定了政府的社会保障职能：

1. 退休制度

宪法在第 44 条规定，“国家依照法律规定实行企业事业组织的职工和国家机关工作人员的退休制度，退休人员的生活受到国家和社会的保障”，将新中国成立以后实行的退休制度在根本法中予以确认，解决了国家机关工作人员和企事业组织的职工退休后的基本生活问题。

2. 获得物质帮助权

在全面总结1954年宪法的基础上，现行宪法确立了公民的获得物质帮助权，第45条规定："公民在年老、疾病或者丧失劳动能力的情况下，有从国家和社会获得物质帮助的权利。国家发展为公民享受这些权利所需要的社会保险、社会救济和医疗卫生事业。国家和社会保障残废军人的生活，抚恤烈士家属，优待军人家属。国家和社会帮助安排盲、聋、哑和其他有残疾的公民的劳动、生活和教育"。和1954年宪法相比，1982年宪法增加了对残疾军人、军烈属的社会优抚和对残疾人的社会福利制度，社会保障的对象更为广泛。

尽管现行宪法并没有出现"社会保障制度"的字样，而是规定了社会保险、社会救济等具体制度，再加上社会优抚和社会福利制度，宪法实际上已经规定了社会保障的主要内容。宪法做这样的安排，是从我国的实际国情出发的。宪法并不以确认和宣布公民的基本权利为足而是尽可能为之设置必要的物质保障，同时，宪法所规定的物质保障等措施又是从具体国情出发实事求是的。[1]宪法规范具有最高的法律效力，健全的法治社会是以宪法规范的至上性为基础的社会，它构成社会生活统一与协调的基础。[2]从宪法的规定来看，我国对社会保障对象的规定是选择性的，而不是普遍性的，即国家只对需要帮助的公民给予物质保障，其帮助对象是特定的。国家当时更注重从微观着手，建立相应的制度，在财力允许的范围内为特定的公民提供力所能及的帮助。如果超越了我国的现实环境，在宪法中规定完备的社会保障制度，对所有公民宣布给予普遍性给付，国家没有足够的能力给予支持，反而会让宪法规范流于形式，失去应有的作用。

国家出于对全面修改根本法的重视，在修改宪法的过程中广泛动员人民群众参与讨论。现行宪法不是少数人关起门来起草，而是依靠广大群众，在群众的广泛参与下完成的。广大干部以及普通群众都表现了对宪法的高度关心，他们的积极性与主动性的发挥是空前的。宪法修改委员会正是遵循着专门机构与群众相结合的工作路线，才出色地完成了修宪的任务。[3]人民群众

---

[1]许崇德：《中国〈宪法〉：人民权利保障书》，载《人权》2003年第1期。

[2]韩大元：《论宪法规范的至上性》，载《法学评论》1999年第4期。

[3]许崇德：《现代宪法产生过程的特点》，载《法学研究》2003年第1期。

在积极参与修改宪法的讨论中同时也增强了对公民基本权利的理解，要求国家保护其生存权的意识更加强烈了，对此政府作为义务主体就必须根据宪法的规定来履行自己的职责。

（二）2004年宪法修正案对社会保障制度的规定

宪法不是固定不动的，必须反映变动中的社会现实。根据宪法与社会现实的相互关系，宪法一方面要积极适应社会现实的需要，另一方面要在社会变革中保持其规范的至上性，需要以规范性约束社会的现实性。法治的核心是宪法价值的维护，即以宪法规范的要求作为社会秩序正当与否的基础，赋予宪法以普遍的约束力。社会变革价值性基础在于法治原理，而法治的首要原理与意义就是实现宪法价值的具体化、现实化与规范化。[1]根据我国经济社会发展的需要，2004年3月14日第十届全国人民代表大会第二次会议通过宪法修正案，其中修正案第23条规定，“国家建立健全同经济发展水平相适应的社会保障制度”，作为对宪法第14条的补充。修正案在宪法总纲中规定了社会保障制度，作为我国经济制度的重要组成部分，表明了国家对社会保障制度的高度重视。人民的根本利益是修宪的出发点和落脚点，对宪法的修改正是由宪法的人民性所决定的。[2]宪法明确规定了社会保障制度，以宪法规范来保障人民的生存，正是维护人民根本利益的集中体现。

同时宪法修正案第24条规定国家尊重和保障人权，在宪法中做出这样的宣示，体现了社会主义制度的本质要求，有利于推进我国社会主义人权事业的发展，有利于我们在国际人权事业中进行交流和合作。从政府法制建设的角度看，必须在政府的决策和执法过程中更多地考虑“以人为本”、便民第一、诚信服务的新型政府理念。政府法制建设应当在强调转变政府职能的同时，明确政府在建立健全社会保障制度中的职责，社会各阶层都能够在全面建设小康社会的过程中享受幸福的生活。[3]宪法对社会保障制度的规定和

[1]韩大元：《论宪法规范的至上性》，载《法学评论》1999年第4期。

[2]参见许崇德：《论2004年修宪的过程和特点》，载《上海财经大学学报》2004年第5期。

[3]杨建顺：《修宪后政府法制建设新课题》，载《法制日报》2004年3月24日。

修正案第24条“国家尊重和保障人权”是相互对应的，人权的内涵是非常庞大的，包括许多方面，而保护公民的生存权、提高公民的生活水平是保障人权的重要内容。宪法既然将社会保障规定为公民的基本权利之一，政府就有义务将这些规定予以具体落实，使公民的生存权得到真正的实现。

二、新型社会保障中政府职能的法律规定

宪法原则性地规定了社会保障制度，立法机关通过法律也在相关的领域规定了社会保障的内容。

（一）社会保险

《社会保险法》规定国家建立基本养老保险、基本医疗保险、工伤保险、失业保险、生育保险等社会保险制度，保障公民在年老、疾病、工伤、失业、生育等情况下依法从国家和社会获得物质帮助的权利，维护公民参加社会保险和享受社会保险待遇的合法权益，使公民共享发展成果，促进社会和谐稳定。[1]《劳动法》第70条规定：“国家发展社会保险事业，建立社会保险制度，设立社会保险基金，使劳动者在年老、患病、工伤、失业、生育等情况下获得帮助和补偿。”并规定社会保险水平应当与社会经济发展水平和社会承受能力相适应。《劳动法》从保护劳动者的角度规定了社会保险制度，通过社会保险保障劳动者的基本生活。《老年人权益保障法》在第20条和第25条分别规定国家建立养老保险制度和医疗保险制度，保障老年人的基本生活和基本医疗需要，这是从保护老年人的角度对社会保险做出的规定。

（二）社会福利

立法机关从两个方面规定了社会福利制度：

1. 职业福利

《劳动法》第76条规定：“国家发展社会福利事业，兴建公共福利设施，为劳动者休息、休养和疗养提供条件。用人单位应当创造条件，改善集体福

[1]《社会保险法》第1、2条，www.gov.cn.

利，提高劳动者的福利待遇。”这里所指的社会福利就其实质而言，是主要为劳动者提供的职业福利，而不是面向整个社会的。

2. 民政福利

《老年人权益保障法》第 33 条规定：“国家建立和完善老年人福利制度，根据经济社会发展水平和老年人的实际需要，增加老年人的社会福利。国家鼓励地方建立八十周岁以上低收入老年人高龄津贴制度。国家建立和完善计划生育家庭老年人扶助制度。农村可以将未承包的集体所有的部分土地、山林、水面、滩涂等作为养老基地，收益供老年人养老。”《妇女权益保障法》第 28 条规定：“国家发展社会保险、社会救助、社会福利和医疗卫生事业，保障妇女享有社会保险、社会救助、社会福利和卫生保健等权益。”第 29 条规定：“国家推行生育保险制度，建立健全与生育相关的其他保障制度。地方各级人民政府和有关部门应当按照有关规定为贫困妇女提供必要的生育救助。”《未成年人保护法》第 43 条规定：“对孤儿、无法查明其父母或者其他监护人的以及其他生活无着的未成年人，由民政部门设立的儿童福利机构收留抚养。”《残疾人保障法》第 32 条规定：“政府和社会举办残疾人福利企业、盲人按摩机构和其他福利性单位，集中安排残疾人就业。”上述法律对老年人、妇女、残疾人和孤儿等特殊群体在社会福利方面的规定属于民政福利的范畴，和职业福利相比，民政福利需要政府和社会各界共同参与，具有更强的社会性。

（三）社会优抚

《国防法》第 60 条规定：“国家和社会优待现役军人。”第 63 条规定：“国家和社会优待现役军人家属，抚恤优待烈士家属和因公牺牲、病故军人的家属，在就业、住房、义务教育等方面给予照顾。”《兵役法》第 56 条规定：“现役军人，革命残废军人，退出现役的军人，革命烈士家属，牺牲、病故军人家属，现役军人家属，应当受到社会的尊重，受到国家和人民群众的优待。”《国防法》和《兵役法》规定国家和社会优待军人及其家属，体现了国家对这个群体的特殊保护，对维护国家安全具有特别重要地意义。

上述法律中，既有关于社会保障的专门性立法——《社会保险法》，也有法律从不同的角度规定了社会保障的相关内容，就总体而言，这些法律就社会保障做了系统性的规定，构成了我国社会保障方面的法律体系。

三、新型社会保障中政府职能的具体实现

（一）将宪法法律规范予以具体化

1. 宪法规范的间接法律效力性

宪法规范规定国家生活各方面的根本制度、根本原则，是国家各种具体生活和制度的最终根据及渊源，具有根本的创制性。和其他法律规范的具体化相比，宪法规范具有极强的原则性，宪法规范面对它所应调整的广泛的社会关系，只能做出原则性的规定，即不可能也没有必要做出具体而详尽的规定。[1] 在大部分情况下，宪法只具有间接的法律效力，即当国家的立法机关通过立法活动（法律）将宪法的规定、原则及精神作了具体化的规定的情况下，对社会关系起直接调整和规范作用的是一般的法律规范，而非宪法规范。[2] 在社会保障方面，宪法只是原则性地规定了国家要建立社会保障制度，至于其具体内容则有赖于立法机关和行政机关分别制定法律、行政法规、规章和其他规范性文件予以实施，从而实现宪法规范的要求，最终达到保障人民生存的目的。

2. 通过社会保障行政保障公民的生存

宪法的产生和实施为行政法作为一个独立的部门法的形成，提供了政治基础。[3] 行政法的基础和调整对象是一定层次的公共利益和个人利益关系，社会主义国家承认公共利益与个人利益的一致性，并认为只有在社会主义国家里才存在根本的一致性。[4] 新中国成立以后，政府建立了以城镇职工为主要保障对象的社会保障制度，社会保障为保护公民的生存和稳定社会秩序发挥了重要的作用，为经济建设提供了稳定的社会基础。由于在传统的社会保障制

[1] 参见胡锦光：《论宪法规范的基本特点》，载《中国人民大学学报》1996 年第 2 期。
[2] 胡锦光著：《中国宪法问题研究》，新华出版社 1998 年版，第 67 页。
[3] 叶必丰：《二十世纪中国行政法学的回顾与定位》，载《法学评论》1998 年第 4 期。
[4] 叶必丰著：《行政法的人文精神》，北京大学出版社 2005 年版，第 106 页。

度下，政府包揽过多，社会保障变为国家保障，因此新时期我国的社会政策强调以减轻企业（国家）的社会负担、增加家庭和个人的责任为主导思想。[1] 其实，政府在建立新型的社会保障制度时责无旁贷，要为整个制度确立规则，保证制度的顺利运行。作为现代给付行政职能的表现形式之一，社会保障行政担负着保护公民生存和维持社会稳定的重要职责，要准确定位，把握介入公民生活领域的界限，既不能包揽过多，又要确保公民的生存权能够实现。

（二）通过行政立法开展社会保障行政活动

1. 政府通过行政立法规定社会保障制度

宪法第 89 条规定国务院领导和管理经济工作、卫生和民政等工作，并可以就此规定行政措施，制定行政法规，发布决定和命令。依据宪法的这条规定，《立法法》第 56 条规定："国务院根据宪法和法律，制定行政法规。行政法规可以就下列事项作出规定：（一）为执行法律的规定需要制定行政法规的事项；（二）宪法第 89 条规定的国务院行政管理职权的事项。应当由全国人民代表大会及其常务委员会制定法律的事项，国务院根据全国人民代表大会及其常务委员会的授权决定先制定的行政法规，经过实践检验，制定法律的条件成熟时，国务院应当及时提请全国人民代表大会及其常务委员会制定法律。"

在社会保障方面，在立法机关没有制定法律规定具体制度前[2]，国务院根据宪法，先后制定了《农村五保供养工作条例》（1994 年 1 月颁布，2006 年 1 月修订）、《关于建立统一的企业职工基本养老保险制度的决定》（1997 年 7 月）、《关于建立城镇职工基本医疗保险制度的决定》（1998 年 12 月）、《失业保险条例》（1999 年 1 月）、《社会保险费征缴暂行条例》（1999 年 1 月）、《城市居民最低生活保障条例》（1999 年 9 月）等行政法规，国务院有关部委和有行政立法权的地方政府根据行政法规也制定了相应的规章，行政机关制定

[1] 参见张秀兰、徐月宾：《建构中国的发展型家庭政策》，载《中国社会科学》2003 年第 6 期。

[2] 2010 年 10 月 28 日《社会保险法》由全国人民代表大会常务委员会通过，自 2011 年 7 月 1 日起施行。

这些行政法规和规章，建立了社会保障制度的基本体系，为社会保障的顺利开展提供了法律依据。

表 5-1：我国目前社会保障的法律体系

项目	法律、法规名称	被保障对象	管理部门
社会救助	城市居民最低生活保障条例	城市贫困居民	民政部门
	农村五保供养工作条例	老年、残疾或未满 16 岁的村民	乡镇人民政府
	中国农村扶贫开发纲要	农村贫困居民	各级政府
养老保险	社会保险法　劳动法	城镇职工	人力资源和社会保障部门
	老年人权益保障法		
	关于建立统一的企业职工养老保险制度的决定		
	关于完善城镇社会保障体系试点方案		
医疗保险	社会保险法　劳动法	城镇职工	
	老年人权益保障法		
	劳动保险条例		
	关于建立城镇职工基本医疗保险制度的决定		
失业保险	社会保险法　劳动法	企事业单位职工	
	失业保险条例		
工伤保险	社会保险法　劳动法	企业职工或者雇工	
	工伤保险条例		
生育保险	社会保险法　劳动法　妇女权益保障法	城镇育龄女职工	人力资源和社会保障部门
	女职工劳动保护规定		
社会福利	老年人权益保障法　妇女权益保障法	老年人	民政部门
	未成年人保护法	未成年人	
	残疾人保障法	残疾人	

（表 5-1 续表）

项目	法律、法规名称	被保障对象	管理部门
社会优抚	国防法	军人及其家属	民政部门
	兵役法		
	关于军队干部退休的暂行规定		
	关于军队干部离职休养的暂行规定		
	退伍义务兵安置条例		
	军人抚恤优待条例		
	革命烈士褒扬条例		

《立法法》第 8 条第 8 项规定立法机关应当制定法律来规定基本经济制度以及财政、税收、海关、金融和外贸的基本制度。对于这一项，有学者认为：除基本经济制度和已经点明了的五项具体经济制度以外，法律未予写明的经济制度如社会保障制度等不属于法律保留的事项范围，这样，在这些法律处于法律空白状态时，是可以由行政法规或地方立法先行规定的。[1] 这种看法在 2004 年宪法修正案通过以前是正确的，因为 1982 年宪法仅在公民的基本权利中规定了社会保险、社会救济、社会福利和社会优抚等具体的社会保障制度，以此为手段来保护公民的基本权利。宪法没有将社会保障制度作为国家的基本经济制度，立法机关也没有授权国务院立法，因此国务院及其职能部门和地方政府分别以行政法规和规章的形式规定社会保障的各项具体制度，并付诸实施。但是到了 2004 年宪法修改以后，这种看法就不能适应形势的发展了。2004 年宪法修正案第 23 条规定国家建立健全同经济发展水平相适应的社会保障制度，作为对宪法第 14 条的补充，从此宪法将社会保障制度规定为我国经济制度的重要组成部分，根据立法法的规定，立法机关就应当及时制定法律来规定社会保障的各项制度。为此，2010 年 10 月 28 日，

[1] 刘莘著：《行政立法研究》，法律出版社 2003 年版，第 78 页。

全国人民代表大会常务委员会通过了《社会保险法》，确立了我国社会保障领域最核心的法律制度。

2. 社会保障行政立法应当遵守立法程序

（1）民主参与

第一，一般民众的参与。社会保障涉及千家万户的切身利益，政府对社会保障的行政立法应当鼓励公众积极参与，为行政立法出谋划策。公众的参与可以促使行政机关的决策更加全面，参与型行政的理念是民主政治原理的体现，也是行政权获得正当性的重要保障。[1]公众参与立法时，行政机关应当建立健全政务信息公开制度，扩大公民对政务的知情范围和知情度。信息公开是公众有效参与的基本条件和前提，没有信息公开，公民不了解政府决策、决定的事实根据、形成过程、基本目标、预期的成本和效益等情况，就很难对政府的相应决策、决定进行评价，提出自己的意见、建议，公民参与很可能就只是一种走形式、走过场。[2]因此，行政机关应当建立规范化的政务信息公开制度，保证公众能够知晓所要了解的信息，公众参与立法时才能够提供深思熟虑的建议，从而保证行政立法的准确性和可适用性。

第二，专家的参与。我国在立法工作中一贯重视专家的作用，在修改宪法时尤其如此。同一般的法律相比较，宪法的内容在广度上更为宽阔，在深度上更为精邃。这就决定了起草、制定宪法，需要更为丰富的理论、知识和才智。因此在修宪的工作过程中，重视发挥专家的作用是必要的，也是极其正确的。它构成了现行宪法制定过程中的显著特色之一。[3]不仅修改宪法时专家的意见得到充分的尊重，行政机关在行政立法时同样重视聘请专家参与

[1]参与型行政，亦称互动型行政，是指行政机关及其他组织在行使国家行政权，从事国家事务和社会公共事务管理的过程中，广泛吸收私人参与行政决策、行政计划、行政立法、行政决定、行政执行的过程，充分尊重私人的自主性、自立性和创造性，承认私人在行政管理中有一定程度的主体性，明确私人参与行政的权利和行政机关的责任和义务，共同创造互动、协调、协商和对话行政的程序和制度。——杨建顺：《行政立法的正当程序与参与型行政》，载《中国医药报》2005 年 4 月 19 日。

[2]姜明安：《公众参与与行政法治》，载《中国法学》2004 年第 2 期。

[3]许崇德：《现代宪法产生过程的特点》，载《法学研究》2003 年第 1 期。

决策。社会保障立法涉及法学、社会学、经济学等多个领域，具有很强的综合性，为了保证立法的客观与全面，必须聘请专家参与立法。行政立法过程中的利益表达机制，应当强调对包括行政法专家在内的法律专家以及各个领域专家的重视。行政立法是一项技术性很强的专业工作，包括行政法专家在内的法律专家参与行政法规、规章及其他规范性文件的制定无疑具有特别重要的意义。同样，其他各个领域的专家参与相关领域的行政立法，亦是不可或缺的。专家学者的视野比较宽广，立场比较客观中立，在各自的专业领域比较有发言权。就行政立法的起草而言，政府法制部门的工作人员、具有丰富实践经验的行政人员加上法律专家乃至各个领域的专家，这才是最佳的组合。由这样的群体从事行政立法起草工作，不仅能降低立法成本，取得事半功倍的效果，而且能确保立法的科学性，实现立法民主化与决策科学化的统一。因此，在行政立法的过程中，法律专家和各个领域专家参与起草或接受咨询，应当作为强制性的程序规则并有相应的制度保障。[1]

（2）部门之间的协调

行政机关负责社会保障的行政立法，如财政部负责参与国家社会保障法规、政策、制度的研究、制订，人力资源和社会保障部起草社会保险法律法规，制定行政规章和基本标准，拟定养老、失业、医疗、工伤、生育社会保险的基本政策和基本标准，民政部负责拟定优抚安置、社会救助和社会福利的方针、政策、规章。以上机关的行政立法职责具有交叉性，因此有关社会保障的行政立法往往需要多个部门共同参与，协调进行。《行政法规制定程序条例》第13条规定："起草行政法规，起草部门应当就涉及其他部门的职责或者与其他部门关系紧密的规定，与有关部门协商一致。"《规章制定程序条例》第16条规定起草行政规章，涉及其他部门的职责或者与其他部门关系紧密的，起草单位应当充分征求其他部门的意见。各部门在拟定行政法规和规章的过程中相互协调，能够避免立法之间的冲突，保证行政立法的统一。

（3）比较方案的选择

政府建立社会保障，是其积极行政的表现，政府的积极行政必须有个人

[1] 杨建顺：《行政立法过程的民主参与和利益表达》，载《法商研究》2004年第3期。

和利益的代表参与，必须考虑各自利益。[1]社会保障作为保护公民生存权的重要方式，事关公民的切身利益，政府在对社会保障进行行政立法时应当格外慎重，往往会有多种方案以供选择，在立法过程中应当深入调查研究，总结实践经验，在充分衡量各方利益的基础上做出决定。

（三）管理社会保障

1. 政府设立专门机关管理社会保障

社会保障是社会化事业，要求有社会化、专业化的社会保障管理，从政府的角度出发，依法建立起符合社会保障运行规律的社会保障管理机构是非常重要的任务。国家应当根据社会保障事务的多寡设置一个或者多个专门的社会保障部门，管理社会保障事务应当成为其主要职责。同时，明确各管理部门的管理职责，即每个管理部门乃至部门内部机构、各岗位都需要确定相应的管理职责，专岗、专人、专责是避免社会保障管理过程中相互扯皮、不负责任现象的基本前提。1998 年国务院组建劳动和社会保障部，统一管理全国的劳动和社会保险事务，结束了中央一级对社会保险多头管理、政出多门的现象。人力资源和社会保障部[2]的主要职责是管理社会保险事务，负责管理社会保险事业的内部行政机构主要有养老保险司、医疗保险司、失业保险司、农村社会保险司和社会保障基金监督司。民政部设立优抚安置局、最低生活保障司、救灾救济司、社会福利和社会事务司来负责管理全国的社会福利、社会救助和社会优抚保障，地方各级民政部门具体负责管理和运行。[3]

2. 中央政府和地方政府共同管理

1982 年宪法规定国务院领导和管理全国的经济工作和城乡建设，1979 年制定，经过 1982 年、1986 年、1995 年和 2004 年修改的《地方各级人民代表大会和地方各级人民政府组织法》规定县级以上各级政府执行国民经济

[1] 参见 [美] 理查德·B. 斯图尔特著，沈岿译：《美国行政法的重构》，商务印书馆 2002 年版，第 27 页。

[2] 2008 年 3 月，根据国务院机构改革方案，劳动和社会保障部与人事部合并为人力资源和社会保障部。

[3] 许兵：《社会保障制度的责任主体》，载《新东方》2006 年第 2 期。

和社会发展计划，管理本行政区域内的经济、教育、科学、文化、卫生、体育事业以及其他行政工作。宪法和组织法没有明确划分中央政府和地方政府的职权范围，仅作了原则性的规定。1993年《中共中央关于建立社会主义市场经济体制若干问题的决定》规定转变政府职能，改革政府机构，政府管理经济的职能包括调节社会分配和组织社会保障，但是也没有明确中央政府和地方政府究竟在社会保障方面各承担何种责任。中央和地方财政支出比例不合理，与中央和地方政府的财政收入相比，在社会保障方面的财政支出方面比例失衡，地方政府支出比例大大超过中央政府。加强社会保障财政投入，既不能完全由中央政府全部负责，也不能加重地方政府负担，而应该在中央和地方政府之间合理划分支出责任，要在明确中央和地方政府社会保障事权的基础上，明确各级政府在不同社会保障项目中的财政投入责任。[1]

让我们来看看美国的实践。1935年社会保障法是第一个由联邦政府承担义务的、全国性的、以解决老年和失业问题为主体的社会保障立法。在此以后的半个世纪中，历届政府又有许多新提议，使医疗保健、教育、住宅等更多方面的社会保障计划进一步建立起来。分析1935年美国所建立的社会保障，有两点是与美国的传统不同的：第一，在社会保障领域由联邦政府承担前所未有的行政责任，联邦政府而不是州、地方政府或者私人团体对退休计划进行管理，同时规定职工参加这一计划是强制性的；第二，它允许联邦政府对财政困难的地方政府给以特别拨款，使它们能向特别贫困的老年人、盲人和需要抚养未成年子女的单身母亲家庭提供资助。1981年里根政府开始对社会保障制度进行较大范围的改革，大幅度削减社会福利开支，首先是对社会保险的改革，严格享受福利待遇的条件，以解决当时出现的过重的社会福利负担，联邦政府减少了对州政府在医疗补助方面的补贴，同时把联邦政府的责任向州和地方政府转移，要求从1984年财政年度起，由州和地方政府承担除医疗照顾以外的由联邦政府和州、地方政府三级政府共同负担的医疗补助项目，州和地方政府还承担援助需要抚养子女的家庭以

[1] 王延中、龙玉其：《改革开放以来中国政府社会保障支出分析》，《财贸经济》2011年第1期。

及食品券补助的责任。[1]美国从由联邦政府负责社会保障责任到由联邦政府、州和地方政府共同承担责任，这种作法是值得我国参考和借鉴的。

在我国的社会保障制度中，中央政府能否只履行指导职能，由地方政府作为直接责任主体承担管理和执行社会保障制度的责任呢？这种想法不符合我国的实际情况。因为从历史上我国就是一个中央集权的国家，中央政府对全国各地方有很强的控制力。从国家结构形式上来讲我国是单一制国家，全国各个地方（包括港澳台在内）都是国家不可分离的组成部分，地方政府都必须服从中央政府的决定和命令，中央政府对全国的政治、经济和文化事务拥有强大的调控能力。自从1994年国家实行分税制改革以来，按税种将财政收入分为中央税、地方税和中央地方共享税，扭转了长期以来中央政府依靠地方上解过日子的状况，提高了中央财政收入的比重，构筑了中央财力占“大头”的政府间财力分配格局，自此中央政府和地方政府分别有了各自稳定的税收，特别是中央政府掌握了较为充足的财政收入，在全国范围内进一步加强了调控能力，实施了许多地方政府无力单独完成的重大项目。实施社会保障制度是事关全国人民的重大问题，必须由中央政府作出统一决策，在全国范围内组织实施。地方政府特别是经济基础比较差的地区没有完全的能力来对辖区内的公民提供必要的社会保障，这个任务应当由中央政府和地方政府共同来完成。这样做既符合我国单一制国家的传统，又符合我国现阶段的国情，因而是切实可行的。

（四）提供财政投入保障体系

1. 对社会保障提供财政支持

我国的社会保障体系中，可分为两个层次：社会救济、社会福利和社会优抚是第一层次；社会保险是第二层次。对于社会保障的第一层次，各级政府承担主要责任，由政府以财政资金负责兴办和维持。如在社会优抚中，政府是主体，社会是辅助，家庭是基础。优抚保障是一种补偿和褒扬性质的特

[1] 参见刘燕生著：《社会保障的起源、发展和道路选择》，法律出版社2001年版，第303页。

殊社会保障，保障对象是为革命事业和国家安全作出牺牲和贡献的特殊社会群体，毫无疑问，国家在优抚保障中，应当承担资金保障主体责任和组织实施责任。[1]对于社会保障的第二层次，由于我国已经确定由政府、企业和个人共同负担的基本原则，因此，政府财政应当为社会保险事业承担适当的比例，作为对社会保险的支持。关于这个问题，我国的情况比较复杂。由于我国近年来才开始建立新型的社会保险制度，基本养老保险初具规模，而医疗保险和失业保险的建立刚刚起步，因此对广大的离退休职工来说，政府要承担补缴历史欠账的责任，以财政资金补足社会保险基金的缺口。

2000年8月，党中央、国务院决定建立“全国社会保障基金”，同时设立“全国社会保障基金理事会”，负责管理运营全国社会保障基金。全国社会保障基金是中央政府集中的社会保障资金，是国家重要的战略储备，主要用于弥补今后人口老龄化高峰时期的社会保障需要。[2]在全国社会保障基金中，中央财政预算拨款是重要的资金来源之一。财政部设立社会保障司负责提出中央社会保障预算草案，全国社会保障基金理事会则根据财政部、劳动和社会保障部共同下达的指令和确定的方式拨出资金，来弥补社会保障的资金缺口。

2. 中央政府通过转移支付，支持地方政府

我国是一个政治、经济、文化发展很不平衡的国家，各地区之间的差异很大，尤其是沿海和内地、东部和西部，相差悬殊。因此，在社会保障制度的建设中，我国要考虑到这些差别，在中央政府的统一领导下，充分发挥地方的主动性和积极性，并适时对地方政府进行转移支付，因地制宜地贯彻执行社会保障制度，确保人民群众的生活和社会稳定，促进社会经济的发展。

我们先来考察一下美国和日本的转移支付情况。美国分为联邦、州和地方三级政府，与联邦制国家体制相适应，美国的财政体制也按此分设三级。随着国家干预程度的加强，联邦政府拥有较为集中的财权，州和地方政府要接受联邦政府相当部分的补助。联邦政府对州和地方政府转移支付的功能主

[1] 参见王东进主编：《中国社会保障制度的改革和发展》，法律出版社2001年版，第338页。

[2] 参见www.ssf.gov.cn/web.

要是对社会保障、健康、教育、交通等方面进行支持，20 世纪 80 年代以来公众健康和社会保障成为联邦政府补助的重点。[1] 近十几年来，各州的活动领域日益扩大，常常超出地方政府所承担的程度，因此地方政府日益倾向于依靠州政府提供财政援助。同时，一些过去由地方政府承担的职能逐步转给州政府执行，这样，州政府就承担了曾经是地方政府主要职能的公共福利的开支。另一方面，许多州政府为地方政府提供了技术指导和信息服务。因此，可以说，如果没有州政府的指导、财政支持、技术援助，一些地方政府事务将无法执行。[2] 日本是单一的中央集权制国家，在收入上中央政府掌握了全部财政收入的 2/3，在支出上地方政府承担了大多数公共服务事业，地方支出在总财政支出中所占比重约为 66%。这样，就出现了地方政府的财权与事权极不相称、纵向不平衡的情况。为弥补这种不平衡，中央政府就要以大量的转移支付来保证地方政府履行职能的资金需要。中央政府对市级政府最大的补助项目是贫困者生活保障，而对道府县政府最大的补助项目是义务教育。[3]

作为联邦制国家，美国联邦政府与州政府之间不是中央政府和地方政府的关系，联邦政府的职权来源于各州的授权，它们之间的权力划分有明确的宪法和法律依据。美国是在 20 世纪 30 年代经济大萧条时期设立社会保障制度的，在财政方面联邦政府承担了支出义务，各州政府和地方政府负责管理社会保障事务。20 世纪 60 年代后期尼克松政府开始对社会保障制度进行改革，逐步由州政府和地方政府承担部分财政支出责任，一方面减轻了联邦政府的财政负担，另一方面加强了联邦政府对州和地方政府的转移支付。日本实行地方自治，中央政府和地方政府有明确的职权分工，但作为单一制国家，中央政府对地方政府有较强的调控能力，在社会保障方面对地方政府予以大量的转移支付，支持地方的社会保障事业。我国的国家结构形式不同于美国，和日本是相同的，而且在历史上长期是一个统一的中央集权的国家，中央政府对地方政府始终保持着强大的控制力，地方政府依附中央政府，这种浓厚

[1] 中国财政学会编：《中央与地方财经改革探索》，经济科学出版社 1999 年版，第 50 页。
[2] 张正钊、韩大元主编：《比较行政法》，中国人民大学出版社 1998 年版，第 223 页。
[3] 中国财政学会编：《中央与地方财经改革探索》，经济科学出版社 1999 年版，第 51 页。

的历史传统至今仍然深刻地影响着我国中央和地方的关系。鉴于各地区经济发展不平衡的状况，在社会保障制度的贯彻实施中，应当由中央政府和地方政府共同承担起财政责任，而不能都推给中央政府，否则，在国土如此辽阔、各地发展很不平衡的我国，仅由中央政府推动社会保障制度的执行是根本不可能的。中央不能包办一切社会保障事务。中央政府与地方政府需要有明确的分工，最合适的措施便是对社会保障改革实行统放结合，让地方政府承担起相应的、具体而明确的责任。在中央与地方之间划分责任并各负其责，将有利于社会保障制度改革的深化，并真正体现出国家特色与地方特色的合理组合。[1]分级负责、分级管理，让中央政府管理最基本的养老保险制度、军人社会保障制度及重大灾害的救济等涉及全局的社会保障事项，而由地方政府成为承担社会保障责任的主要责任主体，职责划分明确、中央与地方协调推进，将使社会保障改革进展顺利。[2]地方政府必须承担社会保障的财政支出责任并且负责管理本地区的社会保障事业，在目前省级统筹的基础上，在各省范围内实现社会保障基金的调配使用，同时加强中央政府的宏观调控，建立全国性的社会保障基金，由中央政府在财政预算内注入相应的资金，对经济落后、不能实行社会保障基金自给的地区进行转移支付，予以财政支持，实现社会保障基金在全国的合理调配。确定了地方政府在社会保障制度中的责任和科学的转移支付制度，既有利于充分发挥地方政府的主动性和积极性，使其在各自的财政支付能力之内履行义务，又可以避免使中央政府承担过重的财政压力，造成中央政府的财政负担，有利于加强中央政府的调控能力，保证社会保障制度在全国范围内的顺利实施。

四、科学地构建社会保障的框架体系

根据我国经济社会发展情况，结合我国的历史文化传统，政府在开展社会保障行政时应当科学地构建社会保障制度的框架体系，将需要政府帮助的

[1]郑功成：《社会保障：中国道路的选择与发展》，载《武汉大学学报（哲学社会科学版）》1999年第5期。

[2]郑功成：《加入WTO与中国的社会保障改革》，载《管理世界》2002年第4期。

人都纳入综合性的社会保障网络，满足每一个人的基本生活需要。具体来说，我国社会保障行政应当以社会救助为基础，以社会保险为核心，以社会福利和社会优抚为补充，建立综合性的社会保障体系。在这个体系中，既包括资金方面的给付，又包括政府主导提供的各种服务，从而不但能够满足人们的物质需求，而且能够实现人们的精神要求。

（一）以社会救助为基础

社会救助是最低层次的社会保障，为低于最低生活保障线的贫困人口提供生活帮助，解决他们的最低生活需求，社会救助是整个社会保障体系的最后一道安全线，能够为社会上所有陷入极端贫困的人解除生存的威胁。由于社会救助的对象是特定的，即低于最低生活保障线以下的人才能够得到国家的救助，因此社会救助采用选择性的原则，选择性的原则承认社会本来是不公平的，有很多人无法与别人公平竞争，所以必须得到额外的帮助。[1] 如果把社会保障视为一种安全网，那么，它是由社会救助、社会保险和社会福利三个层次复合而成，社会救助就好比是张在最低生活水平之上的最后一张安全网。国外的经验也表明，对付因经济结构调整与社会结构转型而导致的较大规模的贫困问题，最有效的社会保障制度，是社会救助。[2] 虽然社会救助的对象在全部人口中所占的比例不是很高，但是它对于整个社会保障体系却具有特别重要的意义。因为它解决了全社会最贫困人口的基本生存问题，从而为经济社会发展和保持社会和谐稳定确立良好的社会基础。

（二）以社会保险为核心

社会保险负责保障公民的基本生活，和社会救助不同，社会保险制度采用普遍性的原则，强调为符合公平原则，应该不分贫富，一视同仁地为全部有特定需要的公民提供服务。普遍性的原则强调享有福利是全体公民的权利，认为提供服务应该以需求来决定，而不应衡量个人是否有能力去支付服务的

---

[1] 杨团：《社会政策的理论与思索》，载《社会学研究》2000 年第 4 期。

[2] 唐钧：《最后的安全网——中国城市居民最低生活保障制度的框架》，载《中国社会科学》1998 年第 1 期。

费用。[1]因为所有人都会面临养老、医疗、失业等问题，社会保险就是在社会化的背景下为全部符合条件的公民提供满足他们基本需要的保障，因此社会保险是覆盖所有符合法定标准的公民的。社会救助解决人的最低生活需求，社会保险则负责满足公民的基本生活需求，是整个社会保障体系的中心环节，它能够覆盖最大比例的人群，为社会的大多数公民提供养老、医疗等基本生活需要。今后随着工业化和城市化的加快，会有越来越多的公民加入社会保险，接受社会化的保障，最终摆脱单纯依靠个人及其家庭保障的状态。

（三）以社会福利[2]和社会优抚为补充

我国将社会福利和社会优抚的对象确定为特殊的人群，社会福利主要包括两种：一是专门针对老年人、孤儿、残疾人等弱势群体提供的给付活动，即传统的民政福利；二是由单位为其职工提供的职工福利。社会优抚是我国政府对军人及其家属给予的物质照顾和精神抚慰。从社会保障的角度来看，其实社会救助已经承担了社会福利的许多职能，对老年人、孤儿、残疾人等给予了最低限度的生活救助，但是政府对这些弱势群体不能以保证最低生活水平为足，还要从各方面提高他们的生活质量，满足他们的物质需要和精神需求。社会优抚是政府对军人及其家属提供的社会化的保障措施，是一种特

---

[1] 杨团：《社会政策的理论与思索》，载《社会学研究》2000年第4期。

[2] 就社会福利的含义而言，我国和其他国家是不同的。我国的社会福利是专指国家和社会通过社会化的福利设施和有关福利津贴，以满足社会成员的生活服务需要并促使其生活质量不断得到改善的一种社会政策。——郑功成著：《社会保障学——理念、制度、实践与思辨》，商务印书馆2000年版，第20页。社会保障在国际社会政策的研究中有相对固定的、通行的含义，指由国家或由立法保证的、旨在增加收入安全的制度安排。社会福利的含义则宽泛和含糊得多，一般指作为人类社会，包括个人、家庭和社区一种正常和幸福的状态。广义的“社会福利”制度指国家和社会为实现“社会福利”状态所做的各种制度安排，包括增进收入安全的“社会保障”的制度安排。狭义的“社会福利”，则指为帮助特殊的社会群体，疗救社会病态而提供的社会服务，它与“社会保障”的制度安排同为促进人类幸福的制度措施，只是针对不同的社会问题。——尚晓援：《“社会福利”与“社会保障”再认识》，载《中国社会科学》2001年第3期。国外的社会福利和我国的社会保障的含义基本上同义，我国则将社会福利列为社会保障的一个组成部分，社会福利和社会救助、社会保险、社会优抚一起构成社会保障体系，这是我国研究社会福利的出发点。

殊的社会保障方式。在整个社会保障体系中，社会福利和社会优抚是补充性的，以改善和提高公民的生活质量为目标，旨在为公民提供更高层次的生活帮助。

在履行社会保障行政职能时，政府以社会救助来满足公民的最低生活需要，以社会保险满足公民的基本生活需要，以社会福利来提高公民的生活质量，三者逐层递进，共同为社会构筑保障公民的生活安全网。

当然，政府履行社会保障行政职能旨在满足公民基础性的生活需求。基础性是政府对所有公民的承诺，因为有些保障需求是公民生活的最基本的要求，缺乏了就难以正常的自我发展和参与社会，这部分的保障需求就需要政府的承诺，而且它不可以降低。基础性体现政府作为社会组织的优点，为社会成员提供风险分担，保证每个成员都可以有一份基本的、平等的生活资源和发展机会，在社会经济发展的同时，每一个人的发展都能得到基本的保障。基础性必须是长远可持续发展的，是国家的社会、政治、经济环境在不同变化和各种风险情况下都可以维持的。基础性也就要考虑到政府财政、企业发展和不同情况的个人的承担能力和需求，确保社会面对重大挑战时，每个人都能够满足基本的生活需求。[1]由于社会地位和经济状况不同，公民的生活需求是多样化的，需求层次也参差不齐，政府尊重公民的自我选择，鼓励公民自主创造各自需要的生活方式，而不可能为所有公民提供整齐划一的生活保障。社会保障的基础性决定了政府只能满足公民一定程度的基本生活需求，公民不能对政府抱有过高的期望，以为随着社会经济发展水平的提高，政府会为所有公民提供高水平的、全方位的福利保障，这种想法是不现实的。为了保持社会的活力和公民的创造力，政府将始终负责提供最基本的社会保障，为社会经济的发展创造人人都感到生活安全的社会环境。

[1]“中国社会保障体系研究”课题组：《中国社会保障制度改革：反思与重构》，载《社会学研究》2000年第6期。

第二节　政府在社会救助中的职能

社会救助是政府对于生活贫困的公民给予物质补助，解决公民的最低生活需要，是解决公民生存问题的最低层次的保障方式。尽管经过30多年的经济快速发展，但是我国的贫困问题仍然十分严重，贫困人口规模庞大，贫困程度依然很深，并且呈现出绝对贫困与相对贫困并存、区域贫困与阶层贫困并存、城市贫困与乡村贫困并存、历史贫困与现实贫困并存、物质贫困与精神贫困并存的复杂局面。[1] 为此政府采取各种措施解决公民的贫困问题，帮助他们解脱贫困，其中主要是居民最低生活保障制度和农村的扶贫开发制度。

一、最低生活保障制度

（一）城乡居民最低生活保障制度

1. 城市居民最低生活保障制度在全国的建立和发展

1993年6月1日，上海市率先建立城市居民最低生活保障线制度，市政府规定，凡是上海市城市居民，家庭人均收入低于市政府规定的最低生活保障线的，都有权向政府有关部门申请领取最低生活保障金。其后全国许多城市都借鉴上海市的经验，探索建立本地的城市居民救助制度。1997年，国务院在总结全国各地经验的基础上，发布了《关于在各地建立城市居民最低生活保障制度的通知》，要求在20世纪末，全国所有的城市都要建立城市居民最低生活保障制度，1999年9月国务院颁布了《城市居民最低生活保障条例》，在全国范围内建立了城市居民最低生活保障制度。条例第2条规定："持有非农业户口的城市居民，凡共同生活的家庭成员人均收入低于当地城市居民最低生活保障标准的，均有从当地人民政府获得基本生活物质帮助的

[1] 参见许飞琼：《中国贫困问题研究》，载《经济评论》2000年第1期。

权利。”这样，国务院以行政法规的形式将宪法第 45 条作了具体的规定，使城市居民获得物质帮助的权利得以实现，从而在城市筑起了一道救助贫困人口的保护网。

从 2003 年起，城市最低生活保障对象稳定在 2200 万人上下。于是，完善城市居民最低生活保障制度的重点走向了“配套措施”和“分类救助”。所谓“配套措施”是指为解决保障对象在医疗、子女教育、住房及冬季取暖（北方）等方面所面临的实际问题所采取的配套政策。所谓“分类救助”是指对低保家庭中有特殊需要的家庭成员，如老人、未成年人、残疾人、重病人等采取的特殊政策。[1] 政府采取这些措施，从单纯地生活救济转向较为全面的家庭照顾，是我国社会救助的新发展，为解决城市贫困居民多方面的生活需求提供了很大的帮助。

2. 农村最低生活保障制度的建立

为了切实解决农村贫困人口的生活困难，国务院决定自 2007 年起在全国建立农村最低生活保障制度，目标是通过在全国范围建立农村最低生活保障制度，将符合条件的农村贫困人口全部纳入保障范围，稳定、持久、有效地解决全国农村贫困人口的温饱问题。农村最低生活保障标准由县级以上地方人民政府按照能够维持当地农村居民全年基本生活所必需的吃饭、穿衣、用水、用电等费用确定，农村最低生活保障标准要随着当地生活必需品价格变化和人民生活水平提高适时进行调整。农村最低生活保障对象是家庭年人均纯收入低于当地最低生活保障标准的农村居民，主要是因病残、年老体弱、丧失劳动能力以及生存条件恶劣等原因造成生活常年困难的农村居民。现在，全国 31 个省、自治区、直辖市都已建立农村低保制度，覆盖农村贫困居民达五千多万人。

（二）政府在最低生活保障制度中应当履行的职能

1. 救助所有的城乡贫困居民

事实上，较早建立社会保障制度的国家，最初一般都先建立社会救助制

[1] 唐钧：《城乡低保制度：历史、现状与前瞻》,www.sociology.cass.cn.

度，解决城市贫民的生活问题，来适应工业化和城市化发展的需要。英国在1601年颁布济贫法，主要就是解决城市中的贫困问题，防止因为极端贫困而发生社会动乱，在其后的两个多世纪里英国政府在社会保障方面关注的焦点始终是济贫问题，采取措施在一定程度上缓解城市的贫困状况，相对化解城市中的阶级矛盾。二战以后，英国修正了社会救助制度，社会救助关注的重点是收入低于一定水平的贫困居民，其覆盖面有多大、福利水平多高，在很大程度上取决于贫困线标准。按照家庭规模和结构进行支付，在英国福利制度中是基本的原则，甚至国民保险的许多待遇，都是按照家庭实际负担支付的，贫困救助作为国家对贫困家庭的收入支持，就更强调这个原则，因此国会规定的贫困标准不按照简单的家庭人均收入水平，而是按照不同家庭类型制定标准。[1] 接受贫困补助的有四种人：一是老年人，在领取了养老金后还达不到一定的生活水平，需要领取补助；二是失业者；三是单亲家庭；四是残疾人。[2] 美国在1935年大萧条的背景下实施社会保障法，主要内容之一就是公共救助方案，它将妇女、儿童、老年退休、残疾与失业补偿纳入社会福利体系中，形成不同类别的救助体系。美国的生存权保障，是为解决经济恐慌带来的贫困这样的社会弊病而实现的。一方面使国民的生活趋于稳定，克服经济萧条造成的社会不安，维护市民社会的基本秩序；另一方面，显出其本质的经济目的是要借此来提高劳工和农民的购买力，尽快恢复国民经济，疏通商品的流通渠道，复兴产业，振兴经济。也就是说，从维持资本主义市民社会发展的意义看来，生存权在美国明显地具有资本主义的性质和功能。[3]1964年约翰逊总统倡导“与贫穷作战”的战略，提出以下措施：一是强调“平等”的民权法案,希望消除人为的不平等与歧视；二是强调“减税”的减税法案来增加收入和提高购买力；三是强调“就业”的经济机会法案来激发潜力，开创就业机会，使每个人（尤其是穷人）能够有充分可行的社会参与。虽然“与贫穷作战”的方案是针对少数人群所设计的，但其蕴含

[1] 孙炳耀主编：《当代英国瑞典社会保障制度》，法律出版社2000年版，第74页。

[2] 孙炳耀主编：《当代英国瑞典社会保障制度》，法律出版社2000年版，第76页。

[3] 参见［日］大须贺明著、林浩译：《生存权论》，法律出版社2001年版，第9页。

着更深远的社会性目标，即试图通过排除社会与环境的障碍，不仅使穷人获得救助，更重要的是消灭贫穷，并达到社会的和谐发展。[1]在德国，按照《联邦社会救济法》的规定，凡是生活在德国的居民，无论是德国人，还是外国人，只要在遇到社会救济法所列的各种困难时，都可以要求得到社会救济。政府在各市、县、州等设有专门的社会救济机构，社会救济的接受者不必提出申请，各级社会救济机构在了解了救济者的处境时，一般都会主动采取相应的救助措施。[2]就这些国家的社会救助情况而言，政府从最初救助城市贫民，发展到救助所有的贫困居民，这对保护贫民的生存并维护其尊严具有非常重要的作用，我国政府应当借鉴其作法，来完善我国的社会救助制度。

2. 保障最低限度的生活

社会救助是最低层次的社会保障制度，因此在最低生活保障制度中，政府只负责为贫民提供最低限度的生活水准，也就是《城市居民最低生活保障条例》第3条所确定的“保障城市居民的基本生活”，政府既然负责保障居民最低限度的生活，就不能保证居民衣食无忧，因而就要确立最低生活保障标准。由于各地的社会经济发展水平差异很大，最低生活保障标准就应当由各地方政府根据本地的实际生活水平来确定，而不能要求整齐划一，制定统一的标准。

政府对于农村居民的最低生活保障，应和现有的行政措施协调进行。例如2004年5月国家人口与计划生育委员会、财政部颁布了《农村部分计划生育家庭奖励扶助制度试点方案（试行）》，在各地现行计划生育奖励优惠政策的基础上，针对农村只有一个子女或两个女孩的计划生育家庭，夫妇年满60周岁以后，由中央或地方财政安排专项资金给予奖励扶助，按人年均不低于600元的标准发放奖励扶助金，直到亡故为止。农村的最低生活保障和这种行政奖励应当并行不悖，农民领取行政奖励的资金以后，仍然可以申请最低生活保障，政府不能因此拒绝农民的请求，否则行政奖励就失去了意义。

[1] 孙莹：《美国社会救助政策述评》，www.bjpopss.gov.cn.

[2] 中国人民大学公共管理学院MPA欧洲考察团：《中国人民大学MPA学员赴欧学习考察报告》，www.mparuc.edu.cn.

农村的贫民在得到最低生活保障金以后，再领取行政奖励资金，就可以在一定程度上改善自己的生活，而这与政府的行政目的恰恰是相吻合的。

3. 坚持政府救助与公民自立相结合

《城市居民最低生活保障条例》第3条规定城市居民最低生活保障制度坚持国家保障与社会帮扶相结合、鼓励劳动自救的方针，这体现了给付行政中自立原则的要求，表明在最低生活保障制度中政府不是单纯的提供救助，而是在救助的同时，鼓励公民积极投身于劳动之中，以劳动收入来满足自己的生活需要，最终能够摆脱对政府的依赖，实现自力更生。

其实，不单我国政府在社会救助中奉行自立的方针，许多国家都采取这种策略。如美国罗斯福政府时期的“新政”与约翰逊政府时期的“与贫穷作战”基本是将贫穷看成是一种非常态性的与非必要性的现象，同时还认为贫困者的失业问题，主要是由于社会经济环境刺激不够以及缺乏充分的工作准备，所以美国政府以“劳动原则”作为社会救助制度的设计原则，深信通过各种公共救助方案，能够解决贫穷问题。1996年美国政府对救助制度进行改革，改革措施注重“工作”价值，标榜“自立”的精神，对于领取救济金者要求其强制工作，如果救济金领取者不配合“工作”要求，州政府可以减少或是终止福利。[1] 美国的社会救助制度就明显地反映了中产阶级的价值观，他们认为每个人应该对自己的命运负责，社会救助制度所提供给受惠者的各种待遇容易导致个人对国家的依赖，不仅会滥用纳税人的财富，而且会导致受惠者逐步丧失谋生能力，因此政府救济所提供的物质条件不可能也不应该成为被救济者过体面生活的物质基础。[2] 在这种价值观的指引下，美国政府历来要求有劳动能力的公民如要获得救助，就必须参加政府指定的工作，避免被救助者成为政府救助制度的“寄生虫”。

美国作为发达国家尚且如此，我国社会经济发展水平远远落后于美国，就更应该坚持自立的原则。如前所述，我国政府提供的社会救助只能满足贫困居民最低限度的生活，因而救助的标准是比较低的，这一方面是由社会救

[1] 孙莹：《美国社会救助政策述评》，www.bjpopss.gov.cn.

[2] 参见和春雷主编：《社会保障制度的国际比较》，法律出版社2001年版，第47页。

助制度本身所决定的，另一方面如果社会救助的标准过高，被救助者极易产生对政府救助的过度依赖，出现“养懒汉”这一社会问题，因此政府要求有劳动能力的贫困居民积极参与劳动，创造财富，及早脱离政府的救助，以劳动所得来逐步提高自己的生活水平。

4. 鼓励社会力量的积极参与

长期以来，我国的社会救助事业主要是由各级政府承办的，社会力量的参与很少。随着社会经济的快速发展，社会组织和个人积累的财富越来越多，投入社会公益事业的热情也越来越高。政府从法律层面对此给予了积极的支持，《城市居民最低生活保障条例》第5条就规定国家鼓励社会组织和个人为城市居民最低生活保障提供捐赠、资助，所提供的捐赠资助，全部纳入当地城市居民最低生活保障资金。当然，社会力量参与社会救助事业并非总是不要求回报的，政府可以通过行政指导[1]方式，鼓励更多的社会力量参与到社会救助中来，为社会救助提供力所能及的贡献，可以从物质和精神两方面对社会力量给予支持：（1）在法律规定的范围内从税收、工商、金融等方面给予优惠，使社会组织和个人在物质方面得到照顾；（2）对社会组织和个人进行精神方面的褒奖，大力宣扬他们投身社会救助事业的先进事迹，鼓励全社会都向他们学习，提高社会力量投入的积极性。

5. 合理确定各级政府的财政负担水平

社会救助制度能否平稳运行，财政的支付力度是一个关键问题。我国传统的城市救济制度的财政负担全在基层政权，也就是在城市（包括直辖市、省辖市和地级市）中的区和不设区的市（县级市）。自建立最低生活保障制度以来，各地大多都采用了市、区（县级市）两级分级负担的方法，市、区分担的比例从7∶3（如大连市）到3∶7（如青岛市）的都有，在武汉市、重庆市，市、区分担的比例是5∶5。[2]上下级政府之间对社会救助的财政

[1] 行政指导是指行政机关为谋求行政相对人作出或不作出某种行为以实现一定行政目的而实施的指导、劝告、建议等不具有国家强制力且不直接产生法律效果的行为。在发达国家，行政指导行为广泛运用于经济与行政管理过程中，起着补充和替代、辅导和促进、协调和疏通、预防和抑制等积极作用，显现出特殊的功效性和适应性。——莫于川：《论行政指导的立法约束》，载《中国法学》2004年第2期。

[2] 唐钧：《中国社会救助制度的变迁与评估》，www.sociology.cass.cn.

支付比例在全国各地作法不一，国家对此并没有统一的规定。

合理地划分上下级政府之间对社会救助的财政负担，成为政府对贫困居民进行给付的难题之一。有一种观点认为应当根据财税体制推行财权与事权的统一，明确市、县地方政府为实施最低生活保障制度的直接和完全责任主体。[1]就我国的历史和现实情况而言，这个观点是不适宜的。我国在历史上长期实行中央集权，中央政府一方面牢牢地控制着地方政府，另一方面对地方政府给予经常的财政支持，这种传统一直延续到今天。1994年实行分税制以后，高层政府尤其是中央政府的宏观调控能力明显增强，中央掌握的财力日益增多，对地方政府特别是经济落后地区的支持力度也越来越大。如果忽视高层政府的责任，就会削弱社会救助制度本身的功能。

我国作为单一制国家，不能无视高层政府的责任，其实在联邦制国家，同样存在这个问题。以美国为例，州政府负责执行社会救助制度，同时联邦政府负有财政支持的责任。自实施社会救助政策以来，州政府每支出1美元，联邦政府就配合支出4美元，而且配合款会充分考虑各州的经济状况。1996年美国改革社会救助制度，联邦政府以包裹方式提供，州政府如果要多支出则需要自己想办法。州政府需要有其自己的经费支出，即在接受联邦政府的拨款时，州政府本身也应有相应的预算，并且州政府有责任协助领取社会救助的人遵守参加工作的规定。[2]这样联邦政府对州政府给予财政支持，一方面加强了对州政府的控制，保证法律在全国范围的执行，另一方面可以对财政拮据、不能平衡预算的地区给予及时的援助，保障社会救助的实施，从而二者互相合作，共同推进社会救助制度的运行。

地方政府负责实施社会救助制度，并不表明地方政府就负有社会救助的全部责任，尤其是财政支付责任，我国应当按照地区的差异确定两种财政分担办法：

（1）四级财政分担：在社会经济比较落后的地区，由中央、省、市和县（市

[1]郑功成等著：《中国社会保障制度变迁与评估》，中国人民大学出版社2002年版，第60页。

[2]孙莹：《美国社会救助政策述评》，www.bjpopss.gov.cn.

辖区、县级市）四级财政来分担社会救助费用。实行分税制以后，许多地方政府的财力非常拮据，对公务人员的工资都不能保证及时足额发放，就更没有能力投入社会救助了，对于这些地区，上级政府必须提供财政援助，必要时由中央政府进行转移支付，保证社会救助的顺利实施。

（2）三级财政分担：在社会经济发达的地区，由省（直辖市）、市和县（市辖区、县级市）三级财政来分担社会救助费用。就数量而言，这些地区是很少的，它们完全有能力自己解决社会救助的费用，中央政府不需要对它们给予财政支持。

二、农村的扶贫开发制度

（一）农村的扶贫开发

农村扶贫是国家以资金支持和技术输入等方式对农村贫困户和贫困地区予以资助，以帮助其脱贫致富的社会救助制度。它是在改革开放过程中，为了缓解和消除农村贫困，最终实现共同富裕而采取的措施。[1]我国从1986年开始在全国范围内对农村实施扶贫开发，到了1992年，农村没有解决温饱问题的贫困人口下降到8000万人，1994年国务院制定《国家八七扶贫攻坚计划》，决定从1994年到2000年，集中人力、物力、财力，动员社会各界力量，力争用7年左右的时间，基本解决全国农村8000万贫困人口的温饱问题。到2000年底，全国农村还有3000万人生活在贫困线以下，没有解决温饱问题。为此，2001年国务院制定了《中国农村扶贫开发纲要（2001－2010年）》，决心实现贫困地区广大农民千百年来吃饱穿暖的愿望，为促进我国经济的发展、民族的团结、边疆的巩固和社会的稳定发挥应有的作用。2011年11月，国务院制定《中国农村扶贫开发纲要（2011－2020年）》，提出到2020年，国家稳定实现扶贫对象不愁吃、不愁穿，保障其义务教育、基本医疗和住房。贫困地区农民人均纯收入增长幅度高于全国平均水平，基

[1] 林嘉著：《社会保障法的理念、实践与创新》，中国人民大学出版社2002年版，第261页。

本公共服务主要领域指标接近全国平均水平，扭转发展差距扩大趋势。

（二）政府在扶贫开发中的行政职能

1. 确定扶贫开发的目标

政府在新世纪的扶贫开发要尽快解决少数贫困人口的温饱问题，进一步改善贫困地区的基本生产生活条件，巩固温饱成果，提高贫困人口的生活质量和综合素质，加强贫困乡村的基础设施建设，改善生态环境，逐步改变贫困地区经济、社会、文化的落后状况，为达到小康水平创造条件。

政府应当坚持开发式扶贫的原则，引导贫困地区的农民以发展经济为中心，在政府必要的帮助和扶持下，以市场为导向，调整经济结构，开发当地资源，发展商品生产，改善生产条件。通过发展生产力，提高贫困农民自我积累、自我发展的能力，这是贫困地区脱贫致富的根本出路。扶贫开发，除了要解决贫困地区农民最基本的生产生活问题之外，更重要的是要从根本上帮助贫困地区创造参与市场竞争的条件，要着力解决在资源配置上的“瓶颈”制约，注意充分发挥市场在资源配置中的基础性作用，进一步解放和发展生产力。[1] 政府不能单纯地靠提供财物来解决贫困农民的生活需要，农民仅靠接收财物维持生活迟早会坐吃山空，政府一定要变输血为造血，培养和提高农民自我创造的能力，逐步使农民能够自力更生，靠自己的劳动来解决生活问题。

2. 给予资金支持

政府进行扶贫开发的关键是资金扶持，为了搞好扶贫开发，政府安排专项扶贫资金，主要包括两大类：财政扶贫资金和信贷扶贫资金，其中财政扶贫资金主要用于建设基本农田、兴修小型水利工程、解决人畜饮水困难、修建乡村道路、科技培训和推广农业实用技术等，扶贫信贷资金主要用于增加贫困户当年收入的种养业项目。[2] 中央政府和省级政府应当在财政预算中列出专项扶贫资金，对贫困地区进行扶持，针对贫困地区财政困难的实际情况，加大财政转移支付的力度。1997 年，国务院为了加强对各类扶贫资金的管理，

[1] 刘钢柱：《新时期扶贫开发的着力点》，载《国家行政学院学报》2004 年第 1 期。

[2] 国务院新闻办公室：《中国的农村扶贫开发》，载《人民日报》2001 年 10 月 16 日。

提高使用效益，制定了《国家扶贫资金管理办法》，确保扶贫资金的正确使用，能够切实帮助贫困农民脱贫致富。

3. 监督扶贫资金的使用

在实践中，财政扶贫资金被挤占挪用问题比较突出，扶贫贴息贷款投向不合理，主要投向了交通、工业、电力、通讯等基础性和竞争性行业，而用于扶持农户的小额贷款却逐年萎缩。[1] 扶贫信贷资金仅有很少的一部分用到贫困农户身上，是当前开发式扶贫工作中普遍存在的问题。[2] 国家审计部门要定期对扶贫资金进行全面严格的审计，防止和杜绝挤占、挪用、贪污，一定要把有限的资金真正用到扶贫开发事业中，尽快帮助贫困农民解决温饱问题，让他们能够享受社会发展的成果。

4. 动员社会力量的积极参与

扶贫首先是各级政府的职责，政府是最主要的扶贫主体，承担着主要的扶贫职责和义务。但是政府不能单打独斗，仅仅依靠政府开展扶贫是不够的，政府可以鼓励社会力量积极参与扶贫开发。我国在以往的扶贫斗争中也注意到了动员和组织社会各界参与扶贫。自 20 世纪 80 年代中期以来，包括企事业单位、民主党派及人民团体等社会各界参与扶贫开发的部门、单位不断增多、规模不断扩大；各社会组织、民间团体和私营企业也积极开展“希望工程”、“光彩事业”、“文化扶贫”、“幸福工程”、“春蕾计划”、“青年志愿者支教扶贫接力计划”、“贫困农自立工程”等多种形式的扶贫活动。[3] 社会力量配合政府积极参与，弥补了政府活动的不足，有力地促进了扶贫开发事业的快速开展，实践证明是行之有效的，今后政府应当继续鼓励社会力量的参与，对于参与扶贫的企业，政府可以在政策方面给予扶持，增强企业投身于扶贫开发的积极性。

---

[1] 焦国栋：《当前我国农村扶贫开发面临的问题与矛盾》，载《中共中央党校学报》2004 年第 4 期。

[2] 比如四川省凉山彝族自治州从 2002 到 2004 年的 9.22 亿元信贷扶贫贴息贷款中，大部分资金转移到了大型项目建设上，到村入户仅为 4000 多万元，仅占 4.9%。——江毅、姚润丰：《专家：扶贫信贷资金仅有很少部分用于贫困农户》，载《瞭望新闻周刊》2006 年 4 月 2 日。

[3] 孟庆瑜：《反贫困法律问题研究》，载《法律科学》2003 年第 1 期。

第三节　政府在社会保险中的职能

我国政府将社会保险确立为社会保障制度的核心，社会保险制度在整个社会保障制度中发挥着中流砥柱的作用，对保障公民的基本生活和促进经济社会的持续健康发展具有极其重要的意义。

一、政策对社会保险中行政职能的定位

（一）社会保险制度的政策定位

1992 年党的十四大决定建立社会主义市场经济体制，1993 年《中共中央关于建立社会主义市场经济体制若干问题的决定》（以下简称《决定》）指出政府在市场经济体制下应当转变职能，第 16 条规定："转变政府职能，改革政府机构，是建立社会主义市场经济体制的迫切要求。政府管理经济的职能，主要是制订和执行宏观调控政策，搞好基础设施建设，创造良好的经济发展环境。同时，要培育市场体系、监督市场运行和维护平等竞争，调节社会分配和组织社会保障，控制人口增长，保护自然资源和生态环境，管理国有资产和监督国有资产经营，实现国家的经济和社会发展目标。"这就明确规定了建立社会保险制度是政府在市场经济体制下的重要任务，是政府为经济社会的健康发展提供的必要条件，因此政府从计划经济体制转向市场经济体制的职能变化，成为新型社会保险制度得以建立的基础。

（二）社会保险体系和结构的政策定位

社会保险是社会保障制度的核心部分，体系庞大，内容繁多，是社会保障制度的重中之重，《决定》对此作了较为详细的规定，第 26 条规定了社会保障制度的体系和发展原则："社会保障体系包括社会保险、社会救济、社会福利、优抚安置和社会互助、个人储蓄积累保障。社会保障政策要统一，

管理要法制化。社会保障水平要与我国社会生产力发展水平以及各方面的承受能力相适应。城乡居民的社会保障办法应有区别。提倡社会互助。发展商业性保险业务，作为社会保险的补充。”第27条专门对社会保险制度作了具体的部署：“按照社会保障的不同类型确定其资金来源和保障方式。重点完善企业养老和失业保险制度，强化社会服务功能以减轻企业负担，促进企业组织结构调整，提高企业经济效益和竞争能力。城镇职工养老和医疗保险金由单位和个人共同负担，实行社会统筹和个人账户相结合。进一步健全失业保险制度，保险费由企业按职工工资总额一定比例统一筹交。普遍建立企业工伤保险制度。农民养老以家庭保障为主，与社区扶持相结合。有条件的地方，根据农民自愿，也可以实行个人储蓄积累养老保险。发展和完善农村合作医疗制度。”按照《决定》，我国社会保障制度改革的目标是以建立社会保险制度为重点，到20世纪末基本建立起资金来源多渠道、保障方式多层次、权利和义务相对应、管理和服务社会化的社会保障体系。

（三）政府应当按照政策建立新型的社会保险制度

我国首先从政策的层面规定了新型社会保险制度的体系和结构，党的政策是我国社会主义法的核心内容，但是党的政策并不等于法。党的政策要成为国家意志，必须通过国家机构，转化为国家的政策，制定为国家的法律、法规。[1]宪法是党的政治、经济和文化政策转化为国家意志的集中表现。总结历史的经验并吸取教训，宪法规定各政党必须以宪法为根本的活动准则，遵守宪法和法律，并且负有维护宪法尊严、保证宪法实施的职责。执政党也必须在宪法和法律的范围内活动，其政策应当和宪法保持一致。政府应当按照宪法和法律而不是党的政策来实施社会保障事业，在实践中自觉维护宪法和法律的尊严，只有这样，才能保证社会主义法制的统一。

20世纪80年代政府根据党关于经济体制改革的政策，把社会保障作为企业改革的配套措施进行调整。直到1993年党的十四届三中全会才把社会保障制度确定为社会主义市场经济体制框架的五大支柱之一，但是立法机关并

[1]孙国华主编：《法理学教程》，中国人民大学出版社1994年版，第229页。

未就社会保险制定法律，政府进行行政立法时仅以宪法的原则性规定作为基础，而没有其他的法律依据，这显然是远远不够的，而政策又对社会保险制度作了明确的规划，因而近年来政府正是根据《决定》逐步建立和完善养老保险、医疗保险和失业保险等社会保险制度的，从而把党的政策予以具体化，使政策的内容得以实现。在十多年丰富实践的基础上，2010年10月，全国人大常委会通过《社会保险法》，确立了我国社会保险的制度框架，把城乡各类劳动者和居民分别纳入了相应的社会保险制度，目标就是要做到制度上没有缺失，覆盖上没有遗漏，衔接上没有缝隙。使全体人民在养老、医疗这些方面都能做到有基本保障，无后顾之忧，使人民群众共享改革发展的成果。

二、政府在养老保险中的职能

（一）明确养老保险的发展目标

1. 确定新型养老保险的模式

1995年3月1日国务院发布了《关于深化企业职工养老保险制度改革的通知》，确立了社会统筹与个人账户相结合的养老保险制度的新模式，建立了职工基本养老保险个人账户，1997年7月16日国务院发布《关于建立统一的企业职工基本养老保险制度的决定》，在全国范围内建立适应社会主义市场经济体制要求，适用城镇各类企业职工和个体劳动者，资金来源多渠道、保障方式多层次、社会统筹与个人账户相结合、权利与义务相对应、管理服务社会化的养老保险体系。

新型养老保险制度借鉴国外的成功经验，实行单位和个人共同缴费，劳动者个人缴纳养老保险费是每个人在享受养老保险权利的同时应尽的义务，是劳动者为可能出现的与劳动有关的风险而进行的“零存整取”式的最有效的预防手段。在社会保险立法中，要合理确定个人缴纳养老保险费的比例，考虑劳动者的承受能力。[1] 养老保险改变了原来由国家和企业包揽、个人不缴纳任何费用的做法，明确了个人在养老保险中的责任，这是与我国社会经

[1] 尤雪云：《我国社会保险立法中的养老保险问题》，载《法学杂志》2003年第5期。

济的发展密不可分的。改革开放以后，我国以经济建设为中心，大力发展社会生产力，物质财富迅速增多，国家调整了社会产品的再分配格局，逐步增加了个人收入，个人占有的财富越来越多，在客观上为个人缴纳养老保险费用提供了必要的经济基础。

2. 确定养老保障的层次

按照社会保险法，基本养老保险制度分为三个层次，即职工基本养老保险、新型农村社会养老保险和城镇居民养老保险，分别为城镇职工、农村居民和城镇居民提供养老保险待遇。

（1）职工基本养老保险

位于养老保险第一层次的是职工基本养老保险，它是国家通过立法强制实施的一种养老保险制度，其特点是覆盖面广，适用于城镇全体职工，标准基本统一，保险费用由单位和职工个人共同负担，保险基金实行社会统筹，在较大范围内实现保险金平衡调剂、互助互济，以提高养老保险抵御风险的能力。[1] 基本养老保险实行社会统筹与个人账户相结合的模式，按照国务院《关于建立统一的企业职工基本养老保险制度的决定》，按本人缴费工资 11% 的数额为职工建立基本养老保险个人账户，个人缴费全部记入个人账户，其余部分从企业缴费中划入。企业缴纳基本养老保险费的比例，一般不超过企业工资总额的 20%，一部分划入个人账户，另一部分形成社会统筹基金。随着个人缴费比例的提高，企业划入的部分要逐步降至 3%。2005 年 12 月国务院发布《关于完善企业职工基本养老保险制度的决定》，确定为了与做实个人账户相衔接，从 2006 年 1 月 1 日起，个人账户的规模统一由本人缴费工资的 11% 调整为 8%，全部由个人缴费形成，单位缴费不再划入个人账户。自此个人账户的资金全部由个人缴纳，并从空账变为实账。

职工基本养老保险突出了政府为公民年老以后提供的基础性保障功能，政府对基础保障需求的承诺体现了政府作为社会组织的优点，为社会成员提供风险分担，保证每个成员都可以有一份基本的、平等的生活资源和发展机

[1] 林嘉著：《社会保障法的理念、实践与创新》，中国人民大学出版社 2002 年版，第 161 页。

会。[1] 和我国相比，其他国家更早建立了和基本养老保险功能相同的保险制度，只是名称不同而已。在德国称之为法定养老保险，法定养老保险的待遇覆盖面较广，既包括一般的年老养老金，也包括职业康复待遇、职业能力或就业能力丧失养老金以及遗属养老金。法定养老保险每年获得国家补贴，约占其总支出的1/5。[2] 日本在1961年建立了国民养老金制度，国民养老金是日本的基础性养老金，原则上要求在日本国内居住的20岁到59岁的居民必须加入，保障的对象仅限于投保者个人。[3] 韩国的社会养老保险制度被称为公共养老金制度，具体项目分为4个部分：国民养老金、公务员养老金、军事人员养老金、私立学校教师养老金。从覆盖范围来讲，韩国国民养老金是公共养老金体系中的主体部分，因为它覆盖了18岁以上的全体公民，真正是全民性和社会性的，成为韩国老年社会经济保障的根基。[4] 各国建立的上述养老保险制度都负责为公民年老以后提供基本的生活需要，在同一基准线之上为公民提供给付，保障公民的基本生活需要，就养老保险体系而言它们只是基础性的生活保障，体现了公平性的要求，至于更高的生活水准，则需要借助其他保险形式来实现。

（2）新型农村社会养老保险

2009年9月，国务院发布《关于开展新型农村社会养老保险试点的指导意见》，决定在全国10%的农村进行新型农村养老保险（简称新农保）的试点工作，并于2020年之前基本实现对农村适龄居民的全覆盖。新农保是国家社会保险体系的重要组成部分，建立新农保制度是加快建设覆盖城乡居民社会保障体系的重大决策，是应对国际金融危机、扩大国内消费需求的重大举措，是逐步缩小城乡差距、改变城乡二元结构、推进基本公共服务均等化的重要基础性工程，是实现广大农村居民老有所养、促进家庭和谐、增加

[1]邓大松、方晓梅：《从公共政策的角度看政府在社会保障中的职能》，载《经济评论》2001年第6期。

[2]参见[德]汉欧力：《联邦德国社会保障体系概览》，载《德国研究》1996年第3期。

[3]孙耀明、潘蕊：《日本养老保险存在的问题与对策》，载《日本问题研究》2004年第4期。

[4]姜向群：《韩国养老保险制度的发展特点、问题及与中国的比较分析》，载《东北亚论坛》2003年第5期。

农民收入的重大惠民政策。

新型农村社会养老保险制度采取社会统筹与个人账户相结合的基本模式和个人缴费、集体补助、政府补贴相结合的筹资方式，与家庭养老、土地保障、社会救助等其他社会保障政策措施相配套，保障农村居民老年基本生活。年满 16 周岁、不是在校学生、未参加城镇职工基本养老保险的农村居民均可参加新型农村社会养老保险。年满 60 周岁、符合相关条件的参保农民可领取基本养老金。

和主要由农民自己缴费的老农保相比，新农保是个人缴费、集体补助和政府补贴相结合，是三个筹资渠道。政府对符合领取条件的参保人全额支付新农保基础养老金，其中中央财政对中西部地区按中央确定的基础养老金标准给予全额补助，对东部地区给予 50% 的补助。

（3）城镇居民社会养老保险

2011 年 6 月，国务院发布《关于开展城镇居民社会养老保险试点的指导意见》，决定建立城镇居民社会养老保险制度。城镇居民社会养老保险制度和新农保在制度设计上有很多共同之处，都是由政府主导建立的社会养老保险制度，实行个人缴费、政府补贴相结合，社会统筹和个人账户相结合，基本原则是“保基本、广覆盖、有弹性、可持续”。

城镇居民社会养老保险应与国情和经济社会发展阶段相适应，与国家和城乡居民的承受能力相适应。所谓“保基本”，就是指当前重点是先把覆盖全民的制度建立起来，筹资标准和待遇标准与经济发展及各方面承受能力相适应，低水平起步，先解决“从无到有”的问题，并随着经济社会发展再逐步完善制度和提高保障水平，再循序解决“由低到高”的问题。从基础养老的概念也可以看出，政府提供的是一种基本保障，国家财政全额支付最低基础养老金的标准不可能太高，在现有国情下要实现广覆盖，只能是一种基本的保障，才能保证财政资金投入的可持续。客观来说，每月 55 元的基础养老金标准相对我国当前整体经济发展水平而言还比较低，但是在当前区域发展不平衡、中西部地区财力有限的情形下，“保基本”的养老保障标准能将更多的城市居民纳入到养老保障体系中来，也是实现养老保障“广覆盖”与

“可持续”的必然选择。

城镇居民社会养老保险实行政府主导和居民自愿相结合的原则，引导城镇居民普遍参保。制度规定坚持群众自愿参保，不搞强迫命令，而是重在运用财政补贴手段，通过激励引导，吸引更多居民参保，扩大覆盖面。缴费标准上设置多个档次，参保人自主选择，制度上鼓励多缴多得，权利与义务对应。

按照人力资源和社会保障部要求，截至2013年，全国约半数省份将新农保与城镇居民社会养老保险合并，称为城乡居民社会养老保险，即不再区分城市户籍和农村户籍，只要没有参加城镇职工养老保险，符合参保条件就可以参加城乡居民养老保险，符合领取待遇条件就可以领取城乡居民养老保险待遇，而且两种户籍缴费、领取待遇的条件和规则相同。各省也同时规定了两种制度的衔接问题。可以预见，不久以后，在全国范围内，新农保将与城镇居民社会养老保险合并，从而成为历史名词。

（4）补充保险

对于企业职工来说，除了参加职工基本养老保险以外，还可以参加企业年金计划，作为养老保险的补充。1991年国务院颁布《关于企业职工养老保险制度改革的决定》，第一次提出“国家提倡、鼓励企业实行补充养老保险”。2000年，国务院颁布《关于完善城镇社会保障体系试点方案》，将企业补充养老保险正式更名为“企业年金”，提出有条件的企业可为职工建立企业年金，并实行市场化运营和管理。企业年金实行基金完全积累，采用个人账户方式进行管理，费用由企业和职工个人缴纳。

对于企业年金如何安排，有学者主张在现有基础上，将统账结合中社会统筹部分与个人账户部分分解，并发展成为普惠式国民年金与企业年金。企业年金不仅指现行的第二层次的企业自愿补充养老保险，还包含现行的第一层次的个人账户，即将第一层次中的个人账户分离出来，并入第二层次的企业年金。在这种制度架构中，普惠式的国民年金覆盖所有正规就业与非正规就业劳动者均以国税为基础，不论收入多少，职工均获得基本的保障。现有基本养老保险应在逐步扩大其覆盖面的同时降低其保障水平，保障水平降低后的空间由企业年金来加以弥补。这种主张较好地解决了企业年金和基本养老保险的关系，合理地确定了二者的地位，是比较可行的方案。在现行的养老保险制度中，企业年金属于企业层面上的自愿保险行为，其目标在于为本企业职工提供“基本保障”之上的更高的保险待遇，同时也反映或者体现不同企业之间的经济效益差别。行政法规和学者都将企业年金明确为基本养老保险的补充，并且是非强制性的，由企业自由做出决定，这就带来一个问题，企业都是以利润为中心的，建立企业年金必然会减少企业的利润，因此很多企业是不愿意参加企业年金计划的，由企业自主选择如何能够实现政府建立企业年金制度的目的呢？

我国应当借鉴其他国家的成功经验，来建立本国的企业年金制度。德国企业养老保险是建立在资本积累模式基础上，相当于企业职工用自己现在的收入去保障自己将来的退休收入，有利于鼓励就业者的工作积极性。企业的经营状况又不会影响职工企业保险，因为在职工失业时可以从联邦劳工局那里得到养老保险费补贴。因此，德国 1999 年养老金改革法鼓励发展企业养老保险，企业保险大大减轻了国家法定养老保险的压力。1984 年以来，日本政府对公共年金制度进行改革，将原来相互独立的三层结构改为由国民基础年金和雇员年金组成的双层关联结构的年金制度：国民基础年金形成第一层次养老保险，公共部门和私营部门的雇员还须分别加入由共济年金和厚生年金构成的雇员年金，为公私雇员提供第二层次的养老保障。1994 年，日本将公共年金作为各类年金制度的共同基础，实现了全国年金制度的一体化，公共年金制度改革的最终目标，是建立起不受产业结构、就业结构变化影响的稳固的制度体系，实现保险金负担和给付的公平化。随着年金体系中另外两个“自愿”支柱的成长，到 21 世纪初，日本老人最多可享受到四个层次的年金保障。除年金制度以外，日本的老年人还通过高龄者福利措施享受着保健医疗补助、护理补助和日常生活援助等三个方面的福利保障。韩国的做法更为独特，虽然国民养老金投保和人数规模最大，资金支出规模也很大，但是人均的养老金水平却最低。2000 年开始的养老金工资替代率（平均养老金与平均工资的比值）有所下降，从先前的 70% 下降到 60%。退休者用如此低的养老金收入只能勉强维持生活。但政府公务员和私立学校教师的人均养老金却大大高于国民养老金水平，反映了韩国国家官员地位较高和重视发展教育的现实。从德国、日本和韩国的情况来看，国家通过立法确定企业年金或者职业年金的规则，年金是强制性的，企业和公共部门必须为雇员缴纳费用，作为国家基本养老保险的补充，为雇员年老以后提供较高水平的生活保障，成为国家养老保险体系的重要支撑。

我国政府积极推行企业年金计划，为公民提供更高层次的养老保障，并相应减轻政府的压力，但是建立企业年金就必须在现有的基础上降低基本养老保险的待遇，如果企业不愿意参加年金计划，公民仅仅依靠基本养老保险，那他的生活水平就可想而知了。所以政府应当以法律手段建立强制性的企业年金制度，确定企业年金的最低比例，和基本养老保险一起来保证职工退休后的物质待遇。经济实力强的企业可以投入更多的年金，为职工提供更丰厚的待遇。

在城镇职工的养老保险方面，我国政府确定以基本养老保险为基础，企业年金和个人储蓄养老保险为补充，三个支柱共同发展的目标。但是总体来看我国现行的养老保险制度还是依靠一个支柱——政府保险。[1] 在养老保险的体系中，政府承担责任的界限是什么，是政府必须慎重对待的问题，而这恰恰是我国政府面临的难题。按照政府的设想，职工退休以后能够得到较高的退休金，尽可能保持原有的生活水平，这个出发点无疑是好的。但是，以政府承担的基本养老保险来实现这个目标，政府的责任就可能超越政府可承担能力的界限。从国际社会来看，大多数国家和地区在养老保险方面实行的是多层次的复合制度，即养老保险制度是由政府负责的基本养老保险、由企业负责的企业年金和由个人或家庭负责的个人养老储蓄保险组合在一起的。三个层次互相配合，保障职工退休后尽可能维持原有的生活水平。三个层次中，政府承担的基本养老保险一般都是基础性的，即采用较低的标准，并实行现收现付制，而二、三层次的水平视经济增长和个人收入水平而定，这是国际养老保险制度改革的基本路子。从形式上看，我国的养老保险制度也划分为三个层次，采用复合模式，

[1]“中国社会保障体系研究”课题组：《中国社会保障制度改革：反思与重构》，载《社会学研究》2000 年第 6 期。

但是我国政府承诺的养老金工资替代率过高，包揽过多，政府的责任过大，以至于不得不投入巨额的财政资金予以补充。同时法规确定的养老保险总缴费率及企业缴费率过高，企业和个人没有财力再参加企业年金计划和个人养老储蓄保险。再加上国家没有通过立法对企业年金和个人养老储蓄保险制定切实可行的规则，最终导致职工基本上还是依靠基本养老保险来保证退休后的生活，企业年金和个人养老储蓄保险的作用微乎其微。

有鉴于此，政府在新型养老保险制度中，应当合理发挥三个层次的不同作用，三者互相搭配，共同保障退休职工的生活：①首先需要继续保持基本养老保险的基础性地位，维持职工退休后的基本生活，但要根据我国的平均生活水平，适度地调整工资替代率，为企业年金和个人储蓄养老保险创造条件。②鼓励企业积极参加企业年金计划，政府可以通过税收优惠来扶持企业年金的建立，企业年金在筹资阶段应扩大企业缴费的税前列入成本的比例，在运营阶段，应建立完善的税收激励机制，在领取养老金时免征个人所得税，对免税的养老金收入不应高于退休前的平均收入。[1] 企业年金制度需要实施有条件的市场运作和有限度的政府调控，而政府的调控和规范也应以法律手段为主，在操作和管理上，以市场操作为主。[2] 为确保企业年金的保值增值，降低投资风险，企业年金的投资也有必要借鉴国际经验，确定一个最低收益保证。建立最低收益保证的具体做法可借鉴智利的经验，即建立相应的盈余准备金和风险准备金：当企业年金实际回报率低于最低投资回报率时，首先用盈余准备金弥补；其次用风险准备金弥补。[3] ③对于个人养老保险储蓄，政府推动的愿望不是很强烈，因为我国一直保持较高的居民储蓄率。高储蓄率像一把双刃剑：一方面，高储蓄率解决了社会经济发展中资金不足的困难，有力地促进了各项事业的发展；另一方面，居民储蓄居高不下，也反映了社会保障不健全，人们普遍缺乏安全感，省吃俭用以存款准备生活之需并抵御生活风险，高储蓄率也导致内需不足，政府不得不采用积极的财政政策来刺激经济的增长。

---

[1] 马国强、李吉利：《养老保险多层次互动》，载《中南财经政法大学学报》2004年第4期。

[2] 吴丽萍：《我国企业年金制度存在的问题及对策》，载《河北法学》2005年第2期。

[3] 朱俊生：《完善企业年金投资的制度安排》，载《国际金融报》2003年4月29日。

（二）提供财政支持

1. 为基本养老保险基金支付不足时提供补助

在基本养老保险中，保险基金由用人单位和职工个人缴纳的养老保险费组成，一般情况下，政府并不直接向该制度供款，而只是通过两种间接方式为该制度提供财政支持，一是企业缴费的税前列支，它包括政府的税收援助；二是政府为该制度提供财政兜底以确保其制度安全。在政府不直接向该制度供款的前提下，企业缴费与个人缴费便构成社会保险基金的全部内容。在现行制度中，如何分配社会保险基金于社会统筹账户与个人账户，反映出社会保险制度创新过程中的政府理念。现行制度的政府理念包含两方面的内容：一是强调政府的社会责任，亦即为公民提供最优的社会保险公共产品；二是强调互助原则，即通过社会保险制度安排来增强投保人抵御各种风险事故的能力。[1]《社会保险法》已明确，基本养老保险基金出现支付不足时，政府给予补贴。这也就是说，我国养老保险制度是由政府信用做担保的，政府是确保养老金发放、维护参保人员养老权益的最终责任人。我国基本养老保险制度建立之初统筹层次较低，地区间支付能力不均衡，中央财政从1998年开始建立对基本养老保险的补助制度。补助金额已从1998年的20多亿元增加到2012年的2100亿元，年均增长率38%。根据支付需要，中央财政需要加大补助力度，让退休职工按时足额拿到养老金。

2. 为城乡居民社会养老保险直接提供补贴

在新型农村社会养老保险和城镇居民社会养老保险制度中，政府出资对参保人员给予补贴。根据现阶段我国居民收入水平、消费水平和财政承受能力，中央确定了55元最低标准基础养老金，并将根据经济发展和物价变动等情况，适时调整最低标准基础养老金，为今后逐步提高标准预留空间。通过设计100元最低缴费档次、国家财政全额支付最低标准基础养老金、地方财政对居民缴费实行不少于每年30元补贴等优惠政策，把尽可能多的城乡居民吸纳到制度保障之中。

[1]“中国社会科学院中国社会保险制度研究”课题组：《中国社会保险制度研究》，载《中国社会科学》1999年第4期。

3. 解决养老保险中的历史债务问题

我国在养老保险方面还有一个特殊的问题，就是从传统的养老保险制度转向新型制度的过程中，出现了巨大的资金缺口，有学者称之为历史债务，也有学者称之为隐性债务或转制成本，[1]它是在特定的社会背景下产生的。我国自设立养老保险制度以后，一直由国家机关和企事业单位承担缴纳保险费的职责，对离退休职工实行现收现付制，40 多年里对职工个人没有积累任何资金。新型养老保险制度建立以后，出现了两个资金缺口：（1）政府对已经离退休的职工保持原有待遇，即老人老办法，使用现有的社会统筹基金支付，由于需要支付的养老金要远多于现有的社会统筹基金，就出现了第一个养老金支付的缺口。（2）政府对在新型养老保险制度建立之前参加工作而在建立之后退休的中年职工，规定将新制度建立之前的工作年限视为缴费年限，可是在原有制度下这些职工没有个人账户积累，他们退休以后只能领取社会统筹基金中的基础养老金和新制度建立后其个人账户上的养老金，结果缺少了在新制度建立以前视为缴费年限的养老金，这一块养老金的缺失将减少这部分职工退休后的待遇，于是就出现了第二个养老金支付的缺口。这两个资金缺口成为新型养老保险制度实施的难题，迫切需要政府采取措施予以解决。

[1]“历史债务”论者认为，养老金支付上出现的危机，并非是新制度造成的，而是在新、旧养老保险制度转型中因计划经济时代中老年职工缺乏养老金积累而形成的历史欠账造成的。——参见郑功成等著：《中国社会保障制度变迁与评估》，中国人民大学出版社 2002 年版，第 114 页。“隐性债务”论者认为，社会统筹账户资金不足以支付退休人员的养老金，是因分配前已从工人工资中将保险费扣除，扣除的资金没有作为专项资金积累起来，而是投入国有企业和其他基本建设方面，因而构成了隐性债务。——参见侯文若、孔泾源主编：《社会保险》，中国人民大学出版社 2002 年版，第 271 页。“转制成本”论者认为，养老保险制度从现收现付制转为统账结合制时，国家没有选择公共债务政策来重新构建新制度，而是继续沿袭现收现付制的传统做法，用基金本身的代际转移方式支付退休人员的养老金，由此形成了转制成本。——参见宋晓梧主笔：《中国社会保障体制改革与发展报告》，中国人民大学出版社 2001 年版，第 56 页。还有学者认为建立社会统筹与个人账户相结合的新的养老保险制度，就是要改变现收现付制，通过养老基金中个人账户的预算积累方式，抵御老龄化高峰来临时的支付危机，按照制度的设定运行，“隐性债务”由此而产生，它既是债务也是制度转型的成本。——杨雯：《我国养老保险制度中的隐性债务与政府责任》，载《山东大学学报（哲学社会科学版）》2003 年第 3 期。

谁来负责弥补这两个资金缺口成为养老保险制度顺利实施的关键，作为传统养老保险制度的实施者，政府因承诺而承担了为退休人员支付退休养老金的责任，在由于社会转型、养老保险制度改革，而出现养老保险金支付的资金缺口时，政府是当然的养老保险历史债务偿还的责任者，即养老保险的历史债务应当由政府，而不是别的组织或个人偿还。[1] 由于在传统的养老保险制度下，政府和国营企业（国营企业延伸了政府的养老保险职能）承担了为职工退休后提供保险待遇的职责，政府要继续担负这个责任，对于在制度转轨造成的养老保险历史债务，政府应当负责偿还，而决不能让职工个人来蒙受养老金的损失，否则，对他们来说就是非常不公平的。对此，社会保险法第 13 条规定：“国有企业、事业单位职工参加基本养老保险前，视同缴费年限期间应当缴纳的基本养老保险费由政府承担。”当然政府负责弥补资金缺口，并不是要求在朝夕之间完成，政府在精确计算的基础上可以安排一定的年限，分步骤来解决这个问题。

其实，在社会主义国家，养老保险基金缺口并非我国独有，其他国家也存在这个问题。以俄罗斯为例，1991 年独立以后，由于政府的拖欠，退休金不足曾经是政府最棘手的问题之一。现在随着经济的好转，俄罗斯政府开始偿还前几年拖欠的大量退休金，同时着手进行养老金制度改革，从完全由国家拨款的退休金分配制逐渐过渡到退休金个人储蓄制，一方面可减轻政府负担，另一方面使人们在退休后能够依靠退休金过上正常安稳的生活。[2]

三、政府在医疗保险中的职能

（一）确定医疗保险的发展目标

从 20 世纪 50 年代起我国政府建立了适用于国家机关、事业单位工作人员的公费医疗制度和适用于国有企业职工的劳保医疗制度（集体企业职工参照适用），构筑了城镇职工的医疗保险体系，为城镇职工及其家庭提供了较

[1] 刘翠霄：《我国养老保险的历史债务问题》，载《法学研究》2003 年第 6 期。

[2] 参见马剑：《养老保险，国外如何改革》，载《环球时报》2005 年 12 月 19 日。

为全面的医疗保障，较好地保护了他们的身体健康。但是随着经济体制的转轨，公费医疗制度和劳保医疗制度已经远远不适应社会经济的发展要求了，国家必须建立和市场经济体制相适应的新型医疗保险制度，来满足人们不断增长的医疗保障的需要。

建立全民健康保险应当成为医疗保险制度的最终发展目标，因为人人都有疾病风险，人人都需要医疗保障，社会保障制度的公平性与疾病风险需要在尽可能大的范围进行分散才能真正实现财务稳定的特殊要求，决定了建立全民健康保险应当成为医疗保障制度的最终目标。[1]这是我国医疗保险制度的长远发展方向，但是我国的社会经济状况决定了在短时期内无法实现这一目标，为了保障人们的身体健康，1993年11月《中共中央关于建立社会主义市场经济体制若干问题的决定》，明确提出城镇职工医疗保险金由单位和个人共同负担，实行社会统筹和个人账户相结合的发展方向。在党的政策指导下，结合各地的实践情况，1998年12月国务院发布《关于建立城镇职工基本医疗保险制度的决定》，将我国医疗保险制度发展的目标定位为建立“低水平、广覆盖、共同负担、统账结合、多层次”的职工基本医疗保险制度，并以此为基础，建立一个过渡时期的多层次医疗保障体系，在这个体系中，以基本医疗保险制度为核心，政府、单位及个人共同参与并分担责任，为所有人提供基本健康需求的安全保障。

（二）建立多层次的医疗保障体系

1. 基本医疗保险

基本医疗保险是由国家立法对公民实施的医疗保险制度，它通过强制性社会保险原则和方法筹集资金，保证人们平等地获得适当的医疗服务。[2]根据《关于建立城镇职工基本医疗保险制度的决定》，基本医疗保险覆盖所有的城镇职工，基本医疗保险费由用人单位和职工共同缴纳，建立基本医疗保险统筹基金和个人账户，负责为职工提供基本的医疗保障。

---

[1]郑功成等著：《中国社会保障制度变迁与评估》，中国人民大学出版社2002年版，第52页。

[2]仇雨临、孙树菡主编：《医疗保险》，中国人民大学出版社2001年版，第20页。

基本医疗保险和基本养老保险都是政府保护公民的生命健康权的重要手段，但是医疗保险与养老保险发挥作用的方式不同。人们进入老年阶段以后年老体衰，丧失了劳动能力，就需要依靠养老金来维持生活，因此人们将老年的风险分摊到工作时期，即在身强力壮的时候将部分收入缴纳养老保险费为自己储存尽可能多的养老金，为自己年老以后解除经济上的顾虑，能够以养老金安度晚年。人年老是必然的，也是可以预见的，而疾病却是不可预测的，国家设立医疗保险旨在通过这种带有强制性的共同承担责任的联盟，使所有参加医疗保险的人参与风险调整，即健康的人和生病的人，生病少的人和生病多的人之间进行调整。而且这种强制和调整是公平的，因为谁也不能知道自己会不会生病、会在什么时候生病和生什么样的病，一旦生了重病，负担将落在公众身上。医疗保险之所以是能够从经济上承担风险的联盟，是因为在有人生病的时候，大多数人是健康的和缴纳医疗保险费的。[1] 正因为医疗保险的这种特性，各国政府根据本国的经济发展水平和社会状况，建立医疗保险制度，及时救治不可预见的疾病，保护公民的身体健康。

和我国基本医疗保险职能相同的，在德国是法定医疗保险，德国法定医疗保险资金几乎全部来自收缴的医疗保险费。联邦政府只为退休农民提供医疗津贴，这项津贴占法定医疗保险总支出的0.8。法定医疗保险是所有受保险人实施互助的联盟，每一个受保险人按自己收入缴纳相同比例的保险费，并且不受本人的身体状况、性别、年龄和免缴保险费的家庭人数的影响。[2] 在日本是国民健康保险，近年来，由于经济不景气，失业或无业人员增加，政府掌管的健康保险和组合保险人数呈下降趋势，而国民健康保险人数则处于上升态势。[3] 这些基本的医疗保险负责为公民提供健康保障，保证公民始终能够得到及时的治疗，对维护公民的身体健康发挥了基础性的作用。

2. 补充医疗保险

我国长期实行公费医疗制度和劳保医疗制度，新的医疗保障体系对此改

---

[1] [德] 霍尔斯特·杰格尔著，刘翠霄译：《社会保险入门——论及社会保障法的其他领域》，中国法制出版社2000年版，第23页。

[2] 刘翠霄：《德国社会保障制度》，载《环球法律评论》2001年第4期。

[3] 宋金文：《日本医疗保险体制的现状与改革》，载《日本学刊》2005年第3期。

革的结果是建立公务员医疗补助和企业补充医疗保险，公务员在参加基本医疗保险的基础上，享受医疗补助政策，保障国家公务员的医疗待遇水平与改革前相比不下降。公务员在参加城镇职工基本医疗保险的基础上，超过基本医疗保险以外的医疗费用，由国家对公务员实行补贴。[1] 同时政府应当通过税收优惠等手段，鼓励有条件的企业参加企业补充医疗保险，为职工提供基本医疗保险以外的待遇。此外，为了防范重大疾病，国家机关和企业事业单位还可以分别为公务员和职工建立大额医疗费用统筹制度。

3. 商业医疗保险

商业保险公司负责承办，以营利为目的，用人单位、职工和其他社会成员都可以向商业保险公司投保，可以弥补超越基本医疗保险费用以外的支出。由于参加商业医疗保险需要支付较高的成本，加上商业保险公司运作的不成熟，公众参与的积极性不高，商业医疗保险在我国还处于起步阶段。

4. 社会医疗救助

政府应当在最低生活保障制度或者其他救助制度中纳入对贫困人口的医疗救助。当然，这种政府负责的医疗救助的目标，不是解决贫困人口的全部疾病医疗问题，而是通过有限的救助来缓解疾病医疗对贫困人口的沉重压力，它只能针对缺乏基本医疗保障的、贫困的重病患者，并只能给予相应的补贴而不能报销全部医疗费用。[2] 尽管医疗救助的功能是有限的，但是它在整个医疗保障体系中却发挥着非常重要的作用，它有助于保障贫困人口的疾病救治、身体康复，在一定程度上可以使贫困人口免于缺医少药、坐以待毙的悲惨境地。

（三）提供财政支持

医疗卫生事业是政府保护公民身体健康的给付手段，政府的投入是必需的。各级政府的财政支持主要包括两部分：一是财政支持建立全民医疗保障制度、基本药物制度，建立基本公共卫生服务的均等化体系并不断提高标准，

[1]“劳动和社会保障部劳动科学研究所”课题组：《我国补充医疗保险问题研究》，载《经济研究参考》2001 年第 51 期。

[2] 时正新：《中国医疗救助制度的建立与发展》，载《社会保障制度》2002 年第 5 期。

建立健全基层医疗卫生服务体系和支持公立医院改革。医改四年来，国家财政对医疗卫生累计投入 22427 亿元人民币，占财政支出的比例，从 4.4% 提高到了 5.7%。中央财政对医疗卫生累计投入 6555 亿元，占财政支出的比例，从 2.28% 提高到了 3.19%。[1] 二是为失业人员以及一些特殊群体如军人、离退休人员担负医疗保险费用，在基本医疗保险中作为用人单位为公务员和工勤人员缴纳法定的医疗保险费用。

（四）合理分配医疗资源

医疗资源的供给是有限的，而人们对医疗卫生的需求则是极为广泛的，供给与需求之间存在很大的差距。为了预防疾病，并保证人们能够及时地得到救治，政府需要合理地分配医疗资源，为包括基本医疗和大部分的住院服务提供保障。通过政府规划和统一管理的医疗服务体系，可能从机制上扭转由于供需双方信息不对称，众多利益主体包括医院、医护人员、不同风险的人的趋利行为，以及医疗保险公司的道德风险等因素带来的诱发医疗成本上升的局面，从而得到包括经济效益在内的社会效益。[2] 政府对医疗资源进行配置，一方面要控制病人因在现行医疗保险制度下只承担部分费用而产生的浪费现象，杜绝个别病人过度消耗医疗资源的情况，大家都应该遵守医疗道德，保证大部分人都能看病；另一方面政府主管部门或者独立的法定机构监督控制医疗方，并通过建立有效的病人监督机制，减少医疗方的过分逐利行为。

近年来医疗卫生事业成为社会关注的焦点，看病贵、看病难成为普遍的社会问题，医院更是饱受诟病。2006 年年初，卫生部宣布建立平价医院，解决医疗费持续上涨的问题。但是问题在于建国后各级政府已经投入巨资建立了为数众多的公立医院，构成了我国医疗卫生体系的主体，再让地方政府重新投资兴建平价医院就没有意义了。最具可行性的办法是政府将已有的公立医院进行重新规划，以适合本地区经济水平和居民医疗需求。解决问题的根本仍然在于，政府以充足的公共财政供给与完善的法规监管双管齐下，扭

[1] 财政部：《中国医疗卫生支出占财政支出 12.5% 左右》，中国新闻网 2013 年 3 月 14 日。

[2]“中国社会保障体系研究”课题组：《中国社会保障制度改革：反思与重构》，载《社会学研究》2000 年第 6 期。

转公立医院凭借垄断地位，打破其进行医药合谋的可能，改变公立医院现在的角色错位，除此之外，社会医疗保障以及医疗救助、社会援助等体系都应该有所作为，只有体制完善了，公立医院才有可能真正归位。[1]因此，地方政府根本没必要另起炉灶，在公立医院之外再建平价医院，那样只会造成更大的浪费，而且不能从根本上解决人们普遍关心的求医问药的问题。

（五）确保医疗卫生事业的有序进行

医疗卫生事业不是市场化的领域，而是公共领域。因此如果放任其自由竞争，受损害的必然是广大城乡居民，最终也会损害整个医疗卫生事业的健康发展，所以对医疗卫生服务进行干预既是必要的，也是有效的。为此，政府应当制定严格的制度来规范医疗方的行为，设立严格的监察机制来考评医疗方的行为，并通过相应的准入与惩戒机制，确保医风和医德得到维护。[2]正因为医疗卫生事业关系到亿万人民的身体健康，政府要加强对医疗卫生行业尤其是医疗机构的管理，确保医疗机构救死扶伤的服务宗旨，坚决杜绝天价医疗费事件[3]的再度发生，防止医疗机构的营利性，保证人们能够得到及时的救治。

（六）建立综合性的医疗服务体系

保障人们的身体健康，仅有资金是不够的，政府应当主持建立综合性的医疗服务体系，医疗保障应该不局限于医疗服务，而是走向健康服务，结合社区预防和健康教育，居住和工作环境，以及社区老人和长期病患者的护理服务，以达到社会保障制度综合性的目标。[4]政府建立医疗服务体系，为公

[1] 夏金彪：《平价医院难成医改突破口》，载《中国经济时报》2006 年 1 月 16 日。

[2] 郑功成等著：《中国社会保障制度变迁与评估》，中国人民大学出版社 2002 年版，第 149 页。

[3] 一起罕见的“天价医疗费事件”，暴露了有关医院管理诸方面的重大弊端，也昭显了病人家属以“钱权之势”影响和主导医疗过程之严重后果。——张映光：《哈尔滨天价医疗费事件真相调查》，载《财经》杂志 2006 年 2 月 19 日。

[4]“中国社会保障体系研究”课题组：《中国社会保障制度改革：反思与重构》，载《社会学研究》2000 年第 6 期。

民提供基础性的医疗保障，通过对现有医疗资源的规划和整合，保证人们都能接受基本的医疗服务，同时对高水平的医疗服务要进行控制，防止部分昂贵医疗资源的滥用（比如医院以营利为目的，购买高额的医疗设备，病人不论任何情况，都要接受全面的检查，加剧了病人的经济负担，同时也浪费了大量的医疗资源），确保医疗社会保障的基础性，使所有人都能得到公平性的对待。公立医院必须要坚持其公益性，坚持为人民服务的宗旨，对所有人都要救死扶伤，绝不能因为经济原因而将病人拒之门外，不予治疗。同时医疗机构之间开展合作，互相支援，根据病人的情况提供相应层次的医疗服务，做到合理地利用医疗资源，使资源能物尽其用。

四、政府在失业保险中的职能

（一）确立失业保险的基本规则

在计划经济体制下，我国政府在城镇实行充分就业的政策，不承认有失业现象。20 世纪 80 年代随着国营企业就业政策的改革，长期存在的隐性失业显性化。1986 年 7 月 12 日国务院颁布《国营企业职工待业保险暂行规定》，建立待业保险制度，虽然只适用于国有企业职工，从实质上讲它也并非失业保险，而是失业者不须缴纳失业保险费的失业救济制度，待遇之低也仅够维持失业者的最低生活需要，1993 年国务院颁发《国有企业职工待业保险规定》取代 1986 年的暂行规定。1993 年的规定作了扩大实施范围、提高了待遇标准、将省级统筹调整为市县统筹等一系列改进。[1] 随着改革的深入，待业保险不能同时胜任深化国有企业改革的保障者与市场导向的就业机制的双重任务，与建立统一的劳动力市场、实现劳动力资源合理配置的客观要求相去甚远。[2] 为了保障大量失业者的基本生活，维护社会稳定，1999 年 1 月 12 日国务院颁布《失业保险条例》，正式建立了我国的失业保险制度。

《失业保险条例》确立了失业保险制度的基本规则：①失业保险制度的

[1] 刘翠霄：《我国失业保险的现状和问题》，www.iolaw.org.cn.

[2] 参见杨方方：《中国失业保险制度的回顾与展望》，载《北京行政学院学报》2003 年第 3 期。

目的：政府建立失业保险制度就是保障失业人员失业期间的基本生活，促进其再就业。②覆盖范围：失业保险覆盖城镇企业、事业单位，所有的城镇企业事业单位及其职工都要参加失业保险，以此来降低城镇职工的失业风险。③建立失业保险基金：由单位、职工个人和政府财政共同出资建立失业保险基金。④失业保险金的支付办法和标准。⑤失业保险的管理。

（二）建立失业保险基金

失业保险的核心内容是社会集中建立失业保险基金，分散失业这一劳动风险，使暂时处于失业状态的劳动者的生活得到基本保障。[1] 雇主在失业保障中承担主要责任，但个人和政府也有不同程度的责任。政府承担责任包含两点：一是政府负担部分费用，如英国是 14.5%、日本是 25%、加拿大和瑞典是 50%；二是政府提供融资或填补赤字，这是大多数国家政府采取的做法。当失业保险出现财政赤字时，政府给予紧急援助，使失业保险制度能够正常运行。[2]《失业保险条例》规定城镇企业事业单位按照本单位工资总额的 2%、职工按照本人工资的 1% 缴纳失业保险费，政府给予财政补贴。失业保险要求职工个人缴费，改变了过去仅由企业一方负担失业保险费而个人不缴费的做法。失业保险费由三者共同负担，既保证了费用的及时足额缴纳，又增强了职工个人的责任感。

（三）保证劳动力再生产

建立失业保险制度的经济目的是保证劳动力再生产，政治目的是维护社会安定团结。根据奉献为准绳的原则，给付标准必须低于失业者原工资水平；根据保证劳动力再生产的原则，给付标准不得低于最低生活水平线；还应设计因家庭抚养义务产生的补充给付标准；在劳动力供过于求的情况下，应当设计与失业津贴衔接的失业救助制度，即失业津贴到期后未能就业者的生活

---

[1] 杨伟民主编：《失业保险》，中国人民大学出版社 2000 年版，第 54 页。

[2] 参见吕学静：《对中国失业保险条例的分析与评价》，载《首都经济贸易大学学报》2000 年第 1 期。

救济。[1]失业保险为失业人员在失业期间提供暂时的生活帮助，缓冲失业者生活的压力，维持其本人及其家庭成员的基本生活，为失业者创造再生产的能力，使其尽快能够重新就业，以自己的劳动收入为本人及其家庭提供生活来源，并进而提高生活水平，而不是仅仅依靠微薄的失业救济来维持生活。

（四）通过失业保险促进就业

我国需要将失业保险向就业保障机制转化，这是社会保障制度发挥促进就业功能的重要方面。在社会保障制度中，失业保险制度与就业的关系是最为密切的，由于劳动力供应持续增加，而新技术的应用又减少了对劳动力的依赖，导致劳动力资源严重过剩，失业保险已经不只是对失业劳动者的消极事后救济以帮助失业者渡过失业期间的生活困难，而是应当强化促进就业的功能。失业保险制度向就业保障机制的转化，目的应当是为促进就业服务，将重点逐渐转移到就业服务，就业培训等方面，至少要将提升失业者的劳动技能与就业竞争能力的任务放到与救助失业者同等重要的位置。[2]失业保险功能的转化，既有利于帮助劳动者解决失业期间的基本生活，提高劳动者的就业能力，又能全面提高我国劳动力资源的整体素质，进而提高我国在国际上的竞争力。

我国失业保险功能的转化也受到了其他国家的影响，西方国家在建立失业保险制度的初期，其主要职能是为劳动者失业提供基本的生活保障。随着资本主义社会的日臻成熟和国家对经济宏观调控的日益重视，一些国家的失业保险制度也相应发生变化，在促进社会就业和为企业用人服务方面开始发挥了越来越大的作用。例如德国颁布《就业促进法》，要求在失业保险的基础上建立起就业服务系统，这样失业保险金就不仅仅用于基本生活保障，还用于职业介绍、转业培训、在职培训及帮助企业安置富余劳动力等方面。[3]因此失业保险发展到现在，已不再仅仅注重对失业者在失业期间提供基本的

[1]杨燕绥编著：《社会保险法》，中国人民大学出版社 2000 年版，第 158 页。

[2]郑功成：《中国民生的两大主题：社会保障与促进就业》，载《理论探讨》2004年第5期。

[3]“失业保险制度与就业形势分析”课题组：《失业保险制度对就业的影响》，载《经济研究参考》2004 年第 44 期。

生活救助，而是积极地配合劳动力市场政策，利用失业保险金为失业者提供就业服务，提高劳动者的素质，促进失业人员重新就业。

第四节　政府在社会福利中的职能

一、确定社会福利的发展目标

我国从20世纪50年代开始建立福利制度。在计划经济体制下，福利制度是在职业福利保障的基础上，以对主流社会漏出的部分社会成员进行补救性保障为目的的，其实现的也仅仅是社会救助层次的水平保障，从而完全是一种以职业福利为主、民政福利为辅的官办福利模式。[1] 传统的职业福利以职业为依托、以城镇职工为保障对象、关怀职工及其家庭的生活，由财政资金和企业提供经费。在计划经济时期，由于国家长期实行“高就业、低工资”的就业和分配制度，职业福利在一定程度上填补了职工由于低收入而造成的生活上的亏空，但是由于职业福利与企业的发展没有直接关系，企业承担了社会的许多职能，异化的职业福利给企业带来了很多负担，限制了企业的竞争力，不利于经济体制改革，政府必须对传统的福利制度进行改造，来适应社会经济发展的要求。

政府建立新的社会福利制度，应当以逐步提高公民的生活质量为发展目标。社会福利制度既要与社会保险、社会救助等其他社会保障制度协调发展，又要相互区别，尤其是不能将社会福利和社会救助相混淆。社会福利解决的是人们在温饱问题基本解决的情况下，如何提高人们的物质和精神生活水平的问题；而社会救济满足人们的最低生活需要，解决的是人们的生存问题。在我国以往的社会福利项目中，有些项目属于社会救济范畴，比如城镇的“三

[1] 郑功成等著：《中国社会保障制度变迁与评估》，中国人民大学出版社2002年版，第61页。

无"人员，民政部门为其提供的生活保障属于社会救济，而不属于社会福利。[1] 在社会保障体系中，社会福利是最高层次的保障方式，更多地侧重于满足公民精神方面的需求，需要政府和社会提供生活服务。

因为和东亚地区其他国家有相似的文化和历史传统，我国应当借鉴它们的经验来建立适合本国的社会福利制度。和西方国家相比，东亚国家和地区政府的社会福利支出相对较低，政府的主要作用是制定政策，推行社会福利项目，而不是直接提供福利服务。其社会福利制度本质上是"补缺型"的，家庭、非政府机构和社区承担着提供福利服务的主要责任，政府在对弱势群体提供福利服务时只承担最后的责任。我国政府也应该选择补缺性的福利模式，充分承担对最困难的社会群体进行救助和提供服务的责任，兼顾收入安全和社会公平的政策目标，采用通过利用最低的经济成本以保障社会安定的福利政策，从而确保实现经济发展的中心目标。[2]

二、建立新型的社会福利制度

传统的福利制度以职业福利为中心，辅之以民政福利，其实在计划经济体制下，无论是职业福利，还是民政福利，都是政府职能的组成部分，因为职业福利是国家机关、企事业单位为其职工提供的，企事业单位延伸了政府的部分职能，最终还是由政府提供福利。政府建立新型的社会福利制度，应当还民政福利和职业福利的本来面目，纠正它们错位的角色，让它们发挥出应有的作用。

（一）促进民政福利的社会化

政府应当将着力发展民政福利使之成为真正的社会福利，社会福利主要包括以下部分：

1. 老年社会福利

1996年国家颁布《老年人权益保障法》，为老年人特别是为处在特殊困

[1] 刘翠霄：《我国社会福利制度的现状和问题》，www.iolaw.org.cn.

[2] 尚晓援：《"社会福利"与"社会保障"再认识》，载《中国社会科学》2001年第3期。

境下的老年人，实现“老有所养、老有所医、老有所乐、老有所学和老有所为”提供了法律保障。各级政府建立社会福利机构维护处于特殊困境之中的老年人的生活、教育、医疗和康复等方面的基本权利。各级民政部门以社区为依托，建立了社区老年人福利服务体系，照料老年人的生活，为老年人提供医疗、康复和保健服务，保护老年人的合法权益，全国大中城市已初步形成了以设施服务和社会互助为主要形式的社区福利服务网络，为保障城市特殊困难群体的基本生活权益、满足广大居民群众特别是老年人的多种服务需求发挥着重要作用，并以此带动和促进了城市社会福利事业的发展。[1]

2. 儿童社会福利

政府历来关心残疾儿童、孤儿、弃婴和流浪儿童等处于特殊困境下的儿童的生活，建立儿童福利设施，为孤儿、弃婴提供良好的收养、医疗、康复和教育服务，并负责把他们抚养成人，安排他们的工作，帮助他们成家立业，对于痴呆和重残儿童民政部门则实行终身供养。

3. 残疾人社会福利

政府非常注重保护残疾人的合法权益，建立福利企业安排残疾人集中就业，采取优惠政策促进残疾人个体就业和自愿组织起来就业，并且借鉴国际经验按比例安排残疾人就业，就业的持续增长使残疾人能够以劳动所得来维持生活，实现自力更生。

同时政府应当打破封闭，将原来的各种民政福利设施向全社会开放，实现民政福利的社会化，来适应公众对福利日益增长的普遍性需求。如政府在城乡设立的福利院或者养老院，原来只为孤寡老人服务，现在随着老年人的增多，可以考虑向所有希望进入养老院养老并自付费用的老年人开放，既能为老年人提供各种福利服务，又能增加养老院的使用效率。通过采取类似的措施，传统的民政福利就可以通过转型而成为真正社会化的社会福利。

（二）分解职业福利

我国社会福利发展的最为艰难的一步，就是按照市场经济的要求和社会

[1]《中国的社会福利事业》，www.mca.gov.cn.

福利与职业福利的职能差异来分化传统的职业福利，使具有社会职能的一部分传统职业福利通过从企业或单位中剥离而复原为社会化福利，而让另一部分符合企业或单位发展战略的职业福利真正成为企业或单位内部激励机制的有机组成部分。[1] 为了分解职业福利，政府采取措施将学校、幼儿园、医院等福利设施从国有单位（主要是国有企业）分离出去，交由地方政府或者社会公益事业团体办理，将这些福利设施社会化，城镇职工对福利方面的需求主要通过社会化的福利设施或项目得到解决，企业摆脱了原来承担的这些社会功能，就可以轻装上阵，成为真正的市场主体，按照市场经济的规律参与竞争，独立经营。企业或者单位可以为职工提供内部福利，作为激励手段来鼓励职工为单位做出贡献，职业福利从而成为社会福利的有益补充。

三、建立农村五保制度

农村五保供养制度是一项具有中国特色的保障鳏寡孤独和残疾人基本生活权益的制度，[2] 是指政府在吃、穿、住、医、葬方面给予村民的生活照顾和物质帮助。“五保”是在 1956 年全国人民代表大会通过的《高级农业生产合作社示范章程》中规定的，对生活没有依靠的老弱孤寡残疾社员，给予保吃、保穿、保烧、保葬以及年幼的保教等。尤其在政社合一的人民公社时期，依靠村级集体经济以及国家对农村集体福利事业的间接补贴，五保对象能够接受与广大村民基本等同的生活保障和合作医疗。[3]1994 年 1 月，国务院颁布《农村五保供养工作条例》（简称旧条例），2002 年国家对农村实行税费改革以后，在全国逐步取消了农业税，农村的五保工作因为经费问题面临着严峻的挑战，对此 2006 年 1 月国务院颁布了新的《农村五保供养工作条例》（简称新条例），对新时期农村的五保工作作了全面的规定，以适应农村社会发

[1] 郑功成：《中国社会福利发展论纲——从传统福利模式到新型福利制度》，载《社会保障制度》2001 年第 1 期。

[2] 参见杨团、张时飞：《当前我国农村五保供养制度的困境与出路》，载《江苏社会科学》2004 年第 3 期。

[3] 贡森、王列军、佘宇：《农村五保供养的体制性问题和对策——以山东省为例》，载《江苏社会科学》2004 年第 3 期。

展的需要。

（一）供养责任主体

新条例规定各级民政部门主管农村的五保供养工作，乡、民族乡、镇人民政府管理本行政区域内的农村五保供养工作，县级人民政府和乡、民族乡、镇人民政府应当为农村五保供养服务机构提供必要的设备、管理资金，并配备必要的工作人员，村民委员会协助乡、民族乡、镇人民政府开展农村五保供养工作。从新条例的规定来看，县乡两级政府是农村五保供养制度的责任主体，负责提供资金并管理五保供养工作。

（二）五保对象

新条例规定老年、残疾或者未满 16 周岁的村民，无劳动能力、无生活来源又无法定赡养、抚养、扶养义务人，或者其法定赡养、抚养、扶养义务人无赡养、抚养、扶养能力的，享受农村五保供养待遇。

新条例增加了村民成为五保对象的申请程序：（1）申请：享受农村五保供养待遇，应当由村民本人向村民委员会提出申请，因年幼或者智力残疾无法表达意愿的，由村民小组或者其他村民代为提出申请；（2）公告：经村民委员会民主评议，对符合规定条件的，在本村范围内公告；（3）审核：村民委员会将评议意见和有关材料报送乡、民族乡、镇人民政府审核，乡、民族乡、镇人民政府应当自收到评议意见之日起 20 日内提出审核意见，并将审核意见和有关材料报送县级人民政府民政部门审批；（4）审批：县级人民政府民政部门应当自收到审核意见和有关材料之日起 20 日内作出审批决定。对批准给予农村五保供养待遇的，发给《农村五保供养证书》；对不符合条件不予批准的，应当书面说明理由。

（三）给付内容

农村五保供养包括下列供养内容：（1）供给粮油、副食品和生活用燃料；（2）供给服装、被褥等生活用品和零用钱；（3）提供符合基本居住条件的住房；（4）提供疾病治疗，对生活不能自理的给予照料；（5）办理丧葬事宜。

农村五保供养对象未满16周岁或者已满16周岁仍在接受义务教育的，应当保障他们依法接受义务教育所需费用。

（四）资金来源

旧条例规定五保供养是农村的集体福利事业，农村集体经济组织负责提供五保供养所需的经费和实物，自2002年税费改革在全国推展以来，五保供养工作受到了一定的冲击，即税费改革后，“村提留、乡统筹”被取消，社会公益事业的资金依赖于上级政府的转移支付。由此，五保供养从集体福利向国家福利转型。[1]针对这种变化，新条例规定农村五保供养资金，在地方人民政府财政预算中安排，有农村集体经营等收入的地方，可以从农村集体经营等收入中安排资金，用于补助和改善农村五保供养对象的生活，中央财政对财政困难地区的农村五保供养，在资金上给予适当补助。新条例规定农村五保供养标准不得低于当地村民的平均生活水平，并根据当地村民平均生活水平的提高适时调整。政府建立五保供养制度对农民中的特殊群体提供生活保证，其保障水平和内容已经超越了社会救助的层次，是政府在农村实施的社会福利，是我国整个社会福利的组成部分。

四、建立社区服务，提供福利保障

社区服务业是在改革开放中发展起来的新兴社会服务业，是在政府倡导下，为满足社会成员多种需求，以街道、镇和居委会的社区组织为依托，具有社会福利性的居民服务业，是社会保障体系和社会化服务体系中的一个重要行业。[2]迄今为止，我国的社区建设主要集中在城市。实际上，加强农村社区建设，改善农村社区服务的任务也非常迫切。随着市场化改革的深入和人口迁移的加速，一些乡村社区正在趋于解体，这一进程对所有农村居民的生活质量造成了很大的负面影响，而不仅仅是对五保老人造成负面影响。因

[1] 顾昕、降薇：《税费改革与农村五保户供养融资体系的制度化》，载《江苏社会科学》2004年第3期。

[2] 刘翠霄：《论我国社会福利制度的改革和完善》，载《法学》1999年第2期。

此，在未来的社区建设规划中，甚至在农村发展战略中，都应该高度重视农村社区建设问题。农村五保对象大多年老体衰，生活自理能力差，因此除了给他们提供足够的现金补助外，必要的服务也是非常重要的。[1]在社区建设中，需要注入家庭政策概念，政府要以社区为依托、把增强家庭功能和保证儿童发展需要的家庭服务作为目前社区建设中的最重要的内容。当前，面向家庭的服务还没有形成明确的政策性概念，自然也没有将其置于优先性的位置上。归根到底，社区建设的目的是为家庭及居民提供一个良好的、支持性的社会环境，而稳定和健康的家庭是社区稳定和发挥功能的基础。可以说，家庭是承接社区建设诸种功能的基础结构，也是进行社区建设最好的切入点。[2]政府负责建立社会福利设施和项目，但由于受到机构和人员的限制，不可能包揽社会福利的全部服务工作，为了更好地发挥社会福利的作用，政府可以通过社区，发动更多的人参与社会福利事业，为社会福利服务。

五、动员社会力量积极参与社会福利事业

公民对社会福利的要求是多样化的，要求政府满足公民所有的福利需求是不现实的，政府可以鼓励社会力量举办社会福利事业，简化民办福利机构的申办手续，提供政策性优惠，扶持并促使民办社会福利组织的壮大与持续发展。[3]社会力量的广泛参与可以为政府分忧解难，弥补政府的不足，能够为公民提供多样化的福利服务，来改善和提高公民的生活水平。

政府可以鼓励个人和社会组织发扬爱心，通过举办慈善事业来提供福利服务，慈善事业从本质上排斥政府的行政干预，但不排斥政府财政的援助。慈善事业通过自己的活动减轻了政府的社会保障责任和相应的财政压力，这是慈善事业对国家财政所作出的贡献；而政府财政若想更好地利用民间的力

[1] 洪大用、房莉杰、邱晓庆：《困境与出路：后集体时代农村五保供养工作研究》，载《中国人民大学学报》2004 年第 1 期。

[2] 张秀兰、徐月宾：《建构中国的发展型家庭政策》，载《中国社会科学》2003 年第 6 期。

[3] 郑功成：《中国社会福利发展论纲——从传统福利模式到新型福利制度》，载《社会保障制度》2001 年第 1 期。

量来减轻自己的负担，并促使社会和谐发展，也应当通过适当的方式来支持慈善事业的发展，其中最为有效的方式是直接拨款支持和利用相应的税收政策进行支持。[1] 发达国家的实践已经证明了慈善事业能够对社会福利起到积极的促进作用，过去由于我国经济发展水平的限制，慈善活动还不普遍，现在随着经济的强劲增长和个人收入的持续增加，政府应当通过财政和税收形式鼓励更多的社会组织和个人开展慈善活动，为社会福利贡献力量。

第五节　政府在社会优抚中的职能

一、确定社会优抚的基本规则

1950 年经政务院批准，内务部公布了《革命军人牺牲、病故褒恤暂行条例》《革命烈士家属、革命军人家属优待暂行条例》《革命残废军人优待抚恤暂行条例》《民兵民工伤亡抚恤暂行条例》等四部行政法规，对优抚对象应该享受的优待、抚恤待遇作了规定。

1982 年宪法修改后在第 45 条规定：“国家和社会保障残废军人的生活，抚恤烈士家属，优待军人家属。”对社会优抚在根本法上作了原则性的规定。根据宪法，1984 年《兵役法》规定了优抚对象的优抚待遇，1988 年国务院颁布《军人抚恤优待条例》，2004 年国务院和中央军委联合颁布新的《军人抚恤优待条例》，和 1988 年《军人抚恤优待条例》相比，新条例将一次性抚恤金的标准提高了一倍，增加了批准烈士的条件和程序，建立了各类优抚对象抚恤补助标准自然增长机制，调整了残疾等级设置、评定范围和抚恤金，确定了各类优抚对象的医疗待遇，扩大了对军人的优待。[2] 新条例对优抚对象、死亡抚恤、残疾抚恤、优待等作了明确的规定，并首次规定了军人抚恤

---

[1] 郑功成：《现代慈善事业及其在中国的发展》，载《学海》2005 年第 2 期。

[2]《新〈军人抚恤优待条例〉的七大突破》，载《半月谈》2004 年第 18 期。

优待的法律责任，确立了新时期社会优抚的基本制度。

二、提供财政支持并负责管理

《军人抚恤优待条例》规定军人抚恤优待所需经费由国务院和地方各级人民政府分级负担，中央和地方财政安排的军人抚恤优待经费，专款专用，并接受财政、审计部门的监督。改变了以往抚恤优待费用由中央财政大包大揽、标准由中央政府统一规定的做法，实行中央财政与地方财政共同负责，分级负担。条例规定国务院民政部门主管全国的军人抚恤优待工作；县级以上地方人民政府民政部门主管本行政区域内的军人抚恤优待工作。

因为社会优抚是政府对军人及其家属提供的一种特殊社会保障，直接服务于国防建设和军队建设，因此经费主要由各级财政资金承担，但是政府的财力毕竟有限，不可能包揽优抚对象的全部家庭生活，政府可以鼓励社会组织和个人提供费用，积极支持社会优抚工作，共同提高军人及其家属的优抚待遇。

三、推进优抚保障的社会化

社会优抚是政府对军人及其家属提供优待、抚恤、安置三种待遇的总称。优待是指按照国家规定对优抚对象从政治上、经济上给予的优厚待遇；抚恤是指国家对伤残人员和牺牲、病故人员家属所采取的物质抚慰形式，分伤残抚恤和死亡抚恤两类；而安置则通常是指对特定对象（复员退伍军人、军队离退休干部及其随军家属、无军籍退休退职职工）或生产、生活有困难者的扶持、帮助或就业安排。[1] 从社会优抚的内容来看，政府对优抚对象的安排是综合性的，既要提供物质方面的待遇，又要从就业等方面给予扶持和帮助，从改善优抚对象的生活水平考虑，政府应当推进优抚保障的社会化，发动社会力量参与优抚。

优抚保障社会化，要在大力推行优待金社会统筹的基础上，培育和发展社会中介组织，社会中介组织参与优抚保障，是市场经济体制的客观需要，

[1] 刘翠霄：《我国优抚安置法律制度的改革和完善》，载《法商研究》1999 年第 3 期。

是转变政府职能的必然要求，是优抚保障社会化的有效途径和实质性标志。引导社会组织成为职业化的从事优抚保障的社会团体，为优抚对象提供医疗、康复、保健、供养以及社会公益服务。这样，既能切实履行民政部门的宏观管理职能，又能充分利用社会财力、人力和物力以及具体管理上的优势，为广大优抚对象服务，以减轻政府的负担，分担政府的责任。[1] 在推进优抚保障社会化的过程中，不能忽视家庭的重要作用，政府可以通过扶持优抚对象的家庭发展生产，不断增强优抚对象自我保障、自我发展的能力。

第六节　政府在农村社会保障中的职能

对农村社会保障问题的忽视，是改革开放以来中国社会保障制度建设的一个薄弱环节。城乡居民收入差距的扩大化和农村居民地位的相对弱势化，既体现了农村对建设社会保障体系的客观要求，也反映了农村居民生活风险的累积与社会风险的累积。因此，要真正保护农村居民中的弱势人口并促使绝大多数农村居民免于沦为弱势群体，就有必要积极推进农村社会保障制度建设。[2] 在我国的人口结构中，农村人口一直占据全国人口的大多数，由于历史的原因，我国形成了城乡社会、经济的二元化结构，城乡之间在经济发展水平、收入水平和经济结构等方面存在较大的差距。作为城乡二元化结构的结果，国家在城镇和乡村建立了不同的社会保障制度。农村的生产方式和生活方式与城镇不同，以城镇为中心建立的社会保障制度不能完全适用于农村，政府必须根据农村的特点建立适合农民需要的社会保障制度，来保障农民的基本生活。

---

[1] 王东进主编：《中国社会保障制度的改革与发展》，法律出版社2001年版，第339页。

[2] 郑功成：《中国社会保障改革与制度建设》，载《中国人民大学学报》2003年第1期。

一、构建农民急需的社会保障体系

从国际社会来看，各国都是在其工业化和城市化的进程中建立社会保障制度的，国际上还没有大规模解决缺乏固定收入的社会群体的社会保障问题的成功经验，西方国家建立农民社会保障制度也远比城市晚得多，例如德国的雇员医疗保险、养老保险分别在 1883 年、1889 年建立，而农民的养老保障、医疗保险分别在 1957 年、1972 年建立；[1] 日本的雇员医疗保险建立于 1922 年，而适用于包括农民在内所有社会成员的《国民健康保险法》一直到 1958 年才建立起来。[2] 这是由社会保障制度自身所具有的风险性所决定的。就我国的总体而言，农村的社会经济发展水平还不高，农民普遍还不富裕，政府应当根据农村传统的生产方式和现有的经济发展水平，构建农民急需的社会保障体系。

（一）建立农村社会保障的基本思路

1993 年《中共中央关于建立社会主义市场经济体制若干问题的决定》指出城乡居民的社会保障办法应有区别，农民养老以家庭保障为主，与社区扶持相结合，有条件的地方，根据农民自愿，也可以实行个人储蓄积累养老保险，发展和完善农村合作医疗制度。

这是政府建立农村社会保障制度的政策性依据，在农民养老和医疗两个方面明确了发展的目标，现在政府还不能将社会保险制度扩展到农村，但是农民的养老和医疗等维持其生存的问题日益紧迫，政府必须根据宪法和法律的规定切实履行保护公民生存权的职责，行使社会保障行政职能，积极介入农村的社会保障制度建设，为农村社会经济的发展奠定稳定的社会基础。

（二）建立农民急需的社会保障体系

政府应当根据我国的社会生产力发展水平，结合我国农村的生产和生活

[1] 刘翠霄：《德国社会保障制度》，载《环球法律评论》2001 年第 4 期。

[2] 张新宝：《日本的健康保险法律制度》，载《外国法译评》1995 年第 1 期。

特点，建立现阶段农民急需的社会保障体系。该体系包括以下内容：(1)以最低生活保障制度为重点，优先解决农民的温饱问题，确保农民的生存；(2)其次建立农村的医疗卫生制度，重点建立新型的农村合作医疗制度，解决农民的看病问题，防止因病致贫、因病返贫现象，保障农民的身体健康；(3)以家庭为养老的基础，积极探索建立农村的养老保险制度。

二、建立农村的医疗卫生制度

(一)建立新型的农村合作医疗制度

2003年国务院转发卫生部、财政部、农业部《关于建立新型农村合作医疗制度的意见》，决定从2003年起开展试点，到2010年，实现在全国建立基本覆盖农村居民的新型农村合作医疗制度的目标，减轻农民因疾病带来的经济负担，提高农民健康水平。新型合作医疗制度主要包括以下内容：

1. 政府对农村合作医疗制度的定位

新型农村合作医疗制度是由政府组织、引导、支持，农民自愿参加，个人、集体和政府多方筹资，以大病统筹为主的农民医疗互助共济制度。政府对该制度的定位比较独特，农村合作医疗由个人、集体和政府多方筹资，实行大病统筹，具有医疗社会保险的特征，但是合作医疗制度规定由农民自愿参加，缺乏强制性而不是强制性的，况且统筹层次低，一般以县为单位进行统筹，贫困地区甚至以乡镇为单位进行统筹，因而与医疗社会保险具有根本的区别。因此，该《意见》将其定位为农民医疗互助共济制度。

虽然政府在农村不能提供和城镇相同水平的医疗保障，但是农民的健康同样需要政府的关注。基本医疗保健服务领域之所以需要政府干预，首先是由于它是公民维持正常生存所必需的，国家承诺人人享有这种服务如同保障全体公民获得食品安全一样，反映了特定社会的主流价值观念。对此，国际社会有着广泛的共识。在以知识经济为特色的21世纪，国家承诺人人享有基本医疗保健，显然还出于保护人力资源、改善劳动力整体素质从而提高国家竞争力的需要。世界各国政府对“2000年人人享有卫生保健”的全球目标纷纷做出积极承诺的行动，即可证明这一点。对于发展中国家而言，为了实现这一目标，一方面需要改善基本医疗保健服务的可及性，即保障服务供给提高服务质量，使所有社会成员都可以方便地获得质量可靠的服务。另一方面则必须改善基本医疗保健服务的可得性，即规范医药机构行为、遏止医药价格飞涨。并实行收入再分配，使全体公民尤其是低收入者有能力购买这些服务。出于校正城乡之间分配不均等的目的，也应重提“将医疗卫生工作的重点放到农村去”的原则，通过增加农村基层公共卫生支出而使政府投资向乡村倾斜。[1] 要使农民确立正确的医疗保障观念，使他们认识到，在医疗保险中，所有的受保险人都参与风险调整，例如病人和健康人，经常生病的人与很少生病的人之间进行调整。医疗保险也能够体现社会公平而不会让不生病的人吃亏，因为人们很难预料自己以后是不是会生重病，而一旦当人们身染重病，巨额的医疗费用将会落在所有参加医疗保险人的身上。人们懂得了这个道理，就会消除在参加医疗保险上的顾虑，而积极主动地参加医疗保险。[2] 因此为了保障农民的身体健康，防止疾病尤其是重大疾病对农民身体和家庭经济的损害，政府应当将农村合作医疗发展为强制性的农村医疗保险制度。

2. 资金来源

新型农村合作医疗制度实行个人缴费、集体扶持和政府资助相结合的筹资机制，农民个人每年的缴费标准不应低于 10 元，经济条件好的地区可相应提高缴费标准，地方财政每年对参加新型农村合作医疗农民的资助不低于人均 10 元。经济较发达的东部地区，地方各级财政可适当增加投入。从 2003 年起，中央财政每年通过专项转移支付对中西部地区除市区以外的参加新型农村合作医疗的农民按人均 10 元安排补助资金。经办机构的人员和工作经费列入同级财政预算，不得从农村合作医疗基金中提取。按照“十一五”规划的要求，新型农村合作医疗到 2010 年的覆盖面达到农村的 80% 以上。2011 年政府对新农合和城镇居民医保补助标准均由上一年每人每年 120 元

[1] 朱玲：《政府与农村基本医疗保健保障制度选择》，载《中国社会科学》2000 年第 4 期。
[2] 刘翠霄：《中国农民的社会保障问题》，载《法学研究》2001 年第 6 期。

提高到200元；城镇居民医保、新农合政策范围内住院费用支付比例力争达到70%左右。2012年起，各级财政对新农合的补助标准从每人每年200元提高到每人每年240元。其中，原有200元部分，中央财政继续按照原有补助标准给予补助，新增40元部分，中央财政对西部地区补助80%，对中部地区补助60%，对东部地区按一定比例补助。资金来源的稳定是合作医疗制度的关键，各级财政积极扶持合作医疗制度，对每一个参加合作医疗的农民都给予资助，保证了合作医疗事业的开展。

3. 给付项目

新型合作医疗的给付方向以大病为主，即政府补助和农民自缴金额，主要补助大额医疗费用或住院费用，对年内没有发生大病者，则安排进行一次常规性体检。合作医疗主要支付农民的重大疾病，是从现阶段我国的实际情况出发的，小病的费用一般不会影响农民的生活，但重大疾病显然会给农民带来沉重的经济负担，往往一次大病就会导致家庭陷入贫困，而随着环境的恶化，人们患重大疾病的风险大大增加，因此合作医疗的重点就是补助农民的大额医疗费用或住院费用，会在很大程度上减轻农民的负担，保证农民都能看得起病，得病后能够及时医治。

（二）开展卫生预防和医疗救助

1. 开展卫生防疫

和治疗疾病同样重要的是在农村开展卫生预防工作，政府应当增加对农村防疫防病、健康教育和营养及生活习惯干预项目的投资。免疫技术的发展和广泛应用能通过防止疾病的发生而从根本上降低整个人群和国家的医药费用。[1] 为此政府对群体预防项目的投资具有事半功倍的效果。在较长的时期内，政府减少了对公共卫生体系的投入，在农村的投入比例更低，结果2003年SARS的爆发暴露了我国公共卫生体系的危机。SARS过后政府以疾病预防控制和农村为重点，加强全国公共卫生体系建设，建立了突发公共卫生事件预警和应急机制，并加强公共卫生设施建设，建立了省、市（地）、

[1]朱玲：《政府与农村基本医疗保健保障制度选择》，载《中国社会科学》2000年第4期。

县三级疾病预防控制网络。[1] 政府以财政资金建立这些公共卫生设施为社会提供服务，可以有效地预防疫情和疾病，即使出现了疫情和疾病，也能够最大限度地降低损害后果。

2. 推行医疗救助

政府建设有效运行的公共卫生服务体系，推行预防为主和采用低成本高效益医疗技术的方针，有可能保证人人享有基本医疗保健服务，但却不可能完全防止因病致贫、因病返贫的现象发生，因为这些干预供给的手段不具备分散风险的功能。[2] 合作医疗可以帮助农民解决看病的问题，但是在现阶段仍然处于试行和推广阶段，而且农民自愿参加，无法保证参与的规模，还有相当多的农民没有参加合作医疗，不能及时就医。农民还可以参加商业健康保险，来保证生病后能够得到充足的补偿，但是商业保险排斥健康状况不良的人群参保，而且成本较高，多数农民难以承受。因此由政府直接设立或者鼓励社会组织设立医疗救助基金来帮助贫困农民，是更为切实可行的措施。

三、积极探索适合农村的养老方式

（一）农民以家庭为养老基础仍然不可或缺

虽然我国从 2009 年起开展新型农村社会养老保险试点，2020 年之前基本实现对农村适龄居民的全覆盖。基础养老金标准为每人每月 55 元，相对于现有的经济社会发展水平而言，这个标准是比较低的。我国的社会生产力发展水平和农村的生产方式决定了在今后相当长的时期内，农村仍然要以家庭为主体、以土地为基础进行经营，以家庭收入支付家庭成员的生活，养老自然需要家庭负责。由子女养老可以满足老年人物质和精神两方面的需求，让老年人颐养天年也符合中华民族的传统美德。

在当今中国，农村土地使用权不但是农民赖以为生的收入来源，而且还是大多数人口的生存保障。[3] 但是以土地为基础、以家庭为单位养老也面临

[1]《政府工作报告》，载《人民日报》2004 年 3 月 17 日。

[2] 朱玲：《政府与农村基本医疗保健保障制度选择》，载《中国社会科学》2000 年第 4 期。

[3] 朱玲：《从“土地换养老”开始》，载《中国改革》2005 年第 8 期。

着前所未有的挑战。首先，《土地管理法》规定农民集体所有的土地由集体经济组织的成员承包经营，从事种植业、林业、畜牧业、渔业生产。由于农民只是承包经营集体土地，在农村生产方式普遍落后和靠天吃饭的情况下，农民从土地中获得的收益能够维持正常基本生活需要已是很幸运的事情，遇到天灾人祸，生活将会发生较大困难。因此，目前的土地承包制度，并不能从利益机制制约有赡养义务的农民的子女，以达到促使他们赡养父母的目的。[1] 其次，从 20 世纪 80 年代起，随着计划生育的普遍推行，家庭结构发生了很大的变化，控制生育的政策导致子女减少，家庭出现了小型化，子女少而老人多，再加上收入增长缓慢，赡养老人成为农村中突出的难题。

（二）发展农村经济，增强农民的养老实力

政府解决农民的养老问题，有三个主要选择：（1）建立并逐步完善城乡居民社会养老保险制度，随着经济社会发展水平的提高，不断提高养老保险待遇。（2）积极推进农业剩余劳动力向小城镇和城市转移，将城镇社会保障覆盖到进城农民与乡镇企业职工，农民工可以依靠养老保险满足老年后的生活需要。（3）在将过多的农业劳动力转移出去的同时，应当通过深化农村内部改革，加快实现农业经营的规模化与现代化，以获得最大的经济效益，这对发展农村社会保障极为重要。[2] 从 2003 年起，国家逐步降低农业税税率，五年内取消农业税，[3] 事实上到 2005 年全国就提前取消了农业税，2005 年年底全国人大常委会通过决议，自 2006 年 1 月 1 日起废止《农业税条例》，取消农业税可以给农民减负 1265 亿元，为农民增收创造了条件。只有加快发展农村的经济，减轻农民的负担，壮大农村的经济实力，才能提高耕地农民的经济收入，收入增多了，农民就能够积累资金以备养老之需。

《中共中央关于全面深化改革若干重大问题的决定》提出要破除城乡二元结构，形成以工促农、以城带乡、工农互惠、城乡一体的新型工农城乡关

[1] 参见刘翠霄：《中国农民的社会保障问题》，载《法学研究》2001 年第 6 期。

[2] 参见李迎生：《论我国农民养老保障制度改革的基本目标与现阶段的政策选择》，载《社会学研究》2001 年第 5 期。

[3]《政府工作报告》，载《人民日报》2004 年 3 月 17 日。

系，加快构建新型农业经营体系，赋予农民更多财产权利，推进城乡要素平等交换和公共资源均衡配置。进一步扩大土地的权能，不仅允许土地承包经营权抵押、担保，而且赋予了农村集体经营性建设用地与国有建设用地平等的地位和相同的权能，为建立城乡统一的建设用地市场提供了制度保障。为此需要进一步完善对被征地农民合理、规范、多元保障机制，从就业、住房、社会保障等多个方面采取综合措施维护被征地农民权益，使农民生活水平有提高、长远生计有保障，让广大农民能够平等参与现代化进程、共同分享现代化成果。

小结：全民生活安全网络的构筑

一、我国国情对新型社会保障的制约

有学者在论述立宪主义时认为："西方国家在现代化进程中的确发挥了众所称赞的作用，但现代化毕竟不等于西方化，西方立宪主义并不具有世界性意义，真正有生命力的，能够发挥实践功能的立宪主义是在各个国家的传统与现代环境中发展出来的立宪主义与实践。"[1] 理解法律问题无法脱离社会条件，研究中国的法治问题同样不能脱离中国社会的具体历史和社会条件来考察。[2] 我国建立社会保障制度同样如此，我们可以借鉴西方国家经过一百多年的实践而逐渐运转成熟的制度，但是绝不能照搬它们的经验，必须根据我国的经济社会发展状况和历史文化传统来构建适合本国国情的社会保障制度。

（一）经济社会发展状况的制约

政府建立新型的社会保障制度必须要考虑本国的实际情况，不能照抄照

---

[1] 韩大元著：《亚洲立宪主义研究》，中国人民公安大学出版社 1996 年版，第 97 页。
[2] 苏力著：《批评与自恋》，法律出版社 2004 年版，第 81 页。

搬在其他国家行之有效的制度，尽管我国也建立了发源于欧洲国家的社会保障制度，但是在学习与借鉴他国制度的同时，我国必须根据本国的国情对此给予改造，使之适合本国的需要。须知“橘生淮南则为橘，生于淮北则为枳”，不结合我国的实际情况而盲目地照搬他国的制度，不但不能发挥社会保障制度的应有作用，反而会使之成为社会经济发展的障碍。我国仍然是世界上最大的发展中国家，虽然经过30多年的改革开放，我国的综合国力已经取得了巨大的进步，2010年中国的国内生产总值（GDP）超过日本，成为世界第二大经济体。但是根据国际货币基金组织等国际组织数据，中国人均GDP世界排名在第100位左右，不到世界平均水平的一半。因此尽管中国的经济发展取得显著成就，但中国仍然是发展中国家的属性没有变，中国仍处于并将长期处于社会主义初级阶段的基本国情没有改变。而且我国各地区社会经济的发展状况很不平衡，地区差异非常明显，乡村和城市、内陆地区和沿海地区相比差距极大。基于这种现实，政府在社会保障方面的决策必须坚持“低水平”的方针，政府只能为公民提供最基本的生活保障，社会保障必须符合社会经济发展的总体目标，并在社会经济发展的承受范围内实施。政府对公民社会保障的给付总是有限的，而公民对社会保障的需求却是不断增长的，现代社会保障是制度化的保障机制，随着社会经济的不断发展，公民的福利需求日益增长，政府为了满足这些需求，往往建立相应的制度，从而使福利项目不断增加，最终促使社会保障制度走向完善；一旦社会保障项目形成制度，便很难取消。同时，社会保障的范围与水平也是刚性发展的，即覆盖范围会持续扩大，直到覆盖全体公民，待遇水平只会提高不会下降。因为人类社会的发展不允许倒退，受益群体更不会自愿地让一种社会保障制度消失，不可能允许政府将自己从已经进入的社会保障网络内剔除，更不会认同社会保障待遇水平下降。[1]因此从我国的具体国情出发，政府应当坚持提供最基本保障的思路，使社会保障和经济社会发展水平相适应，促进二者相互协调发展。

---

[1]郑功成著：《社会保障学——理念、制度、实践与思辨》，商务印书馆2000年版，第156页。

（二）人口状况的制约

我国的人口总量已经达到了13.54亿，目前全国60岁及以上老年人口近1.94亿，占总人口的14.3%。[1]中国正在进入快速人口老龄化阶段，在未来的二三十年间，老年人口数量将迅速增长，出现有史以来老年人口比例最高的时期。[2]发达国家人口结构由年轻型进入老年型经历了50年－100年的时间，而我国只有二三十年，发达国家在人口老龄化时已经具备了雄厚的物质基础，如欧美一些发达国家在人口老龄化时，人均国民生产总值都在1万－3万美元以上，而我国则是在人均国民收入900美元左右的阶段发生老龄化的。[3]一方面我国的社会经济发展水平比较低，另一方面人口众多，老龄化程度加深，这种状况决定了我国政府在提供社会保障给付时必须坚持“广覆盖”的思路，把所有需要提供帮助的公民都纳入社会保障的范围，使他们都能及时地得到政府的支持，保障其基本生活。政府可以按照不同的保障层次，为公民提供不同水平的社会保障，但是首先政府应当保证社会保障的公平性，确保每一个需要国家帮助的公民都能被纳入社会保障的范围，而不能以任何理由将任何生活困难的公民排除在社会保障制度之外，否则社会保障制度就失去了其存在的公平基础。

（三）所有制和分配方式的变化

我国传统的社会保障制度是建立在社会主义公有制基础之上的，在公有制下实行平均主义的按劳分配方式，社会保障制度覆盖的主要对象是国家机关、事业单位的工作人员和全民所有制企业的职工，保障范围是非常狭窄的。20世纪80年代以后随着改革开放的持续深入，所有制和分配方式都发生了翻天覆地的变化，宪法修正案反映了经济制度中的这种变化，第14条规定：“国家在社会主义初级阶段，坚持公有制为主体、多种所有制经济共同发展

[1]国家统计局：《2012年国民经济和社会发展统计公报》，2013年2月22日，www.stats.gov.cn.

[2]郑真真：《准确把握人口变化趋势》，《人民日报》2013年10月15日。

[3]王东进主编：《中国社会保障制度的改革和发展》，法律出版社2001年版，第11页。

的基本经济制度，坚持按劳分配为主体、多种分配方式并存的分配制度。”为了适应所有制和分配方式的变化，政府在建立作为基本经济制度组成部分之一的社会保障制度时，要做到：①扩大社会保障的范围，政府应当将所有的公民全部纳入社会保障的范围，而不能仅仅局限在原来的城镇职工和居民；②政府应当建立分层次的社会保障制度，以满足公民的不同需要，平均分配的格局已经被打破，公民的可支配收入有了持续的增长，政府应当改变大包大揽的做法，合理划定政府、用人单位和个人的责任，三者各司其职，共同为社会保障制度做出自己的贡献，保证社会保障制度的顺利运行。

二、建立新型社会保障的体系

宪法在公民的基本权利中规定了退休制度和公民有获得物质帮助的权利，在 2004 年宪法修正案第 23 条中规定了“国家建立健全同经济发展水平相适应的社会保障制度”，国家就承担了保障公民基本生活的法定义务。政府作为国家意志的代表，理所当然就要担负起保护公民生存的法定职责。社会保障诞生在西方国家，这些国家通过立法机关建立社会保障的法律体系，行政机关负责执行法律。通过立法明确政府的职责，确保政府能够履行法定的义务，这是西方国家的共同特点。我国同样注重社会保障的立法，和西方国家不同的是，基于本国的政治传统，我国自建国以后一直都是通过行政立法建立社会保障的，国务院作为社会保障行政立法的最重要的主体，制定了涉及社会救助、社会保险、社会福利、社会优抚等方面的行政法规，国务院主管部门和省级人民政府也在各自的权限范围内制定了一些行政规章，这些行政法规和规章构成了我国目前社会保障的法律体系，成为社会保障运行的基础。

在借鉴欧美和东亚国家社会保障经验的基础上，政府应当构建适合本国国情的社会保障体系，这个体系以社会救助为基础，以社会保险为核心，以社会福利和社会优抚为补充。在这个体系中，既包括资金方面的给付，又包括政府和社会提供的各种服务，不但能够满足人们的物质需求，而且能够实现人们的精神要求，从而构筑起保证全民生活安全的网络。在这个安全网中，政府通过发挥社会救助的基础性功能，来满足贫困人口的最低生活需要，通过社会保险来解决人们的基本生活问题，通过社会福利和社会优抚来改善和提高人们的生活质量。在注重解决城镇居民生活问题的同时，政府通过建立新型合作医疗并积极探索适应农村需要的养老方式，逐步解决农民最关心的医疗和养老问题。

当然，在建立社会保障的过程中，政府不能"单打独斗"，在承担主导责任的同时，政府还要监督单位和个人及时履行自己的法定义务，共同担负起社会保障的职责。社会保障制度是一个系统工程，不仅仅涉及经济领域，政府在设计制度时应当考虑到传统文化对保障的影响问题。受儒家传统文化的影响，东亚国家有浓厚的家庭保障的烙印。家庭保障仍然是东亚国家社会保障极为重要的组成部分，老年人与子女共同居住的生活安排仍是占主导性的生活方式，老年人的经济和精神保障均不同于西方国家。[1]东亚国家注重发挥家庭在社会保障中的作用[2]，既减轻了政府的财政负担，又保持了家庭的凝聚力，这方面的经验值得我国借鉴。我国和日本、新加坡和韩国等国家一样，深受儒家思想传统的影响，历来重视家庭在政治、经济和社会中的作用，自古以来均由家庭承担保障职能，而且由于我国的工业化发展较晚，家庭在保障领域始终占据主导地位。随着社会经济的发展，尽管家庭的保障功能正逐步弱化，但是在相当长的时期内家庭仍然会承担重要的保障责任，尤其在农村，家庭在养老和医疗方面依然扮演着主要角色。就抚养子女而言，我国不能学习英国和瑞典由政府出资替代家庭承担部分抚养责任的经验，根据我国的传统和国情，家庭应当承担抚养子女的责任。由于实行了社会保险，目前城市的许多老人已经在经济上不需要子女的帮助，使其子女摆脱了人到中年"上要养老、下要养小"的经济困境，有利于他们的创业，形成了一种良性循环。但是老人仍然需要子女感情上的慰藉。我国应当吸取西方国家老人

[1] 参见林义：《东亚社会保障模式初探》，载《财经科学》2000年第1期。

[2] 1985年日本修改儿童补贴制度，强调养育孩子是父母的责任，政府没有必要保证孩子的生活。——参见郑秉文、方定友、史寒冰主编：《当代东亚国家、地区社会保障制度》，法律出版社2002年版，第94页。

因缺乏子女关心而晚年处境凄凉的教训，子女在工作之余经常去看望和照顾年迈的父母，给他们情感上的温暖。

三、新型社会保障的独立价值

（一）改变对社会保障角色的定位

资本主义国家社会保障制度的建立是工业化的结果，俾斯麦、丘吉尔和罗斯福实行社会福利政策是以保护中产阶级的方式来挽救而不是破坏资本主义，社会主义国家的保障制度，则在很大程度上可以视为工业化的一个起点、前提或组成部分。工人阶级政党在这些国家取得政权，多半是在世界大战结束之际。人民向往和平、安定、富足，执政党需要巩固政权、稳定社会，建立社会保障制度无疑是争取民众支持、把握社会控制权的有效手段。[1]我国在建立社会主义政权以后，力求尽快实现工业化，并建立完整的国民经济体系，遂以国营经济和集体经济为依托，建立了社会保障制度，为城市和农村的居民提供社会保障。整个社会保障制度以城市为重点，为国家机关、事业单位和企业的职工提供较为全面的生活保障，并将福利延伸到职工的家庭。在20世纪60年代的运行中社会保障逐步变成了单位保障，失去了社会统筹的功能。在1993年以前的对社会保障制度的改革主要是作为国有企业改革的配套措施，在关系国有企业改革的项目上进行探索。[2]1993年《中共中央关于建立社会主义市场经济体制若干问题的决定》确定建立多层次的社会保障体系，作为社会主义市场经济框架的重要组成部分，将社会保障制度脱离于单位保障，为此要转变政府职能，由政府建立统一的社会保障管理机构，建立适合多种所有制成分、多种分配方式的社会保障制度，为公民提供不同层次的生活保障，解除所有人的生存顾虑，为社会的稳定和经济的发展奠定良好的基础。

[1] 朱玲：《计划经济下的社会保护评析》，载《中国社会科学》1998年第5期。
[2] 王益英主编：《社会保障法》，中国人民大学出版社2000年版，第23页。

（二）新型社会保障具有独立的价值

政府介入社会经济生活，建立社会保障制度，干预个人的生活领域，以特有的行政职能来保障每个人的生存，是行政职能发展的新阶段。我国在改革传统的社会保障制度时，将它从企业体制中脱离出来，成为国家独立的社会体制。新型社会保障具有其独立存在的价值，表现如下：

（1）对政府而言，新型社会保障能够为社会构筑一道“安全网”，使所有人都能老幼有所养，疾病有所医，失业有救助，残疾有安置，贫困有支援，解除每个人的后顾之忧，确立稳定的社会秩序，促进经济和各项社会事业的健康发展。而且巨额的社会保障基金能够为经济发展提供有力的支持，有利于对经济发展的格局发挥宏观调控作用。

（2）对企业而言，新型社会保障为职工提供基本的养老、医疗、失业、工伤和生育保险，通过社会互济满足职工的生活需要，避免了在职工退休、生病、伤残等情况下仍然由企业负担的状况，可以均衡企业的社会负担，为企业的发展创造公平的社会环境。

（3）对个人而言，新型社会保障一方面通过社会互济为个人提供了及时的生活保障，个人不会因企业经营不善而陷入生活的困顿，另一方面作为一种再分配的手段，可以调节不同群体的收入分配，实现社会的公平。

西方国家的社会保障有雄厚的经济基础作支撑，而我国的经济基础则比较薄弱，因此归根结底，发展是解决公民生存问题的关键，政府只有通过大力发展经济和文化事业，不断创造物质和精神财富，才能切实保障公民的基本生活，进而逐步提高公民的生活水平。

参考文献

一、国内著作类

[1] 王名扬著 :《英国行政法》，中国政法大学出版社 1987 年版。

[2] 王名扬著 :《法国行政法》，中国政法大学出版社 1988 年版。

[3] 孙国华主编 :《法理学教程》，中国人民大学出版社 1994 年版。

[4] 城仲模著 :《行政法之基础理论》，三民书局 1994 年版。

[5] 卫兴华主编 :《中国社会保障制度研究》，中国人民大学出版社 1994 年版。

[6] 王名扬著 :《美国行政法》，中国法制出版社 1995 年版。

[7] 韩大元著 :《亚洲立宪主义研究》，中国人民公安大学出版社 1996 年版。

[8] 叶孝信主编 :《中国法制史》，北京大学出版社 1996 年版。

[9] 蔡志方著 :《行政法三十六讲》，台湾成功大学法律学研究所法学丛书编辑委员会编辑 1997 年版。

[10] 杨建顺著 :《日本行政法通论》，中国法制出版社 1998 年版。

[11] 胡锦光著 :《中国宪法问题研究》，新华出版社 1998 年版。

[12] 胡锦光、杨建顺、李元起著 :《行政法专题研究》，中国人民大学出版社 1998 年版。

[13] 张正钊、韩大元主编 :《比较行政法》，中国人民大学出版社 1998 年版。

[14] 李步云主编 :《宪法比较研究》，法律出版社 1998 年版。

[15] 吴易风、王健、方松英著 :《政府干预和市场经济》，商务印书馆1998年版。

[16] 莫于川著 :《行政指导论纲》，重庆大学出版社1999年版。

[17] 王世杰、钱端升著 :《比较宪法》，商务印书馆1999年版。

[18] 孙国华、朱景文主编 :《法理学》，中国人民大学出版社1999年版。

[19] 何勤华主编 :《英国法律发达史》，法律出版社1999年版。

[20] 李龙著 :《宪法基础理论》，武汉大学出版社1999年版。

[21] 阎照祥著 :《英国政治制度史》，人民出版社1999年版。

[22] 张晋藩主编 :《中国法制史》，中国政法大学出版社1999年版。

[23] 中国财政学会编 :《中央与地方财经改革探索》，经济科学出版社1999年版。

[24] 钱乘旦等著 :《日落斜阳——20世纪英国》，华东师范大学出版社1999年版。

[25] 李道揆著 :《美国政府和美国政治》，商务印书馆1999年版。

[26] 韩大元主编 :《外国宪法》，中国人民大学出版社2000年版。

[27] 郑功成著 :《社会保障学——理念、制度、实践与思考》，商务印书馆2000年版。

[28] 吴友法、黄正柏著 :《德国资本主义发展史》，武汉大学出版社2000年版。

[29] 王益英主编 :《社会保障法》，中国人民大学出版社2000年版。

[30] 杨燕绥编著 :《社会保险法》，中国人民大学出版社2000年版。

[31] 吕学静编著 :《日本社会保障制度》，经济管理出版社2000年版。

[32] 杨伟民主编 :《失业保险》，中国人民大学出版社2000年版。

[33] 孙炳耀主编 :《当代英国瑞典社会保障制度》，法律出版社2000年版。

[34] 韩大元主编 :《外国宪法》，中国人民大学出版社2000年版。

[35] 夏勇著 :《人权概念起源——权利的历史哲学》，中国政法大学出版

社 2001 年版。

[36] 刘绪贻、李存训著 :《美国通史》第 5 卷（富兰克林 · D. 罗斯福时代 1929 – 1945），人民出版社 2001 年版。

[37] 余志森主编 :《美国通史》第 4 卷（崛起和扩张的年代 1898 – 1929），人民出版社 2001 年版。

[38] 杨冠琼主编 :《当代美国社会保障制度》，法律出版社 2001 年版。

[39] 郑秉文、和春雷主编 :《社会保障分析导论》，法律出版社 2001 年版。

[40] 刘燕生著 :《社会保障的起源、发展和道路选择》，法律出版社 2001 年版。

[41] 和春雷等著 :《当代德国社会保障制度》，法律出版社 2001 年版。

[42] 和春雷主编 :《社会保障制度的国际比较》，法律出版社 2001 年版。

[43] 王东进主编 :《中国社会保障制度的改革和发展》，法律出版社 2001 年版。

[44] 董炯著 :《国家、公民与行政法——一个国家–社会的角度》，北京大学出版社 2001 年版。

[45] 仇雨临、孙树菡主编 :《医疗保险》，中国人民大学出版社 2001 年版。

[46] 张千帆著 :《西方宪政体系》，中国政法大学出版社 2001 年版。

[47] 陈新民著 :《公法学札记》，中国政法大学出版社 2001 年版。

[48] 陈新民著 :《中国行政法学原理》，中国政法大学出版社 2002 年版。

[49] 翁岳生编 :《行政法》，中国法制出版社 2002 年版。

[50] 莫于川著 :《行政指导要论——以行政指导法治化为中心》，人民法院出版社 2002 年版。

[51] 林嘉著 :《社会保障法的理念、实践与创新》，中国人民大学出版社 2002 年版。

[52] 彭澎著 :《政府角色论》，中国社会科学出版社 2002 年版。

[53] 郑功成等著 :《中国社会保障制度变迁与评估》，中国人民大学出版

社 2002 年版。

[54] 郑秉文、方定友、史寒冰主编 :《当代东亚国家、地区社会保障制度》,法律出版社 2002 年版。

[55] 许崇德著 :《中华人民共和国宪法史》，福建人民出版社 2003 年版。

[56] 韩大元主编 :《比较宪法学》，高等教育出版社 2003 年版。

[57] 刘剑文主编 :《财政税收法》，法律出版社 2003 年版。

[58] 刘莘著 :《行政立法研究》，法律出版社 2003 年版。

[59] 龚祥瑞著 :《比较宪法与行政法》，法律出版社 2003 年版。

[60] 韩大元编著 :《1954 年宪法与新中国宪政》，湖南人民出版社 2004 年版。

[61] 韩大元、林来梵、郑贤君著 :《宪法学专题研究》，中国人民大学出版社 2004 年版。

[62] 吴敬琏著 :《当代中国经济改革》，上海远东出版社 2004 年版。

[63] 王克稳著 :《经济行政法基本论》，北京大学出版社 2004 年版。

[64] 李龙主编 :《西方宪法思想史》，高等教育出版社 2004 年版。

[65] 刘剑文主编 :《出口退税制度研究》，北京大学出版社 2004 年版。

[66] 苏力著 :《批评与自恋》，法律出版社 2004 年版。

[67] 刘贯学著 :《新中国劳动保障史话（1949 – 2003）》，中国劳动社会保障出版社 2004 年版。

[68] 靳辉明、谷源洋主编 :《当代资本主义与世界社会主义——世界社会主义的历史命运及发展前景》，海南出版社 2004 年版。

[69] 姜明安主编 :《行政法与行政诉讼法》，北京大学出版社、高等教育出版社 2005 年版。

[70] 吴庚著 :《行政法之理论与实用》，中国人民大学出版社 2005 年版。

[71] 叶必丰著 :《行政法的人文精神》，北京大学出版社 2005 年版。

[72] 杨建顺著 :《行政规制与权利保障》，中国人民大学出版社，2007 年版。

二、译著类

[1]【法】孟德斯鸠著，张雁深译 :《论法的精神》，商务印书馆 1959 年版。

[2]【英】洛克著，叶启芳、瞿菊农译 :《政府论》，商务印书馆 1964 年版。

[3]【美】汉密尔顿、杰伊、麦迪逊著，程逢如等译 :《联邦党人文集》，商务印书馆 1980 年版。

[4]【法】卢梭著，何兆武译 :《社会契约论》，商务印书馆 1980 年版。

[5]【美】潘恩著，马清槐等译 :《潘恩选集》，商务印书馆 1981 年版。

[6]【美】罗斯福著，关在汉编译 :《罗斯福选集》，商务印书馆 1982 年版。

[7]【美】查尔斯 · A. 比尔德著，何希齐译 :《美国宪法的经济观》，商务印书馆 1984 年版。

[8]【美】科佩尔 · S. 平森著，范德一译 :《德国近现代史》，商务印书馆 1987 年版。

[9]【日】南博方著，杨建顺、周作彩译 :《日本行政法》，中国人民大学出版社 1988 年版。

[10]【英】麦克 · 苏利文著，古允文译 :《社会学与社会福利》，台湾桂冠图书股份有限公司 1989 年版。

[11]【美】伯纳德 · 施瓦茨著，王军等译 :《美国法律史》，中国政法大学出版社 1990 年版。

[12]【英】W · N. 梅德利科特著，张毓文、刘礼生、宁静译 :《英国现代史（1914 — 1964）》，商务印书馆 1990 年版。

[13]【美】弗雷德里克 · 西格尔著，刘绪贻等译 :《多难的旅程 : 四十年代至八十年代初美国政治生活史》，商务印书馆 1990 年版。

[14]【德】卡尔 · 艾利希 · 博恩等著，张载扬等译 :《德意志史》（第三卷上册），商务印书馆 1991 年版。

[15]【美】罗伯特 · 诺齐克著，何怀宏等译 :《无政府、国家与乌托邦》，

中国社会科学出版社 1991 年版。

[16]【美】E. 盖尔霍恩、R.M. 利文著，黄列译 :《行政法与行政程序概要》，中国社会科学出版社 1996 年版。

[17]【美】爱德华 ·S. 考文著，强世功译 :《美国宪法的“高级法”背景》，生活 · 读书 · 新知三联书店 1996 年版。

[18]【美】肯尼思 ·W. 汤普森编，张志铭译 :《宪法的政治理论》，生活 · 读书 · 新知三联书店 1997 年版。

[19]【英】威廉 · 韦德著，徐炳等译 :《行政法》，中国大百科全书出版社 1997 年版。

[20]【德】威廉 · 冯 · 洪堡著，林荣远、冯兴元译 :《论国家的作用》，中国社会科学出版社 1998 年版。

[21]【日】盐野宏著，杨建顺译 :《行政法 Ⅰ [第四版] 行政法总论》，北京大学出版社，2008 年 11 月版。

[22]【日】盐野宏著，杨建顺译 :《行政法 Ⅱ [第四版] 行政救济法》，北京大学出版社，2008 年 11 月版。

[23]【日】盐野宏著，杨建顺译 :《行政法 Ⅲ [第三版] 行政组织法》，北京大学出版社，2008 年 11 月版。

[24]【美】E · 博登海默著，邓正来译 :《法理学——法律哲学与法律方法》，中国政法大学出版社 1999 年版。

[25]【德】平特纳著，朱林译 :《德国普通行政法》，中国政法大学出版社 1999 年版。

[26]【英】丹宁勋爵著，刘庸安、张文镇译 :《法律的未来》，法律出版社 1999 年版。

[27]【德】哈特穆特 · 毛雷尔著，高家伟译 :《行政法学总论》，法律出版社 2000 年版。

[28]【德】霍尔斯特 · 杰格尔著，刘翠霄译 :《社会保险入门——论及社会保障法的其他领域》，中国法制出版社 2000 年版。

[29]【日】大须贺明著，林浩译 :《生存权论》，法律出版社 2001 年版。

[30]【英】戴雪著，雷宾南译 :《英宪精义》，中国法制出版社 2001 年版。

[31]【德】奥托·迈耶著，刘飞译 :《德国行政法》，商务印书馆 2002 年版。

[32]【德】汉斯·J. 沃尔夫等著，高家伟译 :《行政法》（第一卷），商务印书馆 2002 年版。

[33]【美】理查德·B. 斯图尔特著，沈岿译 :《美国行政法的重构》，商务印书馆 2002 年版。

[34]【法】德尼兹·加亚尔、贝尔纳代特·德尚等著，蔡鸿滨、桂裕芳译 :《欧洲史》，海南出版社 2002 年版。

[35]【丹】考斯塔·艾斯平·安德森著，郑秉文译 :《福利资本主义的三个世界》，法律出版社 2003 年版。

[36]【美】威廉姆 H·怀特科、罗纳德 C·费德里科著，解俊杰译 :《当今世界的社会福利》，法律出版社 2003 年版。

[37]【加】R·米什拉著，郑秉文译 :《资本主义社会的福利国家》，法律出版社 2003 年版。

[38]【德】K·茨威格特、H·克茨著，潘汉典、米健、高鸿钧、贺卫方译 :《比较法总论》，法律出版社 2003 年版。

[39]【美】史蒂芬·霍尔姆斯、凯斯·R. 桑斯坦著，毕竞悦译 :《权利的成本——为什么自由依赖于税》，北京大学出版社 2004 年版。

[40]【美】约翰·亨利·梅利曼著，顾培东、禄正平译 :《大陆法系》，法律出版社 2004 年版。

[41]【美】约翰·H. 威格摩尔著，何勤华等译 :《世界法系概览》，上海人民出版社 2004 年版。

[42]【美】斯塔夫里阿诺斯著，董书慧、王昶、徐正源译 :《全球通史》，北京大学出版社 2005 年版。

三、论文类

[1] 刘绪贻 :《罗斯福新政对延长垄断资本主义生命的作用》，载《历史教学》，1981 年第 9 期。

[2] 金桂洙 :《韩国政治的改革与课题》，载《当代韩国》1994 年第 1 期。

[3] 刘兆兴 :《论德国社会市场经济法律体系》，载《外国法译评》1994 年第 3 期。

[4] 武寅 :《论明治初期日本政治改革》，载《日本学刊》1994 年第 3 期。

[5] 邓和平 :《德国的社会市场经济》，载《经济评论》1994 年第 6 期。

[6] 张新宝 :《日本的健康保险法律制度》,载《外国法译评》1995 年第 1 期。

[7] 曹云华 :《新加坡的社会保障制度初探》，载《社会学研究》1995 年第 3 期。

[8] 孙宪忠 :《德国社会市场经济法律制度初探》，载《外国法译评》1995 年第 4 期。

[9] 王成伟 :《第二次世界大战后日本法律制度的变化》，载《日本问题研究》1995 年第 4 期。

[10] 陈玉荣 :《德国社会市场经济体制述评》，载《世界经济》1996 年第 1 期。

[11] 胡锦光 :《论宪法规范的基本特点》，载《中国人民大学学报》1996 年第 2 期。

[12] 杨建顺 :《规制行政与行政责任》，载《中国法学》1996 年第 2 期。

[13]【德】汉欧力 :《联邦德国社会保障体系概览》，载《德国研究》1996 年第 3 期。

[14] 辛玉、张爱华 :《美国的社会保障制度》，载《南开管理评论》1996 年第 4 期。

[15] 田德文 :《困境与调整 : 英国社会保障制度析论》，载《欧洲》1996 年

第 5 期。

[16] 崔岩 :《战后日本社会保障制度的发展及其启示》，载《日本研究》1997 年第 2 期。

[17] 唐钧 :《最后的安全网——中国城市居民最低生活保障制度的框架》，载《中国社会科学》1998 年第 1 期。

[18] 裘元伦 :《德国社会市场经济模式析论》，载《欧洲》1998 年第 2 期。

[19] 姜明安 :《行政的现代化与行政程序制度》，载《法制与社会发展》1998 年第 2 期。

[20] 叶必丰 :《二十世纪中国行政法学的回顾与定位》，载《法学评论》1998 年第 4 期。

[21] 甘行琼 :《新加坡中央公积金制度考察》，载《中南财经大学学报》1998 年第 5 期。

[22] 朱玲 :《计划经济下的社会保护评析》，载《中国社会科学》1998 年第 5 期。

[23] 杨建顺 :《中国行政法和行政法学 20 年的回顾与展望》,载《法学家》1999 年第 Z1 期。

[24] 刘翠霄 :《论我国社会福利制度的改革和完善》，载《法学》1999 年第 2 期。

[25] 刘翠霄 :《我国优抚安置法律制度的改革和完善》，载《法商研究》1999 年第 3 期。

[26] 韩大元 :《论宪法规范的至上性》，载《法学评论》1999 年第 4 期。

[27]“中国社会科学院中国社会保险制度研究”课题组 :《中国社会保险制度研究》，载《中国社会科学》1999 年第 4 期。

[28] 李永宁 :《美国社会保障体系的探索及分析》，载《国外社会科学》1999 年第 5 期。

[29] 郑功成 :《社会保障 :中国道路的选择与发展》,载《武汉大学学报（哲

学社会科学版)》1999 年第 5 期。

[30] 吕学静 :《对中国失业保险条例的分析与评价》, 载《首都经济贸易大学学报》2000 年第 1 期。

[31] 林义 :《东亚社会保障模式初探》, 载《财经科学》2000 年第 1 期。

[32] 许飞琼 :《中国贫困问题研究》, 载《经济评论》2000 年第 1 期。

[33] 丁建定 :《英国在西欧现代社会保障制度建立过程中的历史地位》, 载《欧洲》2000 年第 2 期。

[34] 丁纯 :《德国社会保障体制的现状与改革》, 载《国际经济评论》2000 年第 2 期。

[35] 杨团 :《社会政策的理论与思索》, 载《社会学研究》2000 年第 4 期。

[36] 朱玲 :《政府与农村基本医疗保健保障制度选择》,载《中国社会科学》2000 年第 4 期。

[37] 陈志国 :《新视角 : 制度安排、政府干预与效率——新加坡中央公积金制度再透视》, 载《财经科学》2000 年第 6 期。

[38]"中国社会保障体系研究"课题组 :《中国社会保障制度改革 : 反思与重构》, 载《社会学研究》2000 年第 6 期。

[39] 郑功成 :《中国社会福利发展论纲——从传统福利模式到新型福利制度》, 载《社会保障制度》2001 年第 1 期。

[40]【德】迪特里希·狄克特曼、维克多·威尔佩特·皮尔著,魏华译 :《德国社会市场经济 : 基础、功能、限制》, 载《德国研究》2001 年第 2 期。

[41] 邵芬 :《英国社会保障立法特征》,《现代法学》2001 年第 3 期。

[42] 尚晓援 :《"社会福利"与"社会保障"再认识》,载《中国社会科学》2001 年第 3 期。

[43] 刘翠霄 :《德国社会保障制度》, 载《环球法律评论》2001 年第 4 期。

[44] 李迎生 :《论我国农民养老保障制度改革的基本目标与现阶段的政策选择》, 载《社会学研究》2001 年第 5 期。

[45] 刘翠霄 :《中国农民的社会保障问题》,载《法学研究》2001 年第 6 期。

[46] 邓大松、方晓梅 :《从公共政策的角度看政府在社会保障中的职能》,载《经济评论》2001 年第 6 期。

[47] 丛树海 :《英国社会保障制度框架和运行效果分析》,载《财政研究》2001 年第 6 期。

[48] 郑秉文、史寒冰 :《东亚国家或地区养老社会保障模式比较》,载《世界经济与政治》2001 年第 8 期。

[49] "劳动和社会保障部劳动科学研究所" 课题组 :《我国补充医疗保险问题研究》,载《经济研究参考》2001 年第 51 期。

[50] 林嘉 :《论法治国家目标与社会保障法制化》,载于《中国人民大学学报》2002 年第 2 期。

[51] 郑秉文、史寒冰 :《试论东亚地区福利国家的"国家中心主义"特征》,载《中国社会科学院研究生院学报》2002 年第 2 期。

[52] 郭义贵 :《从济贫法到福利国家——论英国社会立法的进程及其作用与影响》,载《华中科技大学学报 · 人文社会科学版》2002 年第 3 期。

[53] 高振立 :《从瑞典福利制度看北欧福利国家模式》,载《中国人口科学》2002 年第 3 期。

[54] 郑功成 :《加入 WTO 与中国的社会保障改革》,载《管理世界》2002 年第 4 期。

[55] 蔡社文 :《未来 5—10 年我国财政社会保障支出趋势分析》,载《宏观经济研究》2002 年第 4 期。

[56] 时正新 :《中国医疗救助制度的建立与发展》,载《社会保障制度》2002 年第 5 期。

[57] 杨迟 :《瑞典模式的演变及当今瑞典社民党的政治定位》,载《国际论坛》2002 年第 6 期。

[58] 许崇德 :《现代宪法产生过程的特点》,载《法学研究》2003 年第 1 期。

[59] 许崇德 :《中国宪法 : 人民权利保障书》，载《人权》2003 年第 1 期。

[60] 孟庆瑜 :《反贫困法律问题研究》，载《法律科学》2003 年第 1 期。

[61] 郑功成 :《中国社会保障改革与制度建设》，载《中国人民大学学报》2003 年第 1 期。

[62] 苑崇利 :《试析日本政治文化的思想根源》，载《外交学院学报》2003 年第 2 期。

[63] 杨方方 :《中国失业保险制度的回顾与展望》,载《北京行政学院学报》2003 年第 3 期。

[64] 杨雯 :《我国养老保险制度中的隐性债务与政府责任》，载《山东大学学报》(哲学社会科学版) 2003 年第 3 期。

[65] 吴晓天 :《美国〈社会保障法〉的历史探析》，载《学海》2003 年第 3 期。

[66] 姜向群 :《韩国养老保险制度的发展特点、问题及与中国的比较分析》，载《东北亚论坛》2003 年第 5 期。

[67] 尤雪云 :《我国社会保险立法中的养老保险问题》，载《法学杂志》2003 年第 5 期。

[68] 丁建定 :《20 世纪 80 年代以来瑞典的社会保障制度改革》，载《国际论坛》2003 年第 5 期。

[69] 刘翠霄 :《我国养老保险的历史债务问题》，载《法学研究》2003 年第 6 期。

[70] 周昌林 :《经济社会学视角下的城市社区服务》，载《浙江社会科学》2003 年第 6 期。

[71] 张秀兰、徐月宾 :《建构中国的发展型家庭政策》,载《中国社会科学》2003 年第 6 期。

[72] 郭孟谦 :《社会救济养老制度在农村的实施》，载《中国青年政治学院学报》2004 年第 1 期。

[73] 洪大用、房莉杰、邱晓庆：《困境与出路：后集体时代农村五保供养工作研究》，载《中国人民大学学报》2004 年第 1 期。

[74] 刘钢柱：《新时期扶贫开发的着力点》，载《国家行政学院学报》2004 年第 1 期。

[75] 姜明安：《公众参与与行政法治》，载《中国法学》2004 年第 2 期。

[76] 杨建顺：《修宪后政府法制建设新课题》，载《法制日报》2004 年 3 月 24 日。

[77] 莫于川：《论行政指导的立法约束》，载《中国法学》2004 年第 2 期。

[78] 彭雪梅：《对企业年金在中国养老保险体系中定位的再认识》，载《财经科学》2004 年第 2 期。

[79] 杨建顺：《行政立法过程的民主参与和利益表达》，载《法商研究》2004 年第 3 期。

[80] 杨团、张时飞：《当前我国农村五保供养制度的困境与出路》，载《江苏社会科学》2004 年第 3 期。

[81] 贡森、王列军、佘宇：《农村五保供养的体制性问题和对策——以山东省为例》，载《江苏社会科学》2004 年第 3 期。

[82] 顾昕、降薇：《税费改革与农村五保户供养融资体系的制度化》，载《江苏社会科学》2004 年第 3 期。

[83] 韩大元：《关于新中国 1954 年宪法制定过程若干问题探讨——纪念 1954 年宪法颁布 50 周年》，载《河南省政法管理干部学院学报》2004 年第 4 期。

[84]【瑞典】斯温·霍特著，郑秉文译：《20 世纪 90 年代瑞典社会保障改革综述：从“慷慨”到“吝啬”》，载《国外社会科学》2004 年第 4 期。

[85] 马国强、李吉利：《养老保险多层次互动》，载《中南财经政法大学学报》2004 年第 4 期。

[86] 孙耀明、潘蕊：《日本养老保险存在的问题与对策》，载《日本问题研究》2004 年第 4 期。

[87] 许崇德 :《论 2004 年修宪的过程和特点》，载《上海财经大学学报》2004 年第 5 期。

[88] 莫于川 :《行政指导比较研究》，载《比较法研究》2004 年第 5 期。

[89] 郑功成 :《中国民生的两大主题 : 社会保障与促进就业》，载《理论探讨》2004 年第 5 期。

[90] 宋培军、张秋霞 :《试论新加坡住房市场的体制特点及其成因》，载《当代亚太》2004 年第 8 期。

[91] 廖小健、郑清良 :《新加坡政治转型探究》，载《东南亚纵横》2004 年第 9 期。

[92]“失业保险制度与就业形势分析”课题组 :《失业保险制度对就业的影响》，载《经济研究参考》2004 年第 44 期。

[93] 杨建顺 :《公共利益辨析与行政法政策学》，载《浙江学刊》2005 年第 1 期。

[94] 孙景峰 :《新加坡人民行动党执政理念研究》，载《社会科学研究》2005 年第 1 期。

[95] 刘波 :《英国社会保障制度的历史文化传统探析》，载《广东外语外贸大学学报》2005 年第 2 期。

[96] 郑功成 :《现代慈善事业及其在中国的发展》，载《学海》2005 年第 2 期。

[97] 吴丽萍 :《我国企业年金制度存在的问题及对策》，载《河北法学》2005 年第 2 期。

[98] 卢海元 :《英国社会保障制度建设的历史启示》，载《中国劳动保障》2005 年第 2 期。

[99] 王萍 :《美国社会保障制度的危机及其改革前景分析》，载《世界经济与政治论坛》2005 年第 3 期。

[100] 宋金文 :《日本医疗保险体制的现状与改革》，载《日本学刊》

2005 年第 3 期。

[101] 刘跃斌、高颖 :《德国的养老保险体制改革》,载《武汉大学学报(哲学社会科学版)》2005 年第 5 期。

[102] 姜明安 :《中国行政法治发展进程回顾——经验与教训》, 载《政法论坛》2005 年第 5 期。

[103] 朱玲 :《从"土地换养老"开始》, 载《中国改革》2005 年第 8 期。

四、外文类

[1] Gertrude Williams:*the price of social security*,Routledge1944.

[2] Arthur Earl Bonfield:*State administrative rule making*, Little Brown and Company1986.

[3] Karen O' conner and Lee Epstein: *public–interest law groups*,Greenwood press1989.

[4] Bernard Schwarts:*administrative law*, Little Brown and company1991.

[5] Stephen G.Breyer and Richard Stewart:*administrative law and regulatory policy*,Little Brown and company1992.

[6] Michael T M Molan : *Constitutional and Administrative Law Textbook*,HLT Publications 1992.

[7] Gerald Gunther, Kathleen M.Sullivan : *Constitutional Law*(13th Edition), Westbury New York, The Foundation, Inc, 1997.

[8] L. Neville Brown and John S. Bell: *French administrative law*, Clarendon press ,Oxford 1998.

[9] Richard Disney and Paul Johnson:*The United Kingdom: a working system of minimum pension?*Host Siebert edited:*Redesigning social security*, Institut fur Weltwritschaft an der Universitat Kiel 1998.

[10] Mats Persson: *Reforming social security in Sweden*, Host Siebert

edited:*Redesigning social security*，Institut fur Weltwritschaft an der Universitat Kiel 1998.

[11] Axel Borsch-Supan:*Germany:a social security system on the verge of collapse*, Host Siebert edited:*Redesigning social security*，Institut fur Weltwritschaft an der Universitat Kiel 1998.

[12] Olivia Mitchell:*Managing pensions in the 21-century——global lessons and implicationa for Japan*，Toshihiro Ihori and Toshinki Tachibanaki edit:Social security reform in advanced countries，Rounledge 2002.

[13] Jerome A.Barron etc:*Constitutional law:principles and policy cases and materias*，LexisNexis2002.

[14] David A. Moss: *When all else fails——government as the ultimate risk manager*, Harvard University press 2002.

[15] Alex Carroll:*Constitutional and administrative law*, 法律出版社 2003 年版（影印本）。

后　记

几经修改，我在时隔七年之后，终于将博士论文付诸出版。

2000 年 9 月，我考入中国人民大学法学院，有幸师从著名行政法学家杨建顺教授学习宪法学与行政法学。在人大学习的六年时光中，无论在知识学习方面，还是在生活方面，杨老师都给予了我无微不至的关怀。论文的选题、写作和修改，杨老师都对我进行了悉心指导。杨老师渊博的学识、谦逊待人的品格，都是我永远学习的楷模。同时，我非常感谢学习期间许崇德教授、韩大元教授、胡锦光教授、莫于川教授给予我的指导与帮助。

在研究生学习期间，我的岳父和父母先后罹患绝症。岳父退休于部队医院，不但能够得到较好的医疗救治，而且在经济方面基本没有困难。而我身为农民的父母，既要承受病痛的折磨，也要面临沉重的经济压力。尽管我倾尽全力为他们治病，数年间他们还是撒手人寰。对比他们的经历，我深切地感受到，只有建立健全覆盖城乡所有居民的社会保障制度，人们才能生活得更有意义，更有质量，从而也更有尊严。

在这六年的学习生涯里，我的爱人张妍在家里一边工作，一边抚养儿子，还要和我共同承担大家庭的困难，幸好其间得到了岳母和张辉哥哥在精神上和物质上的巨大帮助。在此，我对他们表示深深的谢意。

来到司法部司法研究所工作以后，我得到董开军、王公义、罗厚如、郑先红、梁然等各位领导与其他同事的关怀与帮助，很快融入了研究所团结友爱的氛围之中，能够将理论研究与司法实践相结合，取得现在微小的一点成绩。

论文能得以顺利出版，我还要感谢为此付出努力的编辑，正是由于他们的鼎力相助，我才能够在学术研究上百尺竿头，更进一步。

许 兵

2013 年 10 月 19 日